Klaus Malettke
Heinrich IV.
Königsherrschaft, Konfessions- und Bürgerkriege.

PERSÖNLICHKEIT UND GESCHICHTE

Band 172/173

MUSTER-SCHMIDT VERLAG GLEICHEN · ZÜRICH

Klaus Malettke

HEINRICH IV.

Königsherrschaft, Konfessions- und Bürgerkriege.
Der erste Bourbone auf dem Thron Frankreichs (1553–1610)

MUSTER-SCHMIDT VERLAG GLEICHEN · ZÜRICH

PERSÖNLICHKEIT UND GESCHICHTE

Biografische Reihe im Muster-Schmidt Verlag
Begründet von Prof. Dr. Günther Franz
Herausgegeben von Prof. Dr. Detlef Junker

Klaus Malettke

Geboren 1936 in Rastenburg (Ostpreußen), studierte Geschichte, Romanistik und Pädagogik an der Philipps-Universität Marburg, an der Universität Dijon (Frankreich) und an der Sorbonne in Paris. Nachdem er in Marburg das Staatsexamen abgelegt und dort 1965 bei Wilhelm Mommsen promoviert hatte, wechselte er mit Fritz Dickmann an das Friedrich-Meinecke-Institut der Freien Universität Berlin. Dort habilitierte er sich und lehrte seit 1971 als Professor für Neuere Geschichte. Zum Sommersemester 1980 nahm er einen Ruf auf den Lehrstuhl für Neuere Geschichte mit besonderer Berücksichtigung der westeuropäischen Geschichte (Nachfolge Gerhard Oestreich) an der Philipps-Universität Marburg an, wo er bis 2001 tätig war. Im Wintersemester 1989/1990 unterrichtete er als Gastprofessor an der Universität Paris X (Nanterre) und im Wintersemester 1992/93 als „Professeur associé“ an der Universität Paris IV-Sorbonne. Er ist Mitglied zahlreicher nationaler und internationaler wissenschaftlicher Vereinigungen und Historischer Kommissionen; 1996 wurde ihm die Würde eines Doktors honoris causa von der Sorbonne in Paris verliehen. 1998 wurde er Ritter und 2005 Offizier der französischen Ehrenlegion. Seit 2007 ist er Träger des Verdienstkreuzes 1. Klasse der Bundesrepublik Deutschland. Buchveröffentlichungen u. a.: Opposition und Konspiration unter Ludwig XIV. (1976); Jean-Baptiste Colbert (1977); Ämterkäuflichkeit (1978); Soziale und politische Konflikte im Frankreich des Ancien Regime (1982); Humanismus und höfisch-städtische Eliten (1990); Frankreich, Deutschland und Europa im 17. und 18. Jahrhundert (1994); Les relations entre la France et le Saint-Empire au XVIIe siècle (2001); Die Bourbonen, Bd. I und Bd. II (2008), Bd. III (2009); Hegemonie – multipolares System – Gleichgewicht 1648/1659–1713/1714 (2012); Richelieu. Ein Leben im Dienste des Königs und Frankreichs (2018).

Bibliografische Information der Deutschen Bibliothek.
Die Deutsche Bibliothek verzeichnet diese Publikation in der Deutschen Nationalbibliografie; detaillierte bibliografische Daten sind im Internet über http://dnb.ddb.de abrufbar.

ISBN 978-3-7881-0172-5

unveränderter Nachdruck 2023
Verlagsgesellschaft Hans Hansen-Schmidt mbH · Gleichen · Zürich
www.muster-schmidt.de
Gesamtherstellung: Verlagsgesellschaft Hans Hansen-Schmidt mbH, Gleichen
Satz: Mediengestaltung Meike Cichos, Göttingen
Umschlagbild: © akg-images, AKG5198362

Printed in Germany

Pour Colette Born en remerciement pour sa contribution à l'émergence de l'idée de cette biographie d'Henri IV.

Für freundliche Unterstützung bei der Gestaltung der digitalen Druckfassung danke ich meiner ehemaligen Wissenschaftlichen Mitarbeiterin, Frau Kornelia Oepen, und für die Vornahme der Korrekturen des Umbruchs Frau Ursula Liebnitz sowie meiner lieben Frau Waltraut.

Inhaltsverzeichnis

I.
Einleitung

Nach der Ermordung Heinrichs IV. am 14. Mai 1610 verbreitete sich unter der französischen Bevölkerung das Bild vom „guten König Heinrich" (le bon roi Henri), vom „Vater der Franzosen", der aufgeschlossen und leutselig, unkompliziert und zugänglich stets ein offenes Ohr für die Sorgen und Nöte seiner Untertanen gehabt habe. An der Entstehung dieses Bildes haben zu seinen Lebzeiten der König selbst, seine engsten Weggefährten und in besonderem Maße seine späteren Biographen und Hagiographen beigetragen. Im 18. Jahrhundert drängte der Kult Heinrichs IV. in Frankreich jenen des Heiligen Ludwig (1226–1270) etwas in den Schatten, der im 17. Jahrhundert für die Dynastie der Bourbonen eine zentrale Bedeutung erlangt hatte.

In seiner 1661 in Amsterdam publizierten „Geschichte des Königs Heinrich des Großen" (Histoire du roi Henri le Grand) konstatierte der spätere Erzbischof von Paris, der ehemalige Präzeptor Ludwigs XIV. (1643–1715) Hardouin de Beaumont de Péréfixe (1605–1671), Heinrich dem Großen seien Offenherzigkeit und Lauterkeit zu eigen, Arglist, Groll und Bitterkeit seien ihm indessen fremd gewesen. Ein Kranz aus Ansehen und Ruhm habe sein Haupt geschmückt. Seine militärischen Siege und großen Erfolge bei den Verhandlungen, die zum Friedensvertrag von Vervins (1598) führten, sowie sein „grand dessein", also jenes legendäre Projekt zur Schaffung eines ewigen Friedens mit Hilfe der Errichtung einer alle christlichen Fürsten umfassenden Liga, bildeten sozusagen die weiteren Zweige dieses Ruhmeskranzes. Als herausragende Tugenden nannte Péréfixe weiterhin dessen Tapferkeit, Mut, Großzügigkeit, Beständigkeit, Sparsamkeit, Gerechtigkeit, Weisheit, Klugheit, Gutgläubigkeit, Milde und große Liebe, die er für seine Untertanen empfunden habe. Dieser Kult Heinrichs IV., mit dem später jener Ludwigs XVI. vermischt wurde, erreichte einen weiteren Höhepunkt im Jahrzehnt zwischen 1780 und 1790. Ob und gegebenenfalls inwiefern dieses in Frankreich bis in die Gegenwart tradierte Bild vom „guten König Heinrich" einer kritischen Überprüfung standhält, diese Frage wird neben anderen Problemen seines Lebens und Wirkens in der hier vorgelegten Biografie thematisiert.

Unter den bedeutenden französischen Königen zählt Heinrich IV. zu den Herrschergestalten, deren Weg auf den französischen Königsthron und deren Regierung einige besonders markante Merkmale und Wendemarken aufweisen. Obwohl Heinrichs Vater, Anton von Bourbon (1518–1562), Erster Prinz von Geblüt und präsumtiver Thronfolger in Frankreich war, konnte man bei der Geburt Heinrichs am 13. Dezember 1553 nicht damit rechnen, dass die damals in Frankreich herrschende Dynastie der Valois mit der Ermordung König Heinrichs III. (1574–1589) im Jahre 1589 erlöschen und dass infolgedessen Heinrich von Navarra legitimer Thronfolger werde. Als dann aber dieser Fall im Jahre 1589 eintrat, befand sich die Monarchie in einer schweren inneren Krise, in der sich dynastische sowie insbesondere schwere konfessionelle und politische Konflikte entluden und die das Land seit Beginn der zweiten Hälfte des 16. Jahrhunderts in immer wieder ausbrechende Bürger- und Religionskriege stürzte.

Aus dieser schweren und langandauernden Krise resultierten tiefgehende Probleme im Hinblick auf die Akzeptanz Heinrichs als des legitimen Nachfolgers auf dem Thron Frankreichs. Als Calvinist stieß er bei der in ihrer übergroßen Mehrheit der katholischen Konfession angehörenden Franzosen auf Ablehnung, zumindest aber auf zunächst mehr oder minder laut artikulierte Reserven. Dass ein Calvinist Nachfolger des Allerchristlichsten (katholischen) Königs von Frankreich werden sollte, war für die Masse der Franzosen nicht akzeptabel. Das war das Hauptproblem, mit dem sich Heinrich im Kampf um die Anerkennung als legitimer Thronfolger konfrontiert sah. Hinzu kam als nicht zu unterschätzender Faktor die beträchtliche verwandtschaftliche Distanz, die den Bourbonen von der bis 1589 regierenden Dynastie der Valois-Orléans trennte. „Heinrich von Navarra war – väterlicherseits, was allein zählte – Vetter Heinrichs III. im 22. Grad. War das noch eine akzeptable [Thronfolge] im Sinne jener im 14. Jahrhundert (1328) vollzogenen, öffentlich-rechtlichen Adaptation des alten Salischen Gesetzes, die den nächsten männlichen Verwandten des verstorbenen Königs unter Ausschluss der Töchtersöhne zum [Thronfolger auf dem] Capet-Thron machte? Da Navarra vielen Franzosen aus religiösen Gründen ohnehin verhaßt war, war auch dieses Argument gegen ihn leicht zur Hand.“ (Ernst Hinrichs).

Anlass zu kontrovers geführten Debatten war auch, dass Heinrich sechsmal, besonders häufig in jungen Jahren und oft mehr oder minder unter äußerem Zwang, konvertierte. Man erliegt aber einem Fehlurteil, würde man daraus schließen, dass Heinrich ein im Grunde areligiöser Mensch gewesen sei, der sich in Glaubensfragen von purem Opportunismus habe leiten lassen. Von den letzten Valois-Königen unterschied sich Heinrich IV. im Hinblick auf seine geographische Herkunft. Während die Valois in Paris und an der Loire – also im Zentrum Frankreichs – ihren Lebensmittelpunkt hatten, waren Heinrich und die Bourbonen im Südwesten der Monarchie und an deren Peripherie verwurzelt. Von dort gelangte er auf den Thron Frankreichs. In der Wahrnehmung durch die Masse der Franzosen war und blieb er der Bearner, der Gascogner. Allerdings nahm er dann in der Friedensperiode zwischen 1598 und 1610, die er in vieler Hinsicht prägte, Paris ganz und gar in sich auf. Hier begründete er schließlich die letzte dynastische Tradition des königlichen Frankreich, die der Bourbonen-Könige, die Frankreichs glanzvollste werden sollte.

Es ist nicht zu bestreiten, dass Frankreich während der Religions- und Bürgerkriege der zweiten Hälfte des 16. Jahrhunderts auf der außenpolitischen Bühne nicht mehr eine zentrale Rolle spielte. Von einer völligen Abstinenz kann aber keine Rede sein. Ohne die finanzielle, politische und militärische Unterstützung aus den um ihre Unabhängigkeit von Spanien und um ihren protestantischen Glauben kämpfenden Niederlande, aus England und von protestantischen Reichsfürsten hätte Heinrich IV. seinen langen Kampf um den Thron nicht erfolgreich führen können. Am Ende seiner Herrschaft war er sogar entschlossen, den eine Zeitlang unterbrochenen Konkurrenzkampf Frankreichs mit Habsburg-Spanien wieder aufzunehmen und Spanien in die Schranken zu verweisen. Dabei kam ihm zugute, dass er schließlich in Frankreich dem Gedanken der „Ziviltoleranz" – zumindest für einige Jahrzehnte – zum Durchbruch verhalf und damit dem Staat die entscheidende Rolle über den sich widerstreitenden Konfessionen verschaffte. Nicht zuletzt auch darauf und auf der durch ihn wieder international stabilisierten Machtposition Frankreichs beruht die herausragende Bedeutung Heinrichs IV. für die französische, europäische und konfessionelle Geschichte seiner Zeit.

II.
Die Eltern Heinrichs IV., deren Herrschaften und Verbindungen zu den Valois-Königen

Der zukünftige König Heinrich IV. wurde am 13. Dezember 1553 im Schloss von Pau, im Béarn, geboren. Sein Vater war Antoine de Bourbon, duc de Vendôme, seine Mutter Jeanne III d'Albret (1528–1572). Anton von Bourbon nahm als Erster Prinz von (königlichem) Geblüt (premier des princes de sang) unter den hochadligen französischen Geschlechtern eine besondere Position ein. Aufgrund dieser Würde und dieses hohen Ranges war er gemäß dem Salischen Gesetz nach den „Söhnen Frankreichs", also – etwas vereinfachend formuliert – nach den legitim geborenen Söhnen des regierenden Königs beim Aussterben der herrschenden Dynastie der Valois thronfolgeberechtigt. Allein schon aus diesem Grund hatte der französische König ein großes Interesse daran, diesen Ersten Prinzen von Geblüt an seinen Hof zu ziehen, um ihn dort in seinem Sinne beeinflussen zu können. Dabei spielten auch die Besitzungen, Grundherrschaften und Ländereien der Bourbonen eine Rolle. In noch größerem Maße galt dieses Interesse der französischen Könige aber auch den Albret, denn als Könige von Navarra waren sie souverän. Außerdem kam ihrem zwar bescheidenen, aber an der Pyrenäengrenze zu Spanien gelegenen Herrschaftskomplex in politisch-strategischer Hinsicht eine große Bedeutung zu.

Dieses Interesse des französischen Königs an den Bourbonen und an den Albret manifestierte sich in besonderer Weise darin, dass bereits Franz I. (1515–1547) die Eheschließung zwischen seiner

Das Schloss Pau im 19. Jahrhundert – © akg-images

Schwester Margarete von Angoulême mit Heinrich von Albret, dem Vater von Jeanne d'Albret, organisiert hatte. Gleiches gilt für die Eheschließung zwischen Jeanne d'Albret, die ebenso wie ihr Vater lange Zeit am Königshof bzw. in dessen näherem Umfeld gelebt hatte, mit Anton von Bourbon, Herzog von Vendôme.

Der Großvater Heinrichs war Karl von Bourbon, Herzog von Vendôme und Graf von Soissons usw. (1489–1537). Karl von Bourbon war einer der mächtigsten und einflussreichsten Fürsten Frankreichs. So wurde er in den Jahren von 1525 bis 1526, in denen sich Franz I. als Gefangener Kaiser Karls V. (1519–1556) in Madrid aufhielt, Präsident des Königlichen Rates und nahm zusammen mit der Regentin Louise von Savoyen (1476–1531), der Mutter von Franz I., die Regierungsgeschäfte in Frankreich wahr. Nach dem Tode seines Vetters Karls (III.) von Bourbon, des Kronfeldherrn von Frankreich (connétable) und des letzten Sprosses der älteren Linie der Bourbonen, bei der Belagerung Roms am 6. Mai 1527, wurde Karl von Bourbon, Herzog von Vendôme, Chef des Hauses Bourbon. Zwei Jahre zuvor hatte ihn König Franz I. als Ersten Prinzen von Geblüt anerkannt.

Aus der Verbindung zwischen Karl von Bourbon mit Françoise von Alençon im Mai 1513 gingen dreizehn Kinder hervor. Ihr ältester Sohn war Anton von Bourbon, der nach dem Ableben seines Vaters, Karl von Bourbon, im Jahre 1537 Herzog von Vendôme wurde. Anton von Bourbon, der einem jüngeren Zweig des Hauses Bourbon entstammte sowie Erster Prinz von Geblüt und damit potentieller Thronanwärter war, konnte zwar über einen beachtlichen Herrschaftskomplex verfügen, aber dieser entsprach nicht gerade seinem hohen Rang und seiner Position in der Monarchie. Von zentraler Bedeutung war aber, dass er und sein Sohn Heinrich, der spätere König Heinrich IV. von Frankreich, von königlichem Geblüt und mit den höchsten Adelsgeschlechtern der Monarchie verwandt waren.

Im Alter von dreißig Jahren heiratete Anton von Bourbon, Herzog von Vendôme, am 20. Oktober 1548 Johanna III. von Albret, die Tochter des Königs Heinrich II. von Navarra (1502–1555) und Margaretes von Angoulême (1492–1549), der Schwester des französischen Königs Franz I. Als Heinrich II. von Navarra am 24. oder 25. Mai 1555 starb, wurde Johanna von Albret seine Nachfolgerin als Königin von Navarra, weil dort im Unterschied zu Frankreich auch eine weibliche Thronfolge möglich war. Anton von Bourbon wurde als ihr Gemahl König von Navarra. Er gelangte somit in den erlauchten Kreis der souveränen Monarchen Europas. Im Gefolge der Eheschließung zwischen Anton von Bourbon und Johanna von Albret wurden die Länderkomplexe und Herrschaften der Bourbonen mit jenen der Albret vereinigt.

Heinrich II. von Navarra hatte über einen sehr fragmentierten Länderkomplex geherrscht. Wegen der politisch-strategischen Bedeutung der von den Albret regierten Territorien an der französisch-spanischen Pyrenäengrenze befanden sich diese Gebiete stets im Fokus der Könige Frankreichs und Spaniens. Von dem einstigen größeren, beiderseits der Pyrenäen gelegenen Königreich Navarra war den Albret nach der 1494 erfolgten Invasion des Königs Ferdinand II. von Aragon und von Kastilien (1479–1516) und der im Jahre 1512 realisierten Annexion nur noch der erheblich kleinere Teil des Königreiches Navarra nördlich des Gebirgszuges verblieben.

Dieser kleinere Teil des Königreiches Navarra umfasste realiter vier oder fünf Gebirgskantone des gegenwärtigen französischen Departements Pyrénées-Atlantiques. Neben Navarra bildete die rund 4750 km^2 umfassende Vizegrafschaft Béarn die zweite wichtige Basis der Herrschaft Heinrichs II., weil er auch hier faktisch als Souverän agieren konnte. Schließlich gehörten zum gesamten Länderkonglomerat Heinrichs II. von Navarra auch noch die Grafschaften Foix, Albret (1520 Herzogtum) sowie die nördlich der Guyenne gelegene Grafschaft Périgord und die Vizegrafschaft Limoges. Bei den letztgenannten Gebieten handelte es sich indessen um Lehen der französischen Krone. Für sie war Heinrich II. also Vasall des französischen Königs.

Ist man sich des im Südwesten Frankreichs seit jeher stark ausgeprägten Partikularismus bewusst, der durch die sich ausbreitende Reformation noch verschärft wurde, ist nachvollziehbar, dass es dem französischen König Heinrich II. (1547–1559), dem Nachfolger von

Franz I., nicht gleichgültig sein konnte, wen Jeanne d'Albret, die Thronfolgerin Heinrichs II. von Navarra und dessen Erbin, ehelichen werde. Hinzu kam, dass man am französischen Königshof alle tatsächlichen oder auch vermeintlichen Neigungen des Hauses Albret mit großem Misstrauen beobachtete, sich mit Madrid zu arrangieren mit dem Ziel, die an die spanische Krone verlorenen Teile Navarras zurückzuerlangen. Vor dem Hintergrund der mehr oder minder offen weiter ausgetragenen Auseinandersetzungen der französischen Krone mit den Habsburgern, der „Casa de Austria", betrachtet, mussten derartige Bestrebungen oder auch nur entsprechende Tendenzen in den Augen des französischen Königs als gefährlich erscheinen.

Wie ihr Vater war auch Jeanne d'Albret von Franz I. an den Hof geholt worden. Zehn Jahre lang wurde sie dann im Schloss Plessis-les-Tours, im heutigen Departement Indre-et-Loire gelegen, und von ihren Eltern getrennt unter aufmerksamer königlicher Beobachtung erzogen. Wie sein 1547 verstorbener Bruder Franz I. wollte auch dessen Nachfolger Heinrich II. auf dem Thron Frankreichs die Vermählung von Jeanne d'Albret, der Erbin eines sowohl in genereller politischer als auch in militärisch-strategischer Hinsicht so wichtigen Herrschaftskomplexes nicht der Entscheidung ihrer Eltern überlassen. Heinrich II. verfolgte seine diesbezüglichen Absichten um so entschiedener, als er Kenntnis erhielt von den geheimen Sondierungen, die König Heinrich von Navarra in Madrid veranlasste, um wieder in den Besitz der von Spanien okkupierten südlich der Pyrenäengrenze gelegenen Teile des Königreiches zu gelangen. In Reaktion auf diese Sondierungen intensivierte Heinrich II. seine Aktivitäten und ließ Johanna von Albret zwei Heiratskandidaten vorschlagen. Jeanne d'Albret entschied sich schließlich für Anton von Bourbon, den sie einer Verbindung mit einem Nachgeborenen des Hauses Lothringen vorzog. Nachdem auch ihre Eltern, auf die Heinrich II. erheblichen Druck ausgeübt hatte, der Ehe mit dem Chef des Hauses Bourbon zugestimmt hatten, fand die Hochzeit am 20. Oktober 1548 in Moulins, im Bourbonnais gelegen, statt.

III.
Innere und äußere Lage Frankreichs um die Mitte des 16. Jahrhunderts

Das Leben und Handeln der in den folgenden Kapiteln im Mittelpunkt stehenden Akteure vollzog sich im Rahmen und unter den Bedingungen der damals in Frankreich gegebenen geographischen, demographischen, politischen, konfessionellen, wirtschaftlichen, sozialen Gegebenheiten und Strukturen. Deshalb sind diese im Folgenden in ihren wesentlichsten Erscheinungsformen zu skizzieren; dies um so mehr, weil der zukünftige König Heinrich IV. bereits in seiner frühen Jugend mit den vielfältigen Problemen jener Phase der französischen und europäischen Geschichte mehr oder minder konfrontiert wurde.

Ebenso wie für die übrigen damaligen Staaten Europas war auch für die französische Monarchie der Prozess der Staatswerdung im Hinblick auf die Konzentration der Macht beim König, auf die Ausbildung staatlich-administrativer Strukturen sowie auf die Ausrichtung der einzelnen noch mehr oder minder autonomen Provinzen und Regionen auf die Zentrale noch keineswegs abgeschlossen. Außerdem beeinflussten bereits damals die Auseinandersetzungen zwischen dem Haus Habsburg und Frankreich sowie die sich intensivierenden konfessionellen Konflikte im Gefolge der Reformation die innen- und außenpolitischen Entscheidungen der französischen Akteure.

Das Königreich Frankreich umfasste im 16. Jahrhundert einen Gesamtkomplex von Territorien, deren Oberfläche sich auf 450 000 bis 460 000 km^2 erstreckte. Deren Heterogenität und die im Hinblick auf die einzelnen Teile der Monarchie noch relativ stark divergierenden rechtlichen und politischen Gegebenheiten sowie die regionalen Partikularismen und Autonomiebestrebungen machten es dem König schwer, seine Entscheidungen in den Provinzen durchzusetzen. Wenn man sich vergegenwärtigt, dass sich der frühmoderne Bürokratisierungsprozess noch in seiner Anfangsphase befand und der König bei der Wahrnehmung seiner vielfältigen Regierungsaufgaben noch sehr weitgehend auf das vielschichtige Geflecht von lehnsrechtlichen Bindungen und Abhängigkeiten sowie in sehr starkem Maße auf sein Netz von Klientelbeziehungen angewiesen war, gewinnt man einen ungefähren Eindruck davon, wie sehr sich die damalige Staatlichkeit von den uns heute geläufigen staatlichen und administrativen Strukturen unterschied.

Auch im Hinblick auf die Außengrenzen Frankreichs war noch vieles im Fluss. Um die Mitte des 16. Jahrhunderts war ihr Verlauf im Detail viel weniger präzise zu erfassen als es eine auch nur grobe Beschreibung seines Verlaufs vermuten lässt. Weil über den exakten Verlauf der Grenzen Unklarheiten und im einzelnen zwischen dem französischen König und benachbarten Herrschern divergierende territoriale Ansprüche bestanden, waren französische Kronjuristen bemüht, diese Ansprüche im Interesse der Krone zu klären, damit der König sie bei passender Gelegenheit geltend machen konnte. Den französischen Königen war stets bewusst, dass an den Grenzen der Monarchie ihre Souveränität endete. Nur im Kriegsfall durften die französischen Könige ihr Territorium verlassen.

Der Entwicklungsprozess von der „Grenzzone“ zur „Grenzlinie“ war im 16. Jahrhundert noch in vollem Gange. Er machte erst im ausgehenden 17. Jahrhundert und im Verlauf des 18. Jahrhunderts beträchtliche Fortschritte. Im Norden der französischen Monarchie unterstanden die Grafschaften Flandern und Artois, ein Teil der an die Habsburger gefallenen burgundischen Erbschaft, zu Beginn des 16. Jahrhunderts lehnsrechtlich noch den französischen Königen als Oberherren, die von den Grafen den Lehnseid entgegennahmen. Im Vertrag von Madrid von 1526 musste Franz I. aber auf die lehnsrechtliche Oberherrlichkeit zu Gunsten Kaiser Karls V. verzichten.

Die beiden Grafschaften wurden schließlich Teil der Niederlande und seit 1555 immer stärker in den Herrschaftskomplex der spanischen Krone einbezogen.

Die Küstenstadt Calais war bis 1558 noch eine englische Enklave, als sie vom Herzog Franz von Guise (1519–1563) erobert wurde. Im Osten waren, stark vereinfachend formuliert, Lothringen – bis in die 1540er Jahre – und das Elsaß – weitaus länger – noch Teil des Heiligen Römischen Reiches deutscher Nation. Im Jahre 1542 hatte allerdings Herzog Ulrich von Lothringen (1508–1544) eine günstige Konstellation nutzen können, um im Vertrag von Nürnberg eine sehr vorteilhafte Regelung der rechtlichen Beziehungen Lothringens zum Reich zu erwirken. In diesem Vertrag wurde sein Territorium als „nicht zu inkorporierendes Herzogtum", anerkannt. An das Reich gebunden blieb das Herzogtum in bezug auf Angelegenheiten des Landfriedens und durch die Verpflichtung zur Zahlung einer verminderten Kontribution, für die ihm allerdings die Protektion des Reichs zugesichert wurde. Reichslehen waren nur noch einige kleinere Herrschaften. Seit dem Nürnberger Vertrag von 1542 bestanden also für die Herzöge von Lothringen-Bar in staats- und lehnsrechtlicher Hinsicht besondere Gegebenheiten in ihren Beziehungen zum Reich und zu Frankreich. Für das „Barrois mouvant" waren sie Lehnsmänner des französischen Königs. Als Inhaber kleinerer Reichslehen waren sie Reichsfürsten.

In der lothringischen Region und an der östlichen französischen Grenzregion lagen auch die drei Reichsstädte Metz, Toul und Verdun, die von den gleichnamigen Bistümern zu unterscheiden sind. Die drei Reichsstädte besaßen ebenfalls eigene Territorien. Die territorialen und staatsrechtlichen Gegebenheiten in dieser Grenzregion waren indessen insofern noch komplizierter sowie für den modernen und mit den dortigen Verhältnissen nicht vertrauten Betrachter noch verwirrender, weil dort außerdem einige geteilte Souveränitäten und „Gemeinherrschaften Lothringens mit Frankreich oder den spanischen Territorien der Niederlande, Luxemburgs oder der Freigrafschaft Burgund" (Rainer Babel) vorhanden waren.

Belastet wurden die französisch-lothringischen Beziehungen sowie das Verhältnis zwischen Frankreich einerseits und Kaiser und

Reich andererseits dadurch, dass der französische König die drei Reichsstädte Metz, Toul und Verdun und teilweise auch die gleichnamigen Bistümer unter seine Protektion hatte bringen können. Schon im Mittelalter hatte die französische Krone zeitweilig Protektionsrechte über die Städte und die Bistümer wahrgenommen. Als dann die deutsche Fürstenopposition gegen Kaiser Karl V. im Jahre 1552 im Vertrag von Chambord dem französischen König Heinrich II. das Reichsvikariat über die Städte Metz, Toul und Verdun antrug, nahm die französische Krone diese Protektionsbeziehungen wieder auf. Französische Protektion bedeutete in der Regel militärische Präsenz. Daraus resultierten immer wieder Konflikte zwischen Frankreich, Kaiser und Reich.

Ähnlich kompliziert – wenn nicht noch verwirrender – waren die territorialen, herrschaftlichen und rechtlichen Gegebenheiten im zum Reich gehörenden Elsaß. Das Elsaß war eine Grenzlandschaft des Reiches – nicht eine „Grenzlandschaft zwischen Deutschland und Frankreich“ (Wolfgang Hans Stein). Das Elsaß war in zwei Teile geteilt: in das Ober- und Unterelsaß, die ein eigenständiges Leben führten; seit dem hohen Mittelalter waren es die beiden gleichnamigen Landgrafschaften. Im Unterelsaß war der Prozess der Auflösung der alten Grafengewalt im Laufe der Zeit am weitesten fortgeschritten. Während die Landgrafschaft Unterelsaß in herrschaftlich-politischer Hinsicht keineswegs einen in sich geschlossenen territorialen Komplex darstellte, war das in der Landgrafschaft Oberelsaß relativ weitgehend der Fall. Im Oberelsaß hatten die österreichischen Habsburger eine dominierende Position erlangt.

Die Freigrafschaft Burgund (Franche-Comté) war seit dem Vertrag von Senlis im Jahre 1493 im Besitz der Habsburger, seit Beginn der zweiten Hälfte des 16. Jahrhunderts des spanischen Zweiges der Habsburger. Die Präsenz der Habsburger an der östlichen Flanke Frankreichs stellte eine ernstzunehmende potentielle Gefahr für die französischen Könige dar. Die bedeutende Handels- und Finanzmetropole Lyon war quasi eine Grenzstadt. Eines der Ziele der französischen Kriege des 16. Jahrhunderts war es, deren Sicherheit auf Dauer zu gewährleisten. Die zwischen 1536 und 1559 erfolgte Besetzung des Herzogtums Savoyen diente im wesentlichen diesem Ziel. Die definitive Sicherung Lyons erfolgte aber erst 1601, als Savoyen die Gebiete Bresse, Bugey, Valromey und Gex an die französische Krone zedierte. Im Südosten gehörten die Dauphiné seit 1349 und die Provence seit 1481 zu Frankreich. Im Süden war das Roussillon seit dem Vertrag von Barcelona vom Januar 1493 spanisch. Über die Verhältnisse in Navarra und im Béarn ist bereits in anderem Kontext ausführlich berichtet worden. Die bedeutendsten ausländischen Enklaven waren der Comtat Venaissin mit Avignon, der päpstliches Territorium war, und das Fürstentum Orange, das im Frieden von Cateau-Cambrésis (1559) Wilhelm von Oranien restituiert worden war.

Frankreich gehörte zu den bevölkerungsstärksten Ländern Europas. Nach modernen Schätzungen belief sich am Ende des 15. Jahrhunderts die Gesamtbevölkerung Frankreichs auf rund 15 Millionen, in Spanien hingegen auf rund 6 und in England auf rund 4 Millionen. Nur das Heilige Römische Reich deutscher Nation und das Osmanische Reich erreichten mit 15 bzw. mit 12 bis 13 Millionen Einwohnern eine vergleichbare Größenordnung. Durch einschlägige Forschungen erscheint als gesichert, dass Frankreich in den Jahrzehnten von 1500 bis ungefähr 1545 eine starke demographische Zunahme erlebte. Diese wurde zwischen 1545 und 1560 von einer Rezession abgelöst, der von 1560 bis 1580 eine demographische Erholung folgte. In dieser Phase erreichte die französische Gesamtbevölkerung in etwa 18 bis 21 Millionen Einwohner, wobei allerdings zu berücksichtigen ist, dass sich diese modernen Schätzungen auf das zur Zeit des Vertrages von Cateau-Cambrésis von 1559 bzw. auf das aktuelle französische Staatsgebiet beziehen.

Die Bevölkerungszahlen variierten jedoch in den einzelnen Regionen. Zwischen 1585 und 1595 verlief die demographische Entwicklung negativ. Extreme Winter, eine Folge der sog. „kleinen Eiszeit“, daraus resultierende Missernten, das Wiederauftreten der Pest in den Jahren 1583, 1586 und 1591–1592 sowie die mannigfach belastenden Begleiterscheinungen der Religions- und Bürgerkriege verursachten in den am stärksten betroffenen Gebieten Menschenverluste bis zu 20 %.

Damals lebten 85% bis 90% der Franzosen auf dem Lande – im Durchschnitt rund 30 bis 35 Personen pro km^2. Nach neueren Schätzungen existierten in Frankreich zu Beginn des Jahrzehnts von 1560 bis 1570 rund 1400 „häretische“, also calvinistische, Kirchengemeinden, die über das ganze Land verstreut waren. Die Zahl der in jenen Jahrzehnten in Frankreich lebenden Calvinisten wird auf 8,75% der Gesamtbevölkerung geschätzt. Auf der Basis von 17 bzw. 18 Millionen Franzosen berechnet, hingen also zwischen 1487500 und 1575000 Personen dem calvinistischen Glauben an. Als gesichert darf gelten, dass die Calvinisten im Süden und Südwesten der Monarchie, vom Poitou bis zur Dauphiné, innerhalb der dortigen Bevölkerung einen nicht nur zahlenmäßig bedeutenden Faktor darstellten. Signifikant geringer war ihr Anteil an der Gesamtbevölkerung in den nördlichen Regionen des Königreiches, in der Normandie, der Bretagne, der Ile-de-France, im Anjou, im Orléanais und im östlich gelegenen Herzogtum Burgund. Die erdrückende Mehrheit der Franzosen war katholisch und lebte auf dem platten Lande.

Frankreich gehörte nicht nur zu den bevölkerungsreichsten, sondern auch zu den größten Monarchien Europas. Es umfasste einen – nach damaligen Vorstellungen – immensen Raum. Bei den in jener Zeit vorhandenen, sehr begrenzten Möglichkeiten des Reisens und der Kommunikation benötigte man infolgedessen viel Zeit, um sich von einem Ende der Monarchie zum anderen zu begeben. Gleiches gilt, wenn Nachrichten vom jeweiligen Aufenthalt des Hofes in die entlegenen Provinzen bzw. von dort aus an den Hof zu übermitteln waren. Um zu Pferde von Paris nach Amiens zu gelangen, brauchte man zwei Tage. Zur Überwindung der Entfernung von Paris nach Lyon waren acht bis zehn und für die Strecke von Paris nach Marseille sechzehn bis zwanzig Tage nötig. Macht man sich diese Realitäten bewusst, kann man verstehen, mit welchen Problemen die damals noch kaum entwickelten administrativen und institutionellen Organe der Krone konfrontiert waren, um diesen immensen Raum einigermaßen zu kontrollieren.

Der starke demographische Aufschwung der Jahrzehnte von 1500 bis um 1545 korrespondierte mit einer Zunahme der agrarischen Produktion. Streiten kann man allerdings über die Frage, ob diese Zunahme eine Folge des Bevölkerungswachstums war, das eine Steigerung der Nachfrage nach Grundnahrungsmitteln und damit eine dementsprechende Erhöhung der agrarischen Produktivität auslöste, oder ob erst die Zunahme der Produktivität das demographische Wachstum ermöglichte. Gesichert ist, dass die Produktion agrarischer Erzeugnisse bis um die Mitte des 16. Jahrhunderts gesteigert werden konnte. Im Jahrzehnt zwischen 1560 und 1570 stabilisierte sie sich dann auf hohem Niveau, um danach bis zum Ende des 16. Jahrhunderts deutlich abzusinken.

Innerhalb der ländlich-bäuerlichen Bevölkerung Frankreichs hatten sich seit dem 16. Jahrhundert Veränderungen vollzogen, die sich in den folgenden Jahrhunderten als irreversibel erwiesen. Im Gefolge der Bevölkerungs- und Preiswellen des 16. Jahrhunderts hatte der Druck auf die ländlichen Bewohner in einem bis dahin kaum gekannten Ausmaß zugenommen. Das Resultat war, dass sich die ländliche Sozialstruktur in vielfältiger Hinsicht ausdifferenzierte. Insbesondere das zahlenmäßige Verhältnis der verschiedenen bäuerlichen Schichten zueinander veränderte sich. War im Spätmittelalter der Typus des mittleren und kleineren Bauern noch eindeutig vorherrschend, so wuchs die Zahl der kleinst- und unterbäuerlichen Bauernstellen. Im 17. Jahrhundert stand in den französischen Dörfern allgemein eine relativ große Zahl von Klein- und Kleinstbauern einer sehr kleinen Schicht mittelbäuerlicher Existenzen sowie einer noch geringeren Anzahl von Großbauern bzw. von Großpächtern gegenüber.

Weil in den folgenden Kapiteln vom Agieren von Adligen und königlichen Amtsträgern die Rede sein wird, ist zum besseren Verständnis ihrer sozialen Rahmenbedingungen auf die wesentlichsten Merkmale der damaligen Sozialstrukturen in den entsprechenden Schichten einzugehen. Da zur ländlichen Bevölkerung schon einiges dargelegt wurde, ist hier darauf nicht mehr zurückzukommen.

Im Jahr 1582 schrieb der Jurist Jean Bacquet: „In Frankreich gibt es zwei Sorten Personen: die einen sind Adlige, die anderen sind Nichtadlige. Und unter diesen beiden Arten sind alle Bewohner des

Königreiches zu subsumieren: die Leute der Kirche und der Justiz, die Leute, die das Waffenhandwerk ausüben, die Schatzmeister, die Steuereinnehmer, die Kaufleute, die Landarbeiter und andere." Bacquet erfasste die damalige Realität insofern etwas präziser als sein berühmter Kollege Charles Loyseau (1564–1627), denn für Bacquet war der „Klerus eher eine Art berufsständischer Korporation, der sowohl Adlige als auch Nichtadlige angehörten" (Ilja Mieck). Aber auch für ihn bestimmte das Prinzip der sozialen Qualität eine Klassifizierung, die die Einordnung auf der Basis von Berufen, ausgeübten Funktionen, überlagerte und diese quasi transzendierte; für ihn gelangte man vom Tun, Handeln (faire), zum Sein (être). Beim Adel waren für ihn nicht mehr das von diesem ausgeübte Waffenhandwerk, sondern dessen soziale Exzellenz oder die diesem zu attestierenden besonderen Tugenden charakteristisch. Jede spezifische Gruppe von Personen repräsentierte für ihn einen speziellen Grad menschlicher Perfektion, die mehr oder weniger höher einzuschätzen war.

Für Loyseau war die damalige französische Gesellschaft eine Ständegesellschaft, in welcher die sozialen Gruppen stratigraphisch-hierarchisch gegliedert waren. „Stand" (ordre) definierte er als „Würde verbunden mit der Befähigung zur Ausübung öffentlicher Macht" – also als Würde und Befähigung zur Bekleidung und Ausübung von königlichen „Ämtern" (offices) bzw. königlichen Funktionen (commissions). Stände waren im Sinne Loyseaus politische und soziale Gruppen, „Gemeinschaften, deren Mitglieder nicht lediglich auf der Basis von Besitz und Vermögen zusammenfanden und zusammenstanden, sondern aufgrund ‚der Wertschätzung, der Achtung, der Würde, die (ihnen) die Gesellschaft oder Teile derselben' beimaßen" (Ernst Hinrichs).

Die Historiker der Gegenwart bedienen sich mehrheitlich dieser Definition der europäischen Gesellschaft des Ancien Régime und der entsprechenden Terminologie. Sie charakterisieren die Gesellschaft Alteuropas als „Ständegesellschaft". In einer ersten Annäherung kann man „Stand" mit Jürgen Kocka als „eine gesellschaftliche Großgruppe" bezeichnen, „die sich durch eigenes Recht, durch ein bestimmtes Maß der Teilhabe an der politischen Herrschaft, durch eine besondere Form materieller Subsistenzgründung und durch spezifisches Prestige (‚Ehre') von anderen Ständen unterscheidet". Die Analogie dieser Definition zu jenen frühneuzeitlicher Staatstheoretiker und Juristen ist offensichtlich.

Für die Franzosen des Ancien Régime war die ständische Ordnung der Gesellschaft eine alltägliche Erfahrung. Sie waren sich weitgehend einig hinsichtlich der groben Gliederung der Stände in Klerus, Adel und in die große Masse der Nichtadligen, vereinfacht der Bürger und Bauern. Ihnen war aber auch bewusst, dass diese grobe Gliederung nur ein rechtliches Konstrukt war, das zwar für die Versammlungen der Generalstände (États généraux) und der Provinzialstände (États provinciaux) Frankreichs seine Berechtigung hatte, aber kein ausreichend präzises Mittel darstellte, um mit ihm die vielfältigen Abstufungen und Untergliederungen zu erfassen, die innerhalb eines jeden Standes existierten, also innerhalb des Ersten Standes, des Klerus (le clergé), des Zweiten Standes, des Adels (la noblesse), und des Dritten Standes (le tiers état).

Innerhalb des Ersten Standes, des Klerus, existierten zwischen den Kardinälen, den Bischöfen und den Äbten geistlicher Orden einerseits und der Vielzahl kleiner Weltgeistlicher bzw. niederer Ordensbrüder andererseits große Rangunterschiede. Von den in vieler Hinsicht – insbesondere in fiskalischer Hinsicht – privilegierten Ständen war der Erste Stand, der Klerus, in den Städten seit jeher stärker verwurzelt und vertreten, weil er für die Wahrnehmung und Ausübung zahlreicher Aufgaben des öffentlichen und privaten Lebens nicht nur zuständig, sondern auch unentbehrlich war. Die Kleriker hatten nicht nur für die Durchführung der Gottesdienste, für die Gewährleistung der allgemeinen Seelsorge und des Elementar-Unterrichts zu sorgen, sondern sie kümmerten sich auch um die noch recht spärlich vorhandenen Einrichtungen zur Krankenversorgung und Armenfürsorge. „Das moralische Gewicht der Kirche besaß infolge ihres großen Grundbesitzes auch eine ökonomische und damit letztlich politische Dimension" (Ilja Mieck). Außerdem hatte die Kirche als Versorgungsinstitution sowohl für den Adel als auch für die Söhne wohlhabender Kaufleute und königlicher Amtsträger eine wichtige Funktion.

Auch innerhalb des zweiten privilegierten Standes, des Adels, existierte eine Vielfalt abgestufter Ränge, eine breite Skala unterschiedlicher rechtlicher und sozialer Gegebenheiten. So hing die Rangfolge innerhalb des Adels ganz entscheidend vom Grad der verwandtschaftlichen Nähe zur Königsdynastie, von der Zugehörigkeit zu Dynastien uralter Hochadels- bzw. Adelsfamilien bzw. davon ab, ob man den Status eines Adligen (gentilhomme, noble) erst durch Ausübung nobilitierender königlicher Ämter (offices) oder Chargen oder sogar nur dank eines sich über einen langen Zeitraum erstreckenden Assimilierungsprozesses erlangt hatte. Die Gruppe derjenigen Familien, denen der soziale Aufstieg in den Adel über den Kauf und die Ausübung nobilitierender königlicher Ämter gelungen war, bezeichnete man in Anspielung auf die von ihnen getragene lange Amtsrobe wahrscheinlich seit der zweiten Hälfte des 16. Jahrhunderts als „Robenadel“ (noblesse de robe).

Nach seriösen Schätzungen zählte Frankreich um 1500 rund 30 000 bis 40 000 Adelsfamilien, also etwa 200 000 Adlige. Ihr Anteil an der damaligen Gesamtbevölkerung belief sich zu jenem Zeitpunkt auf rund 1,5 %. Für die Jahre um 1560 ist eine Zahl von 41 600 bis 50 200 Adelsfamilien anzusetzen. Diese machten damals wohl zwischen 1,2 % bis 1,4 % aller damaligen Franzosen aus.

Innerhalb des Dritten Standes wies das Statussystem noch vielfältigere Differenzierungen auf als beim Adel, worauf hier im einzelnen nicht einzugehen ist. Signifikant ist jedoch, dass Loyseau beim „tiers état“ die Haupttrennungslinie zwischen den Inhabern von öffentlichen – königlichen – Ämtern sowie Angehörigen von nicht durch Handarbeit bestimmten Berufen einerseits und der großen Masse von Handwerkern, Lohnarbeitern und Bauern andererseits zog. Letztere, die ihren Lebensunterhalt mehr durch die Ausübung körperlicher Arbeit als im Handel mit Waren oder durch geistige Tätigkeiten bestritten, bezeichnete er als „Leute niederen und nicht ehrenhaften Standes“.

Neben der bei Loyseau und anderen zeitgenössischen Juristen und Gelehrten thematisierten Vielfalt von Statusebenen und Rängen fällt bei diesen Autoren besonders die Betonung der diskriminierenden

Trennungslinie auf, welche diejenigen, die körperliche Tätigkeiten verrichteten, von jenen trennte, die geistige Funktionen ausübten, die also mit dem Kopf arbeiteten und deren Beruf eine entsprechende Ausbildung bzw. Universitätsstudien voraussetzte. Körperlicher Arbeit wurde allgemein die Eigenschaft des Niederen, das Attribut des Gemeinen attestiert. Diese soziale Schranke wirkte universell, weil mit ihr ein Kriterium zur Hand war, das von allen leicht angewendet werden konnte. Für die „kleinen Leute“, – um eine moderne Terminologie zu verwenden – für Angehörige der Unterschichten, war soziale Aufstiegsmobilität nur innerhalb der „niederen“, „gemeinen“ Statusgruppen möglich, nicht jedoch – oder zumindest nur sehr schwer – über diese eherne Trennungslinie hinweg. Nur wenn man in einem zumeist lange andauernden Prozess die dominierenden Charakteristika der niederen Statusgruppen abzulegen fähig war, konnte man einen allmählichen Aufstieg seiner Familie in die höheren Statusebenen vorbereiten.

Wenn sich darin, aber auch in anderen Verhaltensweisen und Erscheinungsformen, Statik, ja sogar Abgeschlossenheit manifestiert, so darf dieses Phänomen nicht verabsolutiert werden, denn auch die Ständegesellschaft gestattete ein beachtliches Maß an sozialer Mobilität. Diese soziale Mobilität im Sinne „der vielfachen Positionsveränderungen von Individuen einer Gesellschaft“ (Winfried Schulze) fand innerhalb der Ständegesellschaft als horizontale oder vertikale Mobilität statt, das heißt in der Form von Migrationsbewegungen vom Lande in die Städte bzw. auf dem Wege des Standesgrenzen überwindenden Auf- oder Abstiegs.

Während der zehn Dekaden von 1479 bis 1570/80 vollzog sich nicht nur in Frankreich eine Phase beschleunigten sozialen Aufstiegs. Jenen Familien, die aufgrund ihrer gesellschaftlichen Voraussetzungen und hinreichender Vermögensverhältnisse entsprechende Ambitionen verfolgen konnten, war der Zugang zum Adel möglich. Dominierte in Frankreich während der ersten Hälfte des 16. Jahrhunderts die Praxis, über den Erwerb einer adligen Grundherrschaft (seigneurie) und durch „adelsgemäßes Leben“ über einige Generationen hinweg einen Aufstieg in den Adel zu realisieren, so gewann für den

Nobilitierungsprozess seit 1560 der Kauf und die Ausübung nobilitierender Ämter in zunehmendem Maße an Bedeutung.

Ebenso wie andere altständisch-europäische Gesellschaftsformationen wies auch die französische Ständegesellschaft eine Vielfalt horizontaler Verflechtungen und die Existenz weitgespannter Netze von Patronage- und Klientelverbindungen auf. Charakteristisch für diese Sozialbeziehungen, die wiederum von den damals geltenden rechtlichen, gesellschaftlichen und politischen Normen reguliert wurden, waren „die Ungleichheit der Macht- und Mittelausstattung von Patron und Klient und ein relativ dauerhaftes, zunächst persönliches Verhältnis dieser Partner auf Gegenseitigkeit, wobei Schutz und Chancen, Dienste und Ergebenheit [sich] gegenüberstanden“ (Peter Moraw).

Das Patron-Klient-Verhältnis wies enge Zusammenhänge, Überschneidungen und Wechselbeziehungen mit den übrigen Hauptformen von Personenverbindungen auf, also mit Verwandtschaft, Freundschaft und Landsmannschaft. Für den sozialen Aufstieg sowie für den Aufbau politisch einflussreicher Positionen in Staat und Gesellschaft waren die Patronage- und Klientelbeziehungen von zentraler Bedeutung. Auch Heinrich von Navarra war zunächst als Anführer der Hugenotten in deren Kampf um dauerhafte Duldung als Religionsgemeinschaft und später in seinem Krieg, den er mit dem Ziel führte, seine Anerkennung als legitimer König Frankreichs und die Befriedung der Monarchie zu erreichen, in mannigfacher Hinsicht auf die Unterstützung seiner Klientel angewiesen. Um die große Monarchie effektiv zu regieren und in Anbetracht der zu überwindenden räumlichen Distanzen sowie der sich noch weitgehend in einem permanenten Entwicklungsprozess befindlichen Strukturen der königlichen Administration war es für den Monarchen und seine Minister unerläßlich, sich auf ein weitgespanntes und funktionierendes Netz von Klientelbeziehungen stützen zu können.

Nach neueren Schätzungen waren um 1550 ungefähr 10 % des Territoriums der Monarchie urbanisiert. Vom Ende des 15. Jahrhunderts bis um die Mitte des 16. Jahrhunderts hatte die Bevölkerung in den Städten zwischen 10 % und 100 % zugenommen. An der Spitze der sieben größten Städte lag um 1550 Paris, dessen Einwohnerzahl in jener Phase von rund 180 000 auf etwa 300 000 zunahm. Nach Paris folgte die Handels- und Finanzmetropole Lyon, in der um 1550 rund 60 000 oder 70 000 Menschen lebten. Die entsprechenden Schätzungen belaufen sich für Rouen auf 30 000 bis 60 000, für Bordeaux auf 20 000 bis 30 000, für Toulouse auf 40 000 bis 50 000, für Orléans auf nahezu 50 000 und für die Hafenstadt Marseille auf 10 000 bis 30 000. Die mittleren Städte beherbergten um 1550 zwischen 10 000 und 25 000 Einwohner.

Im 15. und 16. Jahrhundert lebten von hundert Untertanen des Königs allenfalls zehn in Städten. „Durch Mauern und Gräben waren sie noch immer von dem sie umgebenden platten Land schroff getrennt. Obwohl es nicht nur in den zahlenmäßig dominierenden kleinen Landstädten, sondern auch in den wenigen Großstädten zahlreiche Ackerbürger gab, die ihren Lebensunterhalt ganz oder teilweise aus der Bewirtschaftung kleinerer Parzellen innerhalb des Mauerrings bestritten, begann jenseits der Mauern, Türme und Tore, die abends geschlossen wurden, sehr bald, manchmal abrupt, eine andere Welt“ (Ilja Mieck).

Zu den städtischen Eliten sind in erster Linie die Großkaufleute zu zählen, die an der Spitze der Hierarchie rangierten. Das höchste Prestige besaßen die Großhändler, die aber auch Bankgeschäfte tätigten. In der Handels- und Finanzmetropole Lyon waren sie besonders zahlreich vertreten. Unter ihnen, an zweiter Position, rangierten die weniger prunkliebenden Kaufleute, die im allgemeinen aber auch noch sehr wohlhabend waren wie zum Beispiel die Tuchhändler, die Goldschmiede, die Buch- und die Spezereihändler. Darunter sind die Krämer anzusiedeln. Inhaber königlicher Ämter, die „officiers“, lebten in jenen Städten, in denen die verschiedenen königlichen Gerichte und administrativen Institutionen angesiedelt waren. Diese „officiers“ bzw. „magistrats“ rangierten natürlich auch an der Spitze der jeweiligen urbanen Eliten.

Wenn auch die letzte Entscheidung in allen Angelegenheiten des Königreiches dem Monarchen vorbehalten war, so gehörte es seit jeher zu den Fundamenten seiner Herrschaft, dass sich der Monarch beraten ließ. Als zentrales Beratungsgremium hatte sich im Laufe der Zeit der „Rat des Königs“ (Conseil du Roi) herausgebildet. Dessen Entwicklung war auch unter Heinrich III. (1574–1589) und Heinrich IV. (1589–1610) noch nicht abgeschlossen.

Seit 1578 setzte sich für den „Conseil du Roi“ die Bezeichnung „Conseil d’État“, Staatsrat, durch. Waren ursprünglich in dieser Institution unter dem Vorsitz des Königs alle zentralen Angelegenheiten der Monarchie beraten worden, so hatten sich im Laufe der Zeit für die Erörterung spezifischer Agenden besondere Gremien vom „Conseil du Roi“ abgespaltet. Hauptursache dafür war, dass Franz I. und Heinrich II. in politischer Hinsicht besonders wichtige Angelegenheiten nicht mehr in dem einen vergleichsweise großen Personenkreis umfassenden „Conseil du Roi“, sondern in einem wesentlich kleineren, nur mit wenigen besonders vertrauten Persönlichkeiten besetzten Gremium beraten wollten. Dieses kleinere zentrale Gremium bezeichnete man als „Conseil étroit“, Engen Rat, „Conseil des affaires“, Rat für Staatsgeschäfte, oder auch als „Conseil secret“, Geheimen Rat. Daneben bildeten sich auch der Finanzrat und weitere mit spezifischen Materien befasste Ratsgremien heraus. „De jure“ wurde dadurch die Einheit des „Conseil du Roi“ nicht gesprengt.

Für das wichtigste Beratungsgremium, den „Conseil des affaires“, der in der Regel unter dem Vorsitz des Königs zusammentrat und in dem die anstehenden Agenden behandelt wurden, gab es keine Geschäftsordnung im modernen Sinne. Zumeist wurden die Beteiligten vom König nach ihrer Anciennität zur Abgabe ihrer Stellungnahme aufgefordert. Das war aber keine festgefügte Regel. Ein Protokoll der Beratungen wurde auch nicht geführt. Im allgemeinen forderte der König den- oder diejenigen zur Teilnahme an den jeweiligen Sitzungen auf, deren Anwesenheit er wünschte und die sich seiner besonderen Gunst erfreuten.

Nach dem endgültigen Scheitern aller Bemühungen, der im Gefolge der Reformation Luthers eingetretenen Glaubensspaltung durch verschiedene Reforminitiativen zu begegnen und schließlich eine Wiedervereinigung zu erreichen, setzte seit der Mitte des 16. Jahrhunderts die sogenannte Konfessionalisierung ein, die „die Herausbildung von drei rechtlich, organisatorisch und theologisch-dogmatisch scharf voneinander unterschiedenen Konfessionskirchen vorantrieb – einer lutherischen, einer reformiert-calvinistischen und einer tridentinisch-katholischen, denen man – will man die theologisch reformierte, rituell und institutionell aber eher traditionelle Kirche Englands gesondert zählen – als vierte Variante die anglikanische Kirche hinzufügen mag. Indem sie von ihren Mitgliedern, und zwar auch und gerade von Personen, die in Staat und Gesellschaft eine herausgehobene Position bekleideten, eine ‚confessio', ein formelles Bekenntnis, als Glaubenseid forderten, wurden diese Konfessionskirchen zu den wohl entschiedensten Akteuren frühneuzeitlicher Integration und Abgrenzung. Diese konfessionell-religiöse bedeutete zugleich eine politische und eine gesellschaftliche Integration und Abgrenzung. Denn so sehr Reformation und Konfessionalisierung im Kern ein innerkirchlicher Vorgang war, so sehr ergaben sich angesichts der strukturellen Verschränkung von Religion und Politik in Alteuropa daraus unmittelbare Konsequenzen für Staat und Gesellschaft, und zwar innerhalb wie zwischen den europäischen Ländern und Völkern" (Schilling).

In Frankreich fanden die Gedanken Martin Luthers spätestens seit 1519 Eingang. Obwohl die Pariser Universität Sorbonne bereits am 15. April 1521 die Lehre Luthers verworfen und das Pariser Parlament, der wichtigste Gerichtshof, der nicht nur in juristischen Angelegenheiten für ein sehr großes Gebiet der Monarchie zuständig war, zwei Monate später die Verbreitung seiner Schriften bei Strafe untersagt hatte, breitete sich seine Lehre dennoch aus. Die weitere Ausbreitung des Protestantismus in Frankreich erfolgte dann jedoch – sowohl in theologischer als auch in organisatorischer Hinsicht – im Zeichen der Lehre des aus der Picardie stammenden Jean Calvin (1509–1564). Er hatte nach dem Besuch des Kollegiums Montaigu in Paris, in Orléans und Bourges Jura studiert und war 1531 als Lizentiat der Rechte nach Paris zurückgekehrt, wo er sich humanistischen Kreisen anschloß und sich wahrscheinlich gegen Ende 1533 als Anhänger des Protestantismus öffentlich zu betätigen begann. Um sich der Verfolgung zu entziehen, floh er im folgenden Jahr nach Basel, wo er 1536 sein theologisches Hauptwerk, die „Christianae religionis institutio“ erstmals publizierte, was ihm die Berufung nach Genf eintrug. Nach mehreren weiteren Bearbeitungen veröffentlichte er 1541 eine französische Fassung.

Seit 1536 wirkte Calvin als Prediger in Genf, von wo er aber wegen allzu großer Sittenstrenge 1538 ausgewiesen wurde. Bis 1541 lebte er als Seelsorger der französischen Flüchtlingsgemeinde in der Freien Reichsstadt Straßburg, wo er mit den berühmten Reformatoren Philipp Melanchthon (1497–1560) und Martin Bucer (1491–1551) zusammentraf. Im Jahre 1541 konnte Calvin nach Genf zurückkehren, wo er mit der endgültigen Einrichtung der Genfer Kirche die dortige Reformation vollendete. „Im Gegensatz zu der Einführung der Genfer Reformation im Jahre 1537, die als wichtiger verfassungsgeschichtlicher Tatbestand und wegen ihres reformatorischen Gehalts den Bruch mit der alten [katholischen] Kirche bezeichnet, wäre die Vollendung der Reformation nach 1541 bestenfalls von kirchenhistorischem oder lokalem Interesse, wenn sie nicht dank der überragenden Persönlichkeit Calvins, seiner Organisations- und unermüdlichen Arbeitskraft weit über Genf hinausreichende Impulse ausgestrahlt hätte, die dank der klaren Präzision seiner Theologie aufgenommen und festgehalten wurden. Die strenge Systematik der Calvinschen Theologie stellte dazu ein besseres Fundament der Lehre dar als das unsystematische, spontane und nicht selten in der Wahl der Themen und Worte impulsive Theologisieren eines Luther“ (Josef Engel).

Die allerdings mit Unterbrechungen von der französischen Krone ergriffenen Maßnahmen zur Unterdrückung des Protestantismus erwiesen sich letztlich als erfolglos. In der Form der calvinistischen Glaubenslehre gelang es diesem, auch in Frankreich dauerhaft Fuß zu fassen. Das konnten schließlich auch die repressiven Edikte von Juli 1535, Juni 1539, Juni 1540, Juli 1543, November 1549, Juni 1551, Juli 1557 und Juni 1559 nicht verhindern. Nach 1555 vollzog sich eine spektakuläre Ausbreitung reformierter Kirchen, die nach dem Vorbild der Genfer Kirche organisiert waren und aus der Verborgenheit heraustraten.

Um 1559 wiesen die reformierten Kirchen in Frankreich folgende – etwas vereinfachend dargestellt – Organisationsstrukturen auf: An der Spitze der einzelnen Kirchengemeinden befand sich das Konsistorium. Dieses setzte sich aus seinem Leiter, dem jeweiligen Pastor, und weiteren Predigern (ministres) sowie Gemeindeältesten und Diakonen zusammen. Auf der Ebene der Provinzen existierte jeweils eine Provinzialsynode, die in der Regel zweimal jährlich tagte. Sie setzte sich aus den Pastoren, den Gemeindeältesten und Diakonen der ganzen Kirchenprovinz zusammen. Geleitet wurde die Provinzialsynode von einem gewählten Präsidenten, der für die Dauer ihrer Zusammenkunft amtierte. Die Provinzialsynoden entschieden über die in ihrem Zuständigkeitsbereich anfallenden Probleme. Auf gesamtnationaler Ebene wurde – falls erforderlich – eine Generalsynode einberufen. An ihr nahmen Pastore, Gemeindeälteste und Diakone aus ganz Frankreich teil. Sie wurde für die Dauer ihrer Tagung auch von einem Präsidenten geleitet.

Die Historiker verwenden zumeist die Begriffe „Reformierte", „Hugenotten" oder „Calvinisten", um die Anhänger der Lehre Calvins zu bezeichnen. Der Begriff „Hugenotten" war vor 1560 nicht geläufig. Man benutzte ihn danach insbesondere, um die sich je länger desto mehr und in Reaktion auf die repressiven Maßnahmen der Krone manifestierende politische Dimension der französischen Reformation anzusprechen. Die französischen Reformierten hatten gegenüber dem Gebrauch der Bezeichnung „Calvinisten" einige Reserven, weil sie der Meinung waren, dass sie damit allzusehr auf die Person Calvins reduziert, ja als „Sektierer" angesehen würden. In offiziellen späteren Verlautbarungen wurden sie als Anhänger der „vorgeblich reformierten Konfession" (confession prétendue réformée) bezeichnet.

Wie die Edikte der Jahre 1535, 1539, 1540 und 1543 sowie andere Vorgänge signalisieren, schreckte bereits Franz I. vor der Anwendung repressiver Maßnahmen gegen die Calvinisten nicht zurück. Die Frömmigkeit des Königs war traditionsorientiert, möglicherweise eher unreflektiert und wohl auch nach außen gerichtet. Indessen war er in seiner Ablehnung der Häretiker, der „luthériens", unbeugsam und unnachgiebig.

König Heinrich II., der Nachfolger von Franz I., setzte die Konfessionspolitik seines Vaters im wesentlichen fort. Bereits im Oktober 1547, also wenige Monate nachdem er den Thron bestiegen hatte, wies er eine Kammer des Pariser Parlaments an, gegen die Reformierten unnachsichtig vorzugehen. Wegen der großen Zahl der von ihr gefällten Todesurteile, die für die Betroffenen zumeist das Ende auf dem Scheiterhaufen bedeutete, nannte man diese Kammer alsbald die „Verbrennungskammer". „Eine Reihe von Verordnungen präzisierte die verfolgungswürdigen Tatbestände und die zu ergreifenden Maßnahmen, so etwa das 1551 erlassene Edikt von Châteaubriand, welches alle Untertanen des Königs zur Denunziation von Anhängern der reformierten Religion aufforderte, die Unterstützung von Reformierten mit drakonischen Strafen bedrohte und jeden Kontakt mit Genf [...] verbot" (Rainer Babel).

Die Außenpolitik Heinrichs II. stand wie schon unter Franz I. im Zeichen der Auseinandersetzungen um die Hegemonie im damaligen Europa und des zunehmenden Gegensatzes zwischen den Häusern Valois und Habsburg. Nach wie vor richteten sich die außenpolitischen Entscheidungen und Maßnahmen auch dieses Königs gegen die Habsburger, gegen Kaiser Karl V. Im Frühjahr 1552 begann der französische König im Bündnis mit deutschen – gegen die „viehische spanische servitut" opponierenden – Reichsfürsten militärische Operationen im Reich. In die lothringischen Reichsstädte Metz, Toul und Verdun, über die Reichsfürsten Heinrich II. das „Reichsvikariat" (Oktober 1551 Vertrag von Schlochau, ratifiziert im Februar 1552 im Vertrag von Chambord) angetragen hatten, wurden französische Garnisonen verlegt. Das Herzogtum Lothringen konnte unter französischen Einfluss gebracht werden. Die nun Jahre andauernde Konfrontation zwischen Valois und Habsburg fand im wesentlichen auf zwei Kriegsschauplätzen statt: in Italien und im Nordosten Frankreichs. Nach einigen Erfolgen kam es im Frühjahr 1554 zu Rückschlägen. Schließlich sah sich Heinrich II. zum Abschluss des Friedens von Cateau-Cambrésis (3. April 1559) veranlaßt. Die immensen Kriegskosten, die zunehmenden inneren Probleme, die aus dem Erstarken des Protestantismus resultierten, und die militärischen Misserfolge hatten dazu geführt, dass der König die Beendigung des Krieges suchte.

Den Frieden von Cateau-Cambrésis musste Heinrich II. teuer erkaufen. Fast alles, was Frankreich seit einem Vierteljahrhundert in beinahe ununterbrochenen und verlustreichen Kriegen für sich hatte erwerben können, musste restituiert werden. Was aber noch schwerer wog, war die Tatsache, dass die französische Krone ihre Ambitionen, im Konkurrenzkampf mit Habsburg für sich die Position einer Vor- und Ordnungsmacht in Europa zu erreichen, für längere Zeit aufgeben musste. „Für die französische Geschichte lässt sich somit zweifellos Ende der 1550er Jahre ein Grundsatzwechsel von der in der ersten Jahrhunderthälfte unverkennbaren Dominanz der Außenpolitik zum schwerpunktmäßigen Befasstsein sowohl der Krongewalt als auch des Adels und des Bürgertums mit innenpolitischen Problemen feststellen. Eine offensive Außenpolitik war Frankreich erst wieder möglich, als sich das neue Bourbonenkönigtum Heinrichs IV. anfangs der 1590er Jahre festigte“ (Schilling).

IV.
Kindheit und frühe Jugend Heinrichs IV. in einem von konfessionellen und politischen Konflikten geprägten Umfeld

Wie die Korrespondenz zwischen dem jungvermählten Paar Antoine de Bourbon und Jeanne d'Albret erkennen lässt, war ihre Ehe zumindest in den ersten Jahren von gegenseitiger Zuneigung, ja Liebe geprägt, was bei damaligen dynastischen Verbindungen keineswegs die Regel war. Am Morgen nach der in Moulins vollzogenen Hochzeit, am 21. Oktober 1548, konstatierte König Heinrich II., der die Jungvermählten beim Aufsuchen ihres Ehebettes beobachtet hatte: „Ich habe niemals eine fröhlichere Braut gesehen als diese; sie hörte nicht auf, zu lachen; ich glaube, dass er ihr nicht sehr wehgetan hat." Wohl bei seiner ersten Abwesenheit von seiner jungen Frau, die er wegen der Wahrnehmung einer Verpflichtung hatte verlassen müssen, schrieb der zehn Jahre ältere Anton von Bourbon an Johanna von Albret: „Mein Liebchen [...], ich hätte niemals geglaubt, Sie so zu lieben, wie ich es tue. Beim nächsten Mal, wenn ich eine lange Reise mache, werde ich sehr dafür sorgen, Sie immer an meiner Seite zu haben, denn so ganz allein langweile ich mich."

Anfang 1549 trafen die Vermählten wieder im Béarn ein. Zu diesem Zeitpunkt begann für Antoine de Bourbon und seine Gemahlin die Phase langer Trennungen und kontinuierlicher getrennter „Wanderschaften", was für die damaligen fürstlichen Ehepartner und ebenso für die Prinzenpaare eine geradezu alltägliche Erscheinung war. Nach der Abreise ihres Gemahls verbrachte Johanna lange Monate allein. Sie spürte diese Einsamkeit um so mehr, als ihre Mutter, Margarete von Angoulême, am 21. Dezember 1549 im Schloss von Odos, im Bigorre, verstorben war. In einer ihrer letzten Botschaften an Anton von Bourbon, ihren Schwiegersohn, hatte diese ihm dringend ans Herz gelegt, für Nachkommen der Häuser Bourbon und Albret zu sorgen.

Die Jahre von 1551 bis 1554 waren von den ununterbrochenen Kämpfen zwischen Heinrich II. und Karl V. geprägt, die sich im wesentlichen im Nordwesten der Monarchie, an der Grenze zwischen der französischen Picardie und den spanischen Territorien des Artois und Flanderns abspielten. Antoine de Bourbon, der Gouverneur der Picardie war, führte ein militärisches Kommando bei diesen Auseinandersetzungen. Deshalb verfolgte Jeanne d'Albret aufmerksam die andauernden Kämpfe und begab sich auf schnellstem Wege zu ihrem Ehemann, wenn sich eine günstige Gelegenheit dazu bot.

Im Schloss Coucy – im heutigen Departement Aisne gelegen – wurde am 21. September 1551 Henri de Bourbon, duc de Beaumont (1551–1553), geboren. Die Eltern gaben ihrem Erstgeborenen den Vornamen Heinrich, den Vornamen seines Großvaters Henri d'Albret. Der Pate war König Heinrich II. von Frankreich. Am 20. September 1551, am Vorabend der Geburt von Heinrich von Bourbon, hatte Katharina von Medici (1519–1589), die Gemahlin Heinrichs II., ihren dritten Sohn zur Welt gebracht, der 1574 als Heinrich III. König von Frankreich werden sollte. Der Erstgeborene Antons von Bourbon und Johannas von Albret starb jedoch bereits am 20. August 1553 vor Vollendung seines zweiten Lebensjahres unter ungeklärten Umständen.

Der Schmerz der Eltern wurde durch die Geburt des zweiten Sohnes, des späteren Königs Heinrich IV., alsbald gelindert. Dieser kam am frühen Morgen des 13. Dezember 1553 im Schloss von Pau zur Welt. Der Schwiegervater von Anton von Bourbon und Großvater des Neugeborenen, König Heinrich II. von Navarra, der keinen direkten männlichen Nachfolger und Erben besaß, hatte mit einigem Nachdruck bei seiner Tochter Johanna und seinem Schwiegersohn Anton darauf hingewirkt, dass sein Enkel in seinem souveränen Herrschaftsbereich geboren werden sollte. Deshalb hatte die hochschwangere Johanna die beschwerliche und für sie nicht ungefährliche Reise ins Béarn auf sich genommen. Heinrich II. von Navarra hatte sich bei seinen wiederholten Bitten, dass die Geburt im Béarn stattfinden sollte, sicherlich von dynastischen Erwägungen leiten lassen.

Dem Neugeborenen, Heinrich, wurden bei seiner Geburt die Titel eines Prinzen von Viane und Herzogs von Beaumont, die Titel seines verstorbenen Bruders, verliehen. Mit dem Titel des Prinzen von Viane sollte der weiterhin postulierte Anspruch auf den spanischen Teil Navarras dokumentiert werden, denn Viane war eine Stadt im von Spanien annektierten Territorium Navarras. Nach dem Tod seines Großvaters am 24. oder 25. Mai 1555 erhielt Heinrich Titel und Rang eines Prinzen von Navarra. Am 6. März 1554 wurde er in einer prächtigen Zeremonie und unter Teilnahme des Adels des Königreiches Navarra in der Kapelle des Schlosses von Pau getauft. Mit der von Heinrich II. von Navarra organisierten Zeremonie und durch die Anwesenheit einer großen Zahl von Würdenträgern sollte aller Welt signalisiert werden, welche Bedeutung der König dieses kleinen Königreiches der Geburt des Thronerben beimaß. Das wurde auch durch die Publikation von Gedichtbänden unterstrichen, die diesem Ereignis gewidmet waren und zudem in mehreren Übersetzungen verbreitet wurden.

Am 19. Februar 1555 wurde Johanna von Albret und Anton von Bourbon auf Schloss Gaillon in der Normandie ein weiterer Sohn geboren. Es war Ludwig Karl von Bourbon, Graf von Marle (1555–1557). Er starb aber bereits im November 1557 im Alter von zweieinhalb Jahren nach einem von seiner Amme fahrlässig verursachten Unfall. Auch die am 12. April 1556 in Nérac, im heutigen Departement Lot-et-Garonne gelegen, geborene Tochter Madeleine von Bourbon überlebte nicht. Sie starb zwei Wochen nach ihrer Geburt am 25. April. Von den fünf legitimen Kindern Antons von Bourbon und Johannas von Albret erreichten nur Heinrich, der spätere König Heinrich IV., und dessen jüngere Schwester Katharina von Bourbon das Alter von Erwachsenen. Catherine de Bourbon, princesse de Navarre, duchesse d'Albret etc. (1559–1604), erblickte am

7. Februar 1559 in Paris das Licht dieser Welt. Sie wurde 1598/1599 mit Heinrich, Herzog von Bar, Marquis von Pont (1563–1624), dem späteren Herzog Heinrich II. von Lothringen und Bar (1608–1624), vermählt. Ihre Ehe war aber nur von kurzer Dauer, denn Katharina verstarb bereits am 13. Februar 1604 in Nancy.

Dank seiner Herkunft besaß der junge Prinz von Viane, Herzog von Beaumont, und – seit dem Tod seines Großvaters am 24. oder 25. Mai 1555 – Prinz von Navarra nicht zu unterschätzende Zukunftsperspektiven. Er war legitimer Anwärter auf das Erbe der Albret, auf die von der französischen Krone unabhängige Königskrone von Navarra und auf in ihrem Umfang bedeutende, aber recht zersplitterte Herrschaften und Territorien am Rande der westlichen Pyrenäen. Außerdem hatte er Erbansprüche auf die Besitzungen und Grundherrschaften seines Vaters Anton von Bourbon. Schließlich war er für den bei seiner Geburt noch sehr unwahrscheinlichen Fall des Aussterbens der herrschenden Dynastie der Valois legitimer Anwärter auf die Krone Frankreichs. Aufgrund dieser Gegebenheiten war Heinrich nicht nur Thronfolgeberechtigter im Königreich Navarra, sondern als Sohn eines Prinzen von Geblüt zählte er auch zu den Granden Frankreichs, der beim Tode seines Vaters ebenfalls den sowohl in politischer als auch in sozialer Hinsicht so wichtigen Status eines Prinzen von Geblüt Frankreichs erlangen sollte.

In Anbetracht dieser Gegebenheiten und der Ambitionen König Heinrichs II. von Navarra, die dieser mit der Geburt seines so lang ersehnten Enkels und Nachfolgers für dessen Zukunft verknüpfte, überrascht es nicht, dass bereits in den von damaligen Panegyrikern verfassten und verbreiteten Berichten über die Geburt und die frühe Kindheit Heinrichs die Grundlagen für die Heldenlegende des volkstümlichen Königs Heinrich IV. von Frankreich gelegt wurden. Dessen Geburt und frühkindliche Entwicklung wurden als Ankunft eines neuen Herkules bzw. Achilles schwärmerisch gefeiert. Als König hat Heinrich IV. dann aber auch selbst Beiträge zur weiteren Ausschmückung dieser und anderer Legenden geleistet. Sein späterer Biograph Jean-Baptiste Legrain schrieb z. B. unter Bezugnahme auf Heinrichs Geburt im Dezember 1553 und in Anspielung auf die in Pau vorherr-

Heinrich IV. von Navarra – © akg-images
König von Frankreich (1589–1610); Pau 13.12.1553 – Paris (ermordet) 14.5.1610.

schenden strengen winterlichen Witterungsverhältnisse: „Mars, Du hast diesen Großen König, Deinen legitimen Sohn, hervorgebracht". In Wirklichkeit war der „kleine Herkules" aber ein fragiler Säugling. Bis zu seiner Entwöhnung wurde er im Hause seiner Amme aufgezogen. Deren Meierhof befand sich am äußersten Rand des Schlossparks zwischen Pau und Lescar. Heinrich pflegte später enge Kontakte zu seiner ehemaligen Amme. Die Verbindung zu ihr riss auch nicht ab, als er König von Frankreich geworden war.

Die Eltern des Säuglings, Anton von Bourbon und Johanna von Albret, verließen Pau bereits im Frühjahr 1554, also kurz nach dessen Geburt, und überließen ihn der Obhut seiner Amme und seiner Gouvernante. Das war für die damalige Zeit und insbesondere für die Familien des Hochadels kein außergewöhnlicher Vorgang. Anton von Bourbon begab sich in den Norden der französischen Monarchie, in die Picardie, wo er am Krieg König Heinrichs II. von Frankreich gegen Kaiser Karl V. teilnahm. Um in der Nähe ihres Ehemannes zu sein, reiste ihm Johanna von Albret bald nach und brachte am 19. Februar 1555 im Schloss Gaillon, in der Normandie, den bereits genannten dritten Sohn, Ludwig Karl von Bourbon, zur Welt.

Die Betreuung und frühkindliche Erziehung des kleinen Prinzen Heinrich lag wahrscheinlich vom Sommer 1555 bis zu dem Zeitpunkt, an dem er das Alter von sieben Jahren erreicht hatte, in den Händen seiner Gouvernante, der Baronin Susanne von Bourbon-Busset. Sie war die Ehefrau von Hans von Albret, Baron von Miossens, eines Vetters des Königs Heinrich II. von Navarra. Suzanne de Bourbon-Busset entstammte einem illegitimen Zweig des Hauses Bourbon. In ihrer Familie wuchs Heinrich in Gesellschaft zahlreicher Kinder auf, die direkt bei der Gouvernante oder in deren nahem Umfeld lebten. Dies gilt insbesondere für das in einer sehr ländlich geprägten Umgebung gelegene Schloss Coarazze. Dort hatte Heinrich nicht nur sehr enge Kontakte zu den Bediensteten seiner Gouvernante, sondern er spielte dort auch häufig mit den Kindern der bäuerlichen Grundholden der Miossens. Die Spielgefährten des Prinzen und die Dienerschaft der Gouvernante waren angewiesen, Heinrich nicht als Prinz zu titulieren. Diese Art der frühkindlichen Erziehung und der Umgang von Kindern hochadliger Häuser mit nichtadligen Spielgefährten der näheren Umgebung der ländlichen Residenzen der französischen Granden war für die damalige Zeit nichts Außergewöhnliches.

Die langen Phasen, in denen der kleine Heinrich seine Eltern nicht zu sehen bekam, wurden nur durch deren kurze Besuche unterbrochen. So sah er sie wieder, als Anton von Bourbon und Johanna von Albret anläßlich des Ablebens von Heinrich II. von Navarra in dessen Königreich zurückkehrten. Der König war am 24. oder 25. Mai 1555 im Alter von 52 Jahren im Schloss Hagetmau, im gegenwärtigen Arrondissement Mont-de-Marsan des Departements Landes in der Gascogne zu verorten, einsam verschieden. Für ihn wurde am 15. Juli in der Kathedrale von Lescar, im heutigen Arrondissement Pau des Departements Basses-Pyrénées gelegen, die Totenmesse zelebriert. Danach versammelten sich die Stände des Béarn, um die Rechte von Jeanne d'Albret und Antoine de Bourbon als Nachfolger des hingeschiedenen Monarchen in einem in rechtlicher Hinsicht erforderlichen Akt anzuerkennen. Dabei machten die Stände jedoch einen Unterschied zwischen der erbberechtigten Tochter des verstorbenen Königs und deren Gemahl. Johanna wurde als Souverän der Vizegrafschaft (vicomté) des Béarn und Königin von Navarra bestätigt. Ihren Ehegatten, Anton von Bourbon, anerkannten die Stände als Souverän des Béarn und König von Navarra nur in seiner Eigenschaft als „Herr seiner Frau“ (seigneur de sa femme). Kurze Zeit später übertrug ihm der französische König Heinrich II. die Chargen, die der Verstorbene in Frankreich innegehabt hatte: die des Gouverneurs und Admirals der Guyenne. Im Gegenzug musste Anton von Bourbon aber auf dessen Gouvernement in der Picardie verzichten. Der zu diesem Zeitpunkt 18 Monate alte kleine Heinrich wurde im Kontext der Thronfolge seiner Mutter und der Anerkennung seines Vaters als König von Navarra seinerseits Prinz von Navarra.

Während Anton von Bourbon nach diesen Ereignissen wieder an den französischen Königshof zurückkehrte, blieb seine Ehefrau eine Zeitlang im Béarn, wo sie sich neben der Wahrnehmung ihrer offiziellen Aufgaben als Königin auch um die Betreuung ihres Sohnes, des Prinzen von Navarra, kümmerte. Diese Phase im Leben der Königin von Navarra war für sie insofern entscheidend und folgenreich, weil sie sich 1555 definitiv dem Calvinismus zuwandte. Ob Anton von Bourbon, ihr Ehemann, davon Kenntnis hatte oder ob er ihr darin vorausging bzw. folgte, lässt sich aufgrund der gegebenen Quellenlage nicht sagen. Gesichert ist, dass Antoine de Bourbon 1557 als erster öffentlich seine Aufgeschlossenheit gegenüber der neuen Lehre erkennen ließ. Die Königin Johanna scheute keine Mühen, um ihren Sohn Heinrich zu einem Anhänger des Genfer Reformators Calvin zu machen. Das schloß eine Erziehung auch im Geiste des Humanismus nicht aus, von dem ihre Mutter Margarete von Angoulême, die Königin von Navarra, geprägt gewesen war.

Die Öffnung des Béarn für die Lehre Calvins und die entsprechenden Aktivitäten Antons von Bourbon, eines französischen Prinzen von Geblüt, erweckten natürlich große Hoffnungen auf calvinistischer Seite. So griff im Dezember 1557 Calvin höchst persönlich zur Feder, um den König von Navarra zu beschwören, am neuen Glauben standhaft festzuhalten. Er bat diesen sogar nachdrücklich, bei den zum 1. Januar 1558 nach Paris einberufenen Generalständen den Protestantismus zu verteidigen. Anton war aber nicht bereit, der unverhohlenen Aufforderung Calvins Folge zu leisten und so weit zu gehen, vor den versammelten Generalständen die Sache der Anhänger der Lehre Calvins zu vertreten. Weder er noch seine Frau Johanna nahmen an der Versammlung der Generalstände des Jahres 1558 in Paris teil. Als sie sich aber einige Wochen später zum Hof Heinrichs II. begaben, machten sie in der Hafenstadt La Rochelle halt, die sich der Lehre Calvins angeschlossen hatte und alsbald zu einer Hochburg des Calvinismus entwickelte. Dort verbargen sie ihre Zuneigung zum neuen Glauben keineswegs.

Damit haben wir aber dem weiteren Gang der für den kleinen Prinzen Heinrich wichtigen Ereignisse vorgegriffen. Wenden wir uns also wieder diesen Ereignissen zu! Ein zentraler Vorgang im Leben des Kleinkindes war sein erstes Erscheinen am Hof Heinrichs II. Für den Feudalherrn und Prinzen von Geblüt Anton von Bourbon war es fast eine Vasallenpflicht, seinen erbberechtigten Sohn so früh wie möglich dem König zu präsentieren. Die Pflege guter Beziehungen zum Königshof war aber generell wichtig, weil dort über Gnadenerweise, die Vergabe lukrativer Chargen und Pfründen sowie über sonstige Vergünstigungen entschieden wurde.

Die Königin und der König von Navarra machten sich im November 1556 mit dem kleinen Prinzen und in Begleitung eines stattlichen Gefolges auf den Weg nach Paris. Dort trafen sie im Februar 1557 ein. Am 12. dieses Monats wurden sie im Louvre von König Heinrich II. und dessen Gemahlin Katharina von Medici empfangen. Für den drei Jahre und zwei Monate alten Prinzen Heinrich war es das erste Treffen mit dem Königspaar. Ihm sollten noch zahlreiche weitere folgen.

Bei Hofe hatte sich herumgesprochen, dass der Sohn Antons von Bourbon ein aufgewecktes und heiteres Kind war. Der König habe ihn – so wird berichtet – auf seinen Schoß genommen und ihn scherzhaft gefragt, ob er sein Sohn sein wolle. Der kleine Prinz habe geantwortet, dass sein Vater der König von Navarra sei. Daraufhin habe Heinrich II. zu ihm gesagt, weil Ihr nicht mein Sohn sein wollt, möchtet Ihr denn mein Schwiegersohn werden. Auf diese Frage habe der kleine Prinz sofort positiv reagiert. Ob sich diese Szene so wie überliefert tatsächlich abgespielt hat, diese Frage muss offen bleiben. Gesichert ist allerdings, dass Anton von Bourbon schon sehr früh diese dynastische Verbindung ins Auge gefasst und ernsthaft betrieben hat. Auch bei König Heinrich II. kann man das Interesse an einem derartigen Projekt voraussetzen, denn aus politischen Gründen war er an guten Beziehungen zu Navarra und zum Béarn interessiert.

Anton von Bourbon verlor von Stund an das Projekt einer Eheverbindung zwischen seinem Sohn und Margarete von Valois (1553–1615), der Tochter des Königs, nicht mehr aus dem Auge und blieb bemüht, das „Angebot" Heinrichs II. nicht in Vergessenheit geraten zu lassen. Dass in Herrscherfamilien und in Kreisen der Granden bereits für ihre kleinen Kinder Heiratsprojekte geschmiedet wurden, war für die damalige Zeit alltägliche Praxis.

Treffen zeitgenössische Berichte zu, so war man am französischen Königshof positiv überrascht, dass der kleine Prinz von Navarra nicht

Antoine de Bourbon l'emmène à Paris et le présente à son cousin Henri II, roi de France.
Henri II lui offre la main de sa propre fille, Marguerite de Valois, âgée de cinq ans.

Mitte: Heinrich und Margarete von Valois; links: König Heinrich II.; rechts: Antoine de Bourbon und Jeanne d'Albret – © akg-images den Eindruck eines grobschlächtigen, bäuerlichen Béarners, sondern eines aufgeweckten und schlagfertigen Sprosses einer Familie des Hochadels machte, die väterlicherseits durch die Bourbonen geprägt und von mütterlicher Seite mit den Valois eng verwandt war. Vor diesem Hintergrund gesehen, war der kleine Prinz Heinrich durchaus ein typischer Spross der Granden Frankreichs, dessen er sich mit zunehmendem Alter auch bewusst wurde und dementsprechend auftrat.

Nach ihrem Aufenthalt am Hof Heinrichs II. kehrte Johanna von Albret mit dem kleinen Prinzen Heinrich ins Béarn zurück. Im Oktober 1557 folgte ihnen auch Anton von Bourbon. Kurze Zeit später verließen die Eltern jedoch wieder das Béarn. Heinrich verbrachte seine weitere Kindheit fortan zumeist in Pau und zwar in der Obhut seiner Gouvernante Suzanne de Bourbon-Busset. Dieser wurde indessen Jean-Pierre d'Abbadie, der Bischof von Lescar, als Tutor des Prinzen zur Seite gestellt. Kurz bevor seine Eltern aufbrachen, um sich wieder an den französischen Königshof zu begeben, ernannten sie den kleinen Prinzen zum „Regenten und Generalstatthalter des Königs und der Königin von Navarra, des Herrn und der souveränen Herrin im Béarn".

Damit war für die Zeit der Abwesenheit der Eltern dem Prinzen Heinrich die Regentschaft in diesen Territorien übertragen worden. Da er noch ein Kind war, konnte er natürlich die damit verbundenen Aufgaben nicht wahrnehmen. Deshalb lag die Ausübung der entsprechenden Rechte und Kompetenzen faktisch in den Händen des bereits genannten Jean d'Albret, Baron von Miossens. Die Anwesenheit des kindlichen Regenten bei den Beratungen im Staatsrat war aber erforderlich, denn sie diente dazu, den dort gefassten Beschlüssen und Entscheidungen die für deren Realisierung nötige rechtliche Validität zu verschaffen.

Seit Anfang der 1560er Jahre wurde der inzwischen mehr als sieben Jahre alte Prinz mehr oder minder direkt mit Ereignissen, Entwicklungen und Veränderungen konfrontiert, die sowohl politischer und konfessioneller als auch familiärer Natur waren. Zwar konnte die erste lange Phase der Auseinandersetzungen zwischen Frankreich und dem Haus Habsburg im bereits genannten Frieden von Cateau-

Cambrésis (1559) beendet werden, aber dieser Friedensschluss musste von Heinrich II. teuer erkauft werden. Was aber noch schwerer wog, war die Tatsache, dass die französische Krone ihre Ambitionen, im Konkurrenzkampf mit Habsburg für sich die Position einer Vor- und Ordnungsmacht zu erlangen, für längere Zeit zurückstellen musste. Außerdem blieb das zentrale Problem der französischen Außenpolitik, nämlich die Sprengung der habsburgischen Umklammerung Frankreichs – zumindest sahen die französischen politischen Akteure das so – auch weiterhin ungelöst. In der Folgezeit verengte sich der französisch-habsburgische Gegensatz zu einem französisch-spanischen, bei dem neben machtpolitischen Fragen in zunehmendem Maße auch religiös-konfessionelle Probleme eine wesentliche Rolle spielten. Mit wachsender Beunruhigung verfolgte der spanische König Philipp II. die Ausbreitung der Lehre Calvins in Frankreich.

Seit 1550/1555 bekannten sich immer mehr Angehörige höherer sozialer Statusränge zur Lehre Calvins: Juristen, Kaufleute, Ärzte und Adlige. Auch namhafte Hochadlige konvertierten zum calvinistischen Glauben. Allerdings spielten bei ihren Entscheidungen nicht nur religiöse, sondern auch politische und regional-partikularistische Motive eine Rolle. Es ging ihnen um die Sicherung bzw. um den Ausbau ihrer Machtpositionen in den Provinzen der Monarchie sowie um die Realisierung ihrer immer wieder erhobenen Forderung, an der Regierung des Königs beteiligt zu werden. „In den 50er und 60er Jahren war durchaus noch nicht entschieden, dass den [französischen Calvinisten] der Weg zu dem ersehnten protestantischen Königtum verwehrt bleiben würde“ (Hinrichs).

Diese Ereignisse und Entwicklungen bildeten nicht nur die Rahmenbedingungen, sie wirkten sich auch direkt auf den weiteren Lebensweg des Prinzen Heinrich von Navarra sowie auf die Beziehungen zwischen seiner Mutter und seinem Vater aus. Es waren schließlich überwiegend religiöse Differenzen, die zum Zerwürfnis zwischen Johanna von Albret und Anton von Bourbon führten, worauf später näher einzugehen ist.

In diesem Zusammenhang betrachtet, ist es kein Zufall, dass Heinrich im August 1561, also wenige Monate vor Vollendung seines achten Lebensjahres nach Paris an den Hof des französischen Königs kam, wo er seinen Vater wieder traf, der zuvor dorthin beordert worden war wegen einiger Ereignisse, auf die später einzugehen ist. In Anbetracht der zunehmenden religiösen und politischen Spannungen in der Monarchie war dem Hof in Paris sehr daran gelegen, dass der König und die Königin von Navarra sowie deren Sohn präsent waren, denn am Hof konnte man ihre Aktivitäten besser kontrollieren. Das war insofern besonders angezeigt, als die Hinwendung Johannas von Albret zum Calvinismus offenkundig war. Wie sich ihr Gemahl in religiöser Hinsicht auf längere Sicht entscheiden würde, war noch nicht völlig klar. Dass im politischen Kalkül der Akteure am Königshof – wie schon in der Vergangenheit – auch wiederum die in politisch-strategischer Hinsicht wichtige Lage des Béarn und Navarras an der Grenze zu Spanien eine wesentliche Rolle gespielt hat, sei hier noch einmal betont.

Als Johanna von Albret mit ihrem Sohn und dessen jüngerer Schwester, der Prinzessin Katharina von Navarra, am 21. August 1561 in Paris eintraf, hatte sich die innenpolitische Lage in der Monarchie erheblich verändert. König Heinrich II. war am 10. Juli 1559 an den Folgen einer schweren Verletzung, die er am 30. Juni bei einem Ritterturnier erlitten hatte, gestorben. Dieses Turnier war Teil der Feierlichkeiten, die im Zusammenhang mit den Vermählungen der Tochter und der Schwester Heinrichs II. in Paris veranstaltet wurden. Die Tochter Elisabeth von Valois (1545–1568) ehelichte den spanischen König Philipp II. (1556–1598), und die Schwester Margarete von Frankreich heiratete den Herzog Emanuel-Philibert von Savoyen (1553–1580). Mit beiden dynastischen Allianzen sollte der Friedensvertrag von Cateau-Cambrésis (1559) besiegelt werden. Nachfolger Heinrichs II. wurde sein ältester Sohn Franz II. (1559–1560), der erst 15 Jahre alt war. Dieses unvorhergesehene Ereignis stürzte die Monarchie in eine schwere Krise.

Franz II., aufgrund seiner Ehe (seit 1558) mit Maria Stuart (1542–1587) zumindest nominell auch König von Schottland, war ein kränklicher und psychisch labiler junger Mann, der auf seine Thronfolge nicht vorbereitet war. Aber entgegen dem bereits von seinen Zeitgenossen und späteren Historikern verbreiteten Urteil war er intelligent und kultiviert. Indessen hatte man – wie es in der Epoche üblich war – gemäß der Überzeugung, dass der Körper die Seele und den Geist widerspiegelt, aus seiner schwächlichen physischen Konstitution geschlussfolgert, dass er moralische und intellektuelle Defizite habe. Im Falle von Franz II. war aber eine derartige Schlussfolgerung unzutreffend.

Die Unerfahrenheit und das jugendliche Alter des Monarchen weckten in interessierten Kreisen, insbesondere bei den Calvinisten, mannigfache Hoffnungen. Auf calvinistischer Seite vertrat man die – allerdings sehr umstrittene – Rechtsauffassung, dass Franz noch nicht volljährig sei. Infolgedessen müssten, so argumentierten sie, die Generalstände einberufen werden, die die Leitung der Monarchie in die Hände der Prinzen von Geblüt legen sollten. Die in Frage kommenden Prinzen von Geblüt waren Anton von Bourbon und sein Bruder Ludwig von Bourbon, Prinz von Condé (1530–1569). Von Anton von Bourbon war bekannt, dass er im Mai 1558 auf dem Platz vor der altehrwürdigen Abtei Saint-Germain-des-Prés in aller Öffentlichkeit am Psalmensingen nach calvinistischem Ritus teilgenommen hatte. Was Condé betraf, so schien es sicher, dass er sich bereits zum calvinistischen Glauben bekehrt habe. In Anbetracht dieser Fakten ist das Agieren führender Calvinisten verständlich, denn damit verknüpften sie die Hoffnung, der calvinistischen Konfession in Frankreich letztlich zum Siege verhelfen zu können.

Die Dinge entwickelten sich aber nicht im Sinne der Calvinisten. Weder Anton von Bourbon noch der Prinz von Condé waren bereit, den von calvinistischer Seite ausgehenden Signalen nachzukommen. Condé war nicht Erster Prinz von Geblüt, er rangierte erst an zweiter Stelle. Weil er außerdem in militärischer Hinsicht noch nicht genügend vorbereitet war, erachtete er in jenen Wochen eine Initiative in calvinistischem Sinne als zu riskant. Hinzu kam, dass im Königreich nach letztlich vorherrschender Rechtsauffassung Franz II. volljährig war. Wegen seiner schwächlichen physischen Verfassung und seiner begrenzten politischen Erfahrungen war der König jedoch nicht in der Lage, ohne zupackende Ratgeber den Regierungsgeschäften nachzukommen.

Diese Konstellation konnten die Brüder Guise, der Herzog Franz (1519–1563) und der scharfsinnige sowie redegewandte Kardinal Karl von Lothringen (1525–1574), für die Realisierung ihrer politischen Ambitionen nutzen. Sie fanden dafür bei der neuen Königin Maria Stuart Rückhalt. Franz II. übertrug ihnen, die für ein hartes Vorgehen gegen die Anhänger des Protestantismus plädierten, die Führung der Staatsgeschäfte. Nachdem die Lehre Calvins in zunehmendem Maße auch in breiteren Bevölkerungsschichten an Boden gewonnen hatte, führten das rigorose Einschreiten der Regierung gegen die „Häretiker" sowie wechselseitige Provokationen dazu, dass sich die blutigen Zusammenstöße zwischen Katholiken und Calvinisten häuften. Hinzu kam, dass sich die Guise in Anbetracht des enormen finanziellen Staatsdefizits, das sie bei Übernahme der Regierungsgeschäfte vorfanden, zu drastischen Sparmaßnahmen entschieden.

Diese Maßnahmen stießen auf Ablehnung bei den direkt oder indirekt Betroffenen, zumal die Guise ihre eigene Klientel weitgehend schonten. Besonders virulent war die Opposition bei den Adligen, die zur Klientel des Konnetabels Anne von Montmorency (1493–1567) gehörten, der einer der wichtigsten politischen Berater von Franz I. und Heinrich II. gewesen war und der sich in dieser Position von den Guise beim neuen König verdrängt sah. Befeuert wurde die Opposition gegen die Guise durch die reformierten Kirchengemeinden von Paris, Straßburg und Genf. „Unausbleiblich war in der Folge eine Radikalisierung des französischen Protestantismus, dem durch den Zustrom vieler Adliger zunehmend ein aktives Element zufloß. Die Beseitigung der ‚fremden' Favoriten, in denen man die Urheber der unversöhnlichen Politik der Krone erkannte, und die stärkere Beteiligung des heimischen Adels, zumal der ‚princes du sang', an der Macht wurde zum vornehmlichen Ziel einer Bewegung, an deren Spitze sich alsbald Louis de Condé stellte. Ganz im Unterschied zu seinem eher zögerlich veranlagten Bruder

Navarra neigte Condé zu entschiedenem Handeln und kühnen Entschlüssen" (Rainer Babel).

In diesen Zusammenhang ist die „Verschwörung von Amboise" einzuordnen. Unter ihrem Anführer, dem aus dem Périgord stammenden und in Genf zur Lehre Calvins konvertierten Landadligen Jean du Barry, seigneur de La Renaudie (um 1510–1560), der im übrigen zuvor zur Klientel der Guise gehört, sich aber von diesen aus Enttäuschung über deren Verhalten ihm gegenüber getrennt hatte, hatte eine Reihe von Adligen aus den Provinzen eine Aktion gegen die Guise geplant. Ihr Ziel war, diese gefangenzunehmen und Franz II. damit von deren „Tyrannei" zu befreien. Bei den Adligen handelte es sich zum großen Teil um bereits zum Calvinismus konvertierte oder der neuen Konfession nahestehende Personen aus dem Südwesten der Monarchie. Sie ließen sich von religiösen und politischen Motiven leiten.

Die von den Guise betriebene Politik stieß aber generell beim französischen Adel auf Ablehnung. So berichtete im Oktober 1560 die Statthalterin (1559–1567) der (spanischen) Niederlande, Margarete von Parma (1522–1586), an Philipp II. von Spanien, dass bei der Opposition gegenüber den Guise keinesfalls nur von religiösen Motiven die Rede sein könne. Es handele sich vielmehr um eine „universelle bei allen Ständen Frankreichs verbreitete Unzufriedenheit gegenüber den Herren von Guise", denn diese „haben die absolute Regierung übernommen ohne jedwede Beteiligung anderer" (Französisches Originalzitat bei Thierry Wanegffelen). Die Verschwörer schlossen Gewalt nicht aus, wenn sie bei Franz II., der sich mit seinem Hof und den Guise seit dem 22. Februar 1560 im Schloss von Amboise aufhielt, mit ihrem Ersuchen, die Generalstände einzuberufen, nicht Gehör finden sollten. Ihr Plan war, die Generalstände zu veranlassen, die Führung der Staatsgeschäfte durch die Guise für illegitim zu erklären. Gewaltmaßnahmen sollten nur als „ultima ratio" ergriffen werden. Sie sollten sich keinesfalls gegen die Person des Königs richten.

Die Umtriebe der Adligen waren aber Franz II. und den Guise nicht verborgen geblieben. Als es schließlich am 17. März 1560 zum Sturm auf Amboise kam, an dem rund 200 Mann beteiligt waren, endete diese Aktion für die Angreifer in einem Desaster. Auf die überlebenden Aggressoren ging ein furchtbares Strafgericht nieder.

Ludwig von Bourbon, Prinz von Condé, war an der Aktion nicht direkt beteiligt. Wenn er auch an der Vorbereitung der Verschwörung nur einen geringen Anteil hatte, so kann kein Zweifel daran bestehen, dass er Kenntnis hatte von dem, was im Gange war. Beide Bourbonen, Anton und Ludwig, hatten anfangs die Verschwörer wahrscheinlich ermuntert. Anton von Bourbon, der König von Navarra, ist aber sehr schnell zur Vernunft gekommen und hat sich dann aus allem herausgehalten. Ludwig von Bourbon hat sich wohl weiter eingelassen. Gesichert ist, dass am 26. August 1560 einer seiner Boten arretiert werden konnte, bei dem man Papiere sicherstellte, die den Prinzen von Condé kompromittierten. Gleichwohl enthalten die überlieferten Quellen keine eindeutigen Beweise.

Am Königshof war man aber überzeugt, dass eine neue Konspiration im Gange und Condé ihr Anführer sei. Daraufhin forderte Franz II. mit seinem Schreiben vom 31. August Anton von Bourbon auf, sich mit seinem Bruder Condé bei Hofe einzufinden. In diesem Schreiben machte der König unmissverständlich deutlich, dass er jedwede Opposition oder gar Rebellion unnachsichtig bestrafen werde. Und am 5. Oktober 1560, als man Anton von Bourbon am Hof erwartete, hatte Franz II. erklärt, dass er fest entschlossen sei, diesen fühlen zu lassen, dass er König sei, der über die Macht und die Mittel verfüge, sich Gehorsam zu verschaffen.

Beide Bourbonen folgten schließlich der dringenden Aufforderung des Königs, zu ihm an den Hof zu kommen, der sich in jenen Tagen in Orléans aufhielt, wohin Franz II. die Generalstände einberufen hatte. Am 31. Oktober trafen der König von Navarra und sein Bruder Ludwig dort ein. Condé wurde sofort verhaftet und vor Gericht gestellt. Es war der König und nicht seine Mutter, Katharina von Medici, oder die Guise, der entschieden für den Prozess gegen Condé eintrat, weil er mit diesem Verfahren gegen den Bourbonen gegenüber den noch nicht entdeckten Hauptverantwortlichen für die „Verschwörung von Amboise“ und anderen potentiellen Verschwörern ein Exempel statuieren wollte. Anton von Bourbon wagte es nicht, sich für seinen Bruder zu verwenden. Sehr wahrscheinlich endete der Prozess gegen Condé mit der Verurteilung zum Tode. Eindeutige Beweise dafür sind aber nicht überliefert. Wenn aber ein entsprechendes Urteil ergangen war, wurde es nicht vollstreckt, denn Franz II. starb am 5. Dezember 1560 im Alter von noch nicht einmal 17 Jahren. Sein Nachfolger, der kleine Bruder Karl IX. (1560–1574), war gerade 10 Jahre alt. Möglicherweise hatte Katharina von Medici eine unverzügliche Hinrichtung Condés verhindert, weil sie stärker eine auf Ausgleich mit den Calvinisten zielende und insgesamt pragmatische Politik bevorzugte. Ihr Hauptanliegen war und blieb, ihren Söhnen die Monarchie und die königliche Autorität unversehrt zu erhalten.

In wieweit der heranwachsende Prinz von Navarra von den hier skizzierten Ereignissen und Vorgängen im Detail Kenntnis hatte, lässt sich mangels entsprechender Quellen nicht sagen. Sicher hatte er auf die eine oder andere Weise davon erfahren, denn ein Kind im Alter von sechs bzw. sieben Jahren ist sehr wohl in der Lage, das Geschehen in seiner näheren Umgebung und die dort stattfindenden Gespräche bzw. Aktivitäten aufmerksam zu beobachten. Sicherlich sind diese Ereignisse und Vorgänge nicht spurlos an ihm vorübergegangen.

Beim Bemühen Katharinas von Medici, einer auf Deeskalation und Kompromisse setzenden Politik den Vorrang zu verschaffen, waren für die Königin-Mutter folgende weitere Hauptmotive handlungsleitend: Zwischen den Guisen, die auch im Sinne des spanischen Königs eine antiprotestantische Politik befürworteten, einerseits und Anton von Bourbon, der als Prinz von Geblüt eigene Ambitionen verfolgte, aber sich nach wie vor in politischer und konfessioneller Hinsicht bedeckt verhielt, sowie dem Konnetabel Anne de Montmorency andererseits, die allesamt miteinander mehr oder minder offen um Macht und Einfluss konkurrierten, wollte Katharina von Medici in eigenem Interesse eine Art Gleichgewicht herstellen, ja sie gegeneinander ausspielen und damit neutralisieren, um die Leitung der Staatsgeschäfte für die Zeit der Minderjährigkeit Karls IX. im wesentlichen selbst zu übernehmen.

Über Katharina von Medici ist bis in die Gegenwart eine „schwarze Legende" kolportiert worden, die bereits zu ihren Lebzeiten von ihren entschiedenen Gegnern – zum größten Teil calvinistischer Provenienz – in die Welt gesetzt worden ist. Deshalb ist hier auf ihr Leben und Wirken sowie insbesondere auf die zentralen Motive einzugehen, von denen sie sich bei ihrem politischen Agieren leiten ließ. Dies ist um so mehr angebracht, als die Medici in der Biographie Heinrichs IV. eine zentrale Rolle spielte.

Katharina von Medici wurde am 13. April 1519 in Florenz geboren. Sie war die Tochter des Herzogs Lorenzo von Urbino (1492–1519) und von dessen Gemahlin Magdalena (Madeleine) aus dem französischen Haus de La Tour d'Auvergne (1501–1519). Madeleines Mutter war Jeanne de Bourbon-Vendôme, eine sehr reiche Erbin. Sie war mit der Königsdynastie der Valois liiert.

Katharinas Mutter starb wenige Tage nach ihrer Geburt. Ihren Vater verlor sie im selben Jahr, sodass sie bereits in ihrem ersten Lebensjahr Vollwaise wurde. Für die heranwachsende Prinzessin Katharina, die ein legitimer Spross des Hauses Medici und eine potentielle reiche Erbin war, interessierten sich zahlreiche Bewerber: von Edinburgh bis Mailand, von Paris bis Nancy, von London bis Urbino oder Ferrara. Aufgrund der von Franz I. von Frankreich im Machtkampf gegen Kaiser Karl V. in Italien verfolgten politischen Ambitionen bemühte sich auch der französische König beim Papst um die Realisierung einer Ehe zwischen dem französischen Prinzen Heinrich von Orléans, dem späteren König Heinrich II., und Katharina von Medici. Am 3. Mai 1533 stimmte Clemenz VII. (1523–1534) diesem Projekt schließlich zu.

Der am 26. Oktober 1533 unterzeichnete Ehevertrag enthielt einen Verzicht Katharinas auf das florentinische Erbe der Medici. Im Gegenzug stattete Papst Clemenz VII. die Braut mit einer Mitgift von 130 000 französischen „écus" aus, also mit einer damals sehr stattlichen Geldsumme. Die weiteren Artikel des Vertrages betrafen politische und territoriale Vereinbarungen zwischen dem Papst und dem französischen König, die sich auf Italien bezogen. Insgesamt gesehen, sollten sie Franz I. dazu dienen, seine politisch-militärischen Ambitionen in Italien gegenüber Kaiser Karl V. mit päpstlicher Unterstützung weiter zu verfolgen und die französische Position in Italien wenn nicht auszubauen, so doch zu festigen. Dem Papst lag daran, in Italien eine Art Gleichgewicht zwischen den Medici und den Valois zu etablieren, das seinen Interessen entsprach.

Die jungvermählte Herzogin von Orléans, die Nichte des Papstes, sah sich am französischen Königshof mit einer sie belastenden Situation konfrontiert. Die mit dem Tod des bisherigen Dauphins François am 6. August 1536 zur Gemahlin des nunmehrigen Dauphins Heinrich gewordene Katharina musste sich mit dessen Mätresse arrangieren. Hinzu kam, dass die Ehe des Dauphins mit der Medici bis zum 19. Januar 1544, als der erste Sohn, der spätere König Franz II., geboren wurde, recht lange kinderlos geblieben war. Schließlich brachte Katharina in zwölf Jahren zehn Kinder zur Welt, von denen vier Jungen und drei Mädchen die ersten Jahre überlebten, was in Anbetracht der damaligen extrem hohen Säuglings- und Kindersterblichkeit außergewöhnlich war.

Hatte Katharina schon während ihrer Kindheit und frühen Jugend aufgrund der Entwicklungen und Ereignisse, mit denen sie in ihrer näheren Umgebung konfrontiert worden war, gelernt, mit für sie sehr schwierigen Situationen umzugehen, sich zeitweilig anzupassen, um sich letztlich doch behaupten zu können, so setzte sie diesen Lern- und Erfahrungsprozess in den ersten Jahren am französischen Hof erfolgreich fort. Nicht zuletzt dank dieses Prozesses gelang es ihr bereits in den zwölf Jahren, als ihr Gemahl Heinrich II. (1547–1559) König von Frankreich war, in zunehmendem Maße an politischer Statur zu gewinnen, auch wenn ihre politischen Möglichkeiten noch recht begrenzter Natur blieben. Das änderte sich zu ihren Gunsten nach dem Tod Heinrichs II., als in relativ schneller Abfolge ein noch ziemlich junger Nachfolger – Franz II. (1559–1560) – und nach diesem ein minderjähriger Thronfolger – Karl IX. (1560–1574) – Könige von Frankreich wurden. Als faktischer und danach als rechtlich etablierter Regentin lagen nunmehr die Geschicke der Monarchie weitestgehend in ihren Händen. Aber auch unter Heinrich III.

(1574–1589) war es ihr zumindest noch eine gewisse Zeit möglich, eine nicht zu unterschätzende politische Rolle zu spielen.

Überblickt man Katharinas gesamtes politisches Agieren, lassen sich einige zentrale Leitgedanken erkennen. Oberste Priorität hatte für sie die Wiederherstellung von Frieden und Sicherheit im Lande und die dauerhafte Sicherung der Macht der Krone. Der König sollte über den miteinander konkurrierenden Konfliktparteien, seien sie nun konfessioneller oder allgemein politischer Natur, sozusagen eine Schiedsrichterposition einnehmen, um die innere Krise – wenn nötig auch unter Einsatz der ihm zur Verfügung stehenden Machtmittel – dauerhaft beizulegen. Hatte sich Katharina zunächst für die Überwindung der religiösen Spaltung durch die Herbeiführung von Reformen in der katholischen Kirche und durch ernsthafte Verhandlungen zwischen den Führern der reformiert-protestantischen Kirchen einerseits und den kompromiss- und reformbereiten katholischen Würdenträgern andererseits eingesetzt, so propagierte sie nach dem endgültigen Scheitern derartiger Bemühungen eine politische Lösung. Sie engagierte sich für die Beendigung des Bürgerkrieges und die Befriedung des Landes mit einem Plädoyer für eine vorübergehende Hinnahme der Existenz zweier Konfessionen, wobei allerdings das Ziel der Rückführung der vom katholischen Glauben Abgefallenen in den Schoß der katholischen Kirche nicht aufgegeben werden sollte. Dieses Ziel sollte jedoch nicht mit Gewaltmaßnahmen, sondern mit friedlichen Mitteln erreicht werden. Nach der Überzeugung Katharinas sollte Gewalt nur gegen diejenigen angewendet werden, die offen gegen die Krone rebellierten. Wenn die „religiöse Eintracht“ (concorde religieuse) nicht erreichbar war, sollte wenigstens die „zivile Eintracht“ (concorde civile) durchgesetzt werden.

Katharina war sich bewusst, dass eine Regentschaft realiter eine Phase der Unsicherheit für die Monarchie bedeutete, weil eine Regierung im Namen eines minderjährigen oder eines noch sehr unerfahrenen jungen Königs nicht über dieselbe Durchsetzungskraft bei den Untertanen verfügte wie ein volljähriger Monarch. Als Regentin war sie stets bestrebt, nicht in Abhängigkeit von *einer* politischen Faktion oder *einer* „Partei“ zu geraten. Oft sah sie sich jedoch aufgrund der innen- und außenpolitischen Konstellationen gezwungen, auf Zeit zu spielen, zu lavieren oder sich sogar zeitweilig dem Unvermeidbaren zu beugen. Ihre zentralen politischen Ziele verlor sie dabei allerdings nie aus den Augen. Um ihre politischen Ziele schließlich doch weiterverfolgen zu können, griff auch sie auf die von ihren Gegenspielern oder Feinden sowie von den meisten anderen politischen Akteuren ihrer Epoche verwendeten Mittel des Temporisierens, des Simulierens und Dissimulierens zurück, was zur Entstehung und Verbreitung der sie betreffenden „schwarzen Legende" wesentlich beigetragen hat.

Schon Heinrich IV. hat im Jahr 1600 dem Ersten Präsidenten des Parlaments von Rouen – des höchsten königlichen und körperschaftlich organisierten Gerichts der Normandie – widersprochen, als dieser Katharina von Medici, der Schwiegermutter des Königs, alle Schuld am Bürgerkrieg der 1580er Jahre anlastete. Heinrich IV. erwiderte seinem damaligen Gesprächspartner: „Einige haben mir dies bereits gesagt, aber – ich bitte Sie –, was hätte diese arme Frau denn tun können, die sich nach dem Tod ihres Mannes um fünf kleine Kinder kümmern musste und sich in Frankreich mit zwei Familien konfrontiert sah, die die Absicht hatten, die Krone in ihre Hände zu bringen – unsere Familie [die Bourbonen] und jene der Guise? War sie nicht gezwungen, merkwürdige Personen zu verkörpern, um die einen und die anderen zu täuschen, um sich auf diese Weise – wie sie es getan hat – für ihre Kinder zu engagieren, die dann nacheinander unter der weisen Führung einer so umsichtigen Frau in Frankreich regiert haben?" (Französisches Originalzitat bei Wanegffelen).

Katharina von Medici gelang es in zwei Schritten, die Vormundschaft über ihren minderjährigen Sohn Karl IX. und damit faktisch die Regentschaft in Frankreich zu erlangen. Unmittelbar nach dem Tod Franz II. teilte sich die Königin-Mutter die Regentschaft mit Anton von Bourbon, dem Ersten Prinzen von Geblüt. Sie erachtete es nicht für opportun, diesem mit offenem Visier seine Rechte als Erster Prinz von Geblüt abzusprechen. Nachdem es aber im Februar 1561 zu einer schweren Auseinandersetzung zwischen Navarra und den Guise gekommen war, erreichte Katharina von Medici mit Anton von Bourbon ein Arrangement, in dem dieser ihr die führende Position, also faktisch die Macht im Königreich unter der offiziellen Bezeichnung „gouvernante", Statthalterin, überließ. Im Gegenzug erhielt Navarra am 27. März 1561 die Charge des „lieutenant général du royaume", also eines Stellvertreters des Souveräns in allen Teilen der Monarchie.

Dies war die innen- und außenpolitische Lage der Monarchie, als Johanna von Albret mit ihren beiden Kindern am 12. August 1561 in Paris eintraf. Einige Tage später begaben sie sich in Begleitung von Anton von Bourbon, Ludwig von Condé und des Admirals Gaspard von Coligny (1519–1572), der sich ebenso wie die beiden Erstgenannten damals der Politik der Königin-Mutter relativ weit angenähert hatte, nach Saint-Germain-en-Laye, wo sich der Hof wegen der unruhigen Situation in Paris aufhielt. Coligny entwickelte sich zu einem der wohl bedeutendsten Anführer der calvinistischen „Partei", womit jene Gruppierung von mehr oder minder herausragenden und in mancher Hinsicht militanten Calvinisten gemeint ist, die nicht nur für die Anerkennung und Gleichberechtigung der neuen Konfession kämpften, sondern in zunehmendem Maße auch mit offenem Widerstand auf Repressionen reagierten. Die politisierten und militanten Repräsentanten der französischen reformiert-calvinistischen Konfessionskirche waren wesentlich an einer Entwicklung mitbeteiligt und dafür auch mitverantwortlich, die Frankreich in eine schwere innere Krise stürzte.

Mit dem Eintreffen der Königin von Navarra und ihrer Kinder am Königshof begann für den Prinzen Heinrich ein langjähriger Aufenthalt in der unmittelbaren Umgebung der Königsfamilie, ein Aufenthalt, der ihn in seiner weiteren politischen, emotionalen und sozialen Entwicklung nachhaltig geprägt hat. Zunächst waren Katharina von Medici aus übergeordneten politischen und konfessionellen Gründen die Präsenz Johannas von Albret und deren ostentatives Eintreten für den Protestantismus durchaus nicht ungelegen. Die Königin-Mutter konnte damit in der von ihr propagierten Phase politischer und konfessioneller Konzilianz der Jahre 1560 und 1561 positive Signale an die Anhänger der neuen Konfession senden. Deshalb schritt sie gegen die von Johanna selbst am Hof des Königs entfalteten Aktivitäten mit dem Ziel, unter den dort anwesenden Angehörigen des Hochadels für den neuen Glauben zu werben, zunächst nicht ein. Durch das mit Duldung von Katharina von Medici praktizierte Agieren Johannas von Albret sahen sich die Katholiken in ihren Befürchtungen bestätigt. Schon im Sommer 1561 hatten – auch auf spanisches Betreiben – der Marschall Jakob von Saint-André (1612–1562), der Konnetabel von Montmorency und der Herzog Franz von Guise ein „Triumvirat" zur Verteidigung der Katholizität der Monarchie und Frankreichs gebildet.

Nicht nur an der päpstlichen Kurie in Rom, sondern auch in Madrid, wo man über die Vorgänge in Frankreich sehr gut informiert war, verfolgte man die Strategie Katharinas von Medici und des Kanzlers Karls IX., Michel de L'Hôpital (1505/06–1573), mit größter Skepsis – dies um so mehr, als die Guise in jener Phase bei der Regentin kaum noch etwas zu bewirken schienen und die Katholiken immer mehr an Boden verloren. Dies war jedenfalls der Tenor des Schreibens, das der spanische Botschafter unter dem Datum des 26. November 1561 nach Madrid schickte. Dort führte er unter anderem aus: „Die Dinge werden jeden Tag mit mehr Wucht zugrunde gerichtet, und wenn Gott in seinem Erbarmen dies nicht abwehrt, werden die Katholiken irgendwann an einem Punkt angelangt sein, von dem aus der Untergang nicht mehr weit sein wird und die Guise ihrem Verderben entgegenblicken. Wenn diese auf irgendeine Weise an den Hof gelangen, sehe ich es als gewiß an, dass der Herzog von Guise festgenommen wird. Ich werde unternehmen, was ich kann, um die zu unterstützen, die hier ihren guten Willen gegenüber Eurer Majestät [Philipp II. von Spanien] an den Tag legen [...]" (Markus Reinbold).

Den zunehmenden Druck, dem sich Katharina von Medici von katholischer und spanischer Seite ausgesetzt sah, konnte die Regentin auf die Dauer nicht ignorieren, wenn sie auch an ihrer bisherigen politischen Linie so weit wie möglich festhielt. Wenn sich die Königin-Mutter mit zunehmenden politischen Pressionen konfrontiert sah, so galt das auch für Anton von Bourbon. Von seiten des „Triumvirats" wurde er immer eindringlicher aufgefordert, den calvinistischen „Umtrieben“ seiner Gemahlin am Hof nicht nur Einhalt zu gebieten, sondern sich selbst offen zum katholischen Glauben zu bekennen und sich notfalls sogar von Johanna von Albret zu trennen.

Die Beziehungen zwischen Anton von Bourbon und Johanna von Albret wurden schließlich durch heftige Auseinandersetzungen vergiftet, die den jungen Prinzen Heinrich sicherlich sehr belastet haben, sofern diese Auseinandersetzungen in seiner Gegenwart stattfanden. Schließlich reagierte auch Katharina von Medici auf den Druck der Guise und des spanischen Königs insofern, dass sie zumindest nach außen hin zu Johanna von Albret ebenfalls auf Distanz ging. Letztlich erreichte der spanische Botschafter bei der Königin-Mutter, dass Jeanne d'Albret den Hof verlassen musste. Zu welchem genauen Zeitpunkt das geschah, ist nicht bekannt. Gesichert ist, dass Johanna von Albret mit ihrer Tochter Catherine de Bourbon am 27. oder 28. März 1562 in Richtung Vendôme aufbrach, das zu den Besitzungen des Hauses Bourbon gehörte. Von dort begab sie sich dann nach Meaux, wo ihr Schwager Condé eine protestantische Armee zusammenstellte. Schließlich kehrte sie mit ihrer Tochter nach Navarra zurück. Der Bruch mit Anton von Bourbon war offenkundig. Den jungen Prinzen von Navarra hatte Johanna von Albret in der Obhut seines Vaters und damit am Königshof belassen müssen. Unverzüglich intensivierte Anton von Bourbon seine Bemühungen, seinen Sohn wieder zur Rückkehr zum katholischen Glauben zu veranlassen.

Wenn auch das von Katharina von Medici favorisierte politisch-religiöse Gleichgewicht in den Kreisen der politischen Hauptakteure nunmehr zu Gunsten der katholischen Ultras zerbrochen war und sich die Königin-Mutter gezwungen sah, zumindest nach außen hin eine weniger kompromissbereite Haltung gegenüber den Calvinisten zu manifestieren, so wollte sie dennoch den offenen Bruch mit diesen vermeiden, weil sie diese als Gegengewicht gegen die intransigenten Katholiken und gegen den spanischen König zu instrumentalisieren beabsichtigte.

Kurz vor der erzwungenen Abreise Johannas von Albret hatte sich am 1. März 1562 in Vassy, einem kleinen Städtchen mit rund 3000

Einwohnern in der Champagne, jenes blutige Geschehen ereignet, das unter dem nicht ganz zutreffenden Namen „Massaker von Vassy" in die Geschichte eingegangen ist und das eine Kette von gewalttätigen Auseinandersetzungen und wechselseitigen Mordtaten zwischen intransigenten Katholiken und Calvinisten auslöste. Diese gewaltsamen Auseinandersetzungen mündeten schließlich in innere militärische Konflikte, die allgemein und die realen Vorgänge sowie Hintergründe stark vereinfachend als „Religionskriege" bezeichnet werden. Sie waren aber sowohl religiöse als auch politisch motivierte Bürgerkriege, sodass im folgenden der Terminus Bürgerkrieg verwendet wird.

Auf dem Weg zum Hof Karls IX. gelangte Franz von Lothringen, Herzog von Guise, der wieder an politischem Einfluss gewonnen hatte, in Begleitung eines beachtlichen Gefolges in das Städtchen Vassy, wo er Halt machte, um die Messe zu besuchen. Dort wurden er und seine Begleiter einer Versammlung von ca. 600 Hugenotten gewahr, die in einer Scheune abgehalten wurde, welche sich höchstwahrscheinlich innerhalb der Mauern des Ortes befand. Damit war aber der Tatbestand der Verletzung des Edikts vom Januar 1562 gegeben, denn den darin enthaltenen Anordnungen zufolge waren calvinistische Gottesdienste innerhalb von Städten verboten; außerhalb der Stadtmauern waren sie nur am Tage gestattet.

Franz von Guise beauftragte zunächst drei Männer, sich zum Versammlungsort zu begeben, um genauere Informationen über den Vorgang einzuholen. Als diese dort eintrafen, wurden sie nicht nur mit Verbalattacken empfangen. Die Lage geriet schließlich außer Kontrolle und zwischen 25 und 50 unbewaffnete Hugenotten wurden getötet. Es gab weitere rund 150 Verletzte. In der ohnehin schon aufgeheizten innenpolitischen Lage hatte das Geschehen von Vassy die Wirkung eines Funken, der das Pulverfaß zur Explosion brachte. Anfang April 1562 begann der erste Bürgerkrieg, der sich bereits seit 1561 abgezeichnet hatte und in dem sich die aufgestauten politischen Spannungen und der Antagonismus zwischen Katholiken und Hugenotten in Frankreich entluden. Für die Hugenotten war es das „Gemetzel" von Vassy, das den Beginn des ersten Bürgerkriegs markierte. Für die Katholiken hingegen war dafür das Agieren des Herzogs von Condé verantwortlich, der am 2. April 1662 zu den Waffen griff.

In diesem Bürgerkrieg befanden sich Vater und Mutter des sieben- bis achtjährigen Prinzen Heinrich von Navarra auf der jeweils gegnerischen Seite. Ludwig von Condé, der Bruder Antons von Bourbon, hatte in Meaux eine hugenottische Truppe zusammengestellt, die er in den Kampf führte. Antoine de Bourbon, König von Navarra, kämpfte für die französische Krone und wurde bei der Belagerung von Rouen am 16. Oktober 1562 verwundet. Er erlag seinen Verletzungen am 17. November. Der nun durch den Tod des Vaters selbst Erster Prinz von Geblüt in Frankreich gewordene Heinrich von Navarra nahm an den vom französischen Königshof mit großem Pomp organisierten Trauerfeierlichkeiten und an der Bestattung von Antoine de Bourbon teil.

Während der folgenden zwei Jahre war der heranwachsende Heinrich von Navarra, der schließlich am 1. Juni 1562 in aller Öffentlichkeit eine Messe besucht und in Anwesenheit des Vaters geschworen hatte, dem katholischen Glauben die Treue zu halten, am französischen Königshof mehr oder minder auf sich allein gestellt. Nach dem Ableben Antons von Bourbon war es Johanna von Albret im Einverständnis mit Katharina von Medici, die aus übergeordneten politischen Erwägungen die Kontakte zur Königin von Navarra nie abreißen ließ und ihr gegenüber mehr oder minder kompromissbereit agierte, gelungen, den katholischen Gouverneur des Prinzen und dessen katholische Lehrer wiederum zu entlassen und die weitere Erziehung Heinrichs in die Hände von Calvinisten zu legen. Von einem Tag auf den anderen nahm der Prinz von Navarra dann wieder am protestantischen Abendmahl teil. Katharina von Medici erwies sich außerdem auf andere Weise gegenüber Jeanne d'Albret entgegenkommend. Die Regentin übertrug am 26. Dezember 1562 und am 1. Januar 1563 die von Anton von Bourbon innegehabten Chargen auf dessen Sohn Heinrich – die eines Generalstatthalters von Frankreich sowie jene eines Gouverneurs und Admirals der Guyenne.

Am französischen Königshof führte Heinrich von Navarra quasi das Leben eines Waisenkindes, dessen Tagesablauf sich sozusagen in zwei Welten abspielte, zwischen denen er hin- und herpendelte. Er nahm einerseits am Leben und an den Studien seiner königlichen Vettern aus dem Haus der Valois teil, andererseits war er eingebunden in den engen Rahmen seines kleinen „Prinzenhofes", den seine Mutter aus der Ferne mit Strenge und religiösem Rigorismus nicht ohne Erfolg zu steuern und zu kontrollieren sich bemühte. Sein langer Aufenthalt am Hofe des Königs, sein täglicher Umgang mit seinen Vettern und die Beobachtungen, die er im Hinblick auf das politische und höfische Agieren der jeweils einflussreichen Akteure machen konnte, haben den heranwachsenden Prinzen Heinrich wertvolle Erfahrungen sammeln lassen, auf die er später zurückgreifen konnte. Schon damals pflegte er ein recht freundschaftliches Verhältnis zu Margarete von Valois und ihrem Bruder, dem jungen Herzog von Anjou, dem späteren König Heinrich III. von Frankreich. „Dass er in den Augen der allzeit nach dynastischer Verbindung und Absicherung ihrer Kinder suchenden Regentin Katharina ein geeigneter Partner für ihre Tochter Margarete war, sollte sich in anderer Weise auswirken" (Hinrichs).

Der erste Bürgerkrieg endete mit dem Edikt von Amboise vom 19. März 1563, mit dem die Calvinisten Gewissens- und eingeschränkte Kultfreiheit erhielten. Der reformierte Kultus durfte öffentlich nur in einer Stadt der Gerichtsbezirke der „bailliages" bzw. „sénéchaussées" praktiziert werden, die in den Provinzen nach den Parlamenten die wichtigsten Institutionen der königlichen Rechtsprechung darstellten. Ausgenommen von dieser Regel war Paris, wo die Ausübung des reformierten Kultes gänzlich untersagt war. Den Inhabern von Grundherrschaften, mit denen das Recht der hohen Gerichtsbarkeit über die Grundholden verknüpft war, war es gestattet, in ihren Herrenhäusern zusammen mit ihren Familienangehörigen und ihren Grundholden reformierte Gottesdienste zu feiern. Die Inhaber von Grundherrschaften ohne Gerichtsbarkeit durften hingegen in ihren Herrenhäusern reformierte Gottesdienste nur mit ihren Familienangehörigen veranstalten. Außerdem war die Abhaltung reformierter Gottesdienste in jenen Städten erlaubt, in denen die Hugenotten solche bis zum 3. März 1563 durchgeführt hatten.

Katharina von Medici war in jener Phase bestrebt, die innenpolitische Lage weiter zu entspannen und die Macht der Krone zu stabilisieren. Deshalb versuchte sie, die gegnerischen Kräfte und Gruppierungen zu neutralisieren und auf diesem Wege die innere Einheit einigermaßen wiederherzustellen. Nicht nur in ihren Augen bestand ein geeignetes Mittel zur Erreichung dieses Zieles darin, dass der König Karl IX. möglichst bald für volljährig erklärt und damit seine Autorität faktisch gesteigert wurde. Der Akt der Volljährigkeitserklärung erfolgte am 17. August 1563 im Parlament von Rouen.

Ein weiteres geeignetes Mittel zur Befriedung der Monarchie bestand traditionsgemäß darin, dass sich der König seinen Untertanen im Lande persönlich zeigte und damit gleichsam deren Gehorsam gegenüber der Autorität der Krone einforderte. Deshalb griff auch Katharina von Medici zu diesem probaten Mittel. Am 14. März 1564 brachen der König und seine Mutter mit großem Gefolge – Schätzungen belaufen sich auf 10 000 bis 15 000 Personen – zur „Großen Tour“ durch die Provinzen der Monarchie auf. Sie dauerte bis Mai 1566.

Besondere Aufmerksamkeit widmete man jenen Städten und Regionen, in denen die Hugenotten besonders zahlreich vertreten und gut organisiert waren. Das waren das Rhônetal, das Languedoc, die Guyenne und jene Provinzen im westlichen Zentrum der Monarchie. Vergegenwärtigt man sich diesen Sachverhalt, ist verständlich, warum Katharina von Medici besonderen Wert darauf legte, dass Prinz Heinrich von Navarra, der Prinz von Geblüt, der wieder zur reformierten Kirche zurückgekehrt war, den Hof während der ganzen Tour begleitete. Die lange Reise in unmittelbarer Umgebung des Königs und dessen Gefolge bot dem Prinzen aber nicht nur die Chance, seine Kenntnisse der Verästelungen und der Klientelverhältnisse am Hof der Valois zu vertiefen, sondern auch weite Teile Frankreichs aus eigener Anschauung kennenzulernen und sich ein Bild von den Verhältnissen in den Provinzen der Monarchie zu machen.

Die Anwesenheit des Prinzen Heinrich von Navarra in der unmittelbaren Umgebung des französischen Königs endete im Januar 1567, als Katharina von Medici der sich seit kurzer Zeit ebenfalls am Hof aufhaltenden Johanna von Albret, der Königin von Navarra, ihrem Sohn und führenden Calvinisten „Urlaub" vom Hof gewährte. Auch diese Entscheidung der Königin-Mutter ist nur zu verstehen, wenn man sie vor dem Hintergrund ihrer Bemühungen sieht, einen politischen Kurs des „mittleren Weges", also zwischen bzw. über den gegnerischen „Parteien" zu verfolgen. Die Königin von Navarra nutzte diesen „Urlaub", um sich mit Heinrich und ihren Getreuen dauerhaft vom Königshof zu entfernen. Condé und Coligny setzten sich ebenfalls ab. Am 1. Februar 1567 trafen Johanna von Albret und Heinrich schließlich in Pau, im Béarn, ein. Der Prinz hatte zu diesem Zeitpunkt ein Alter von rund 13 Jahren erreicht.

Dadurch, dass die Königin von Navarra unter zumindest fragwürdigen Umständen ihren Sohn Heinrich ins Béarn zurückgeführt hatte, wurde offenkundig, dass sie sozusagen den Rubikon überschritten hatte. Vor aller Welt demonstrierte sie mit diesem Akt, dass der herangewachsene Erste Prinz von Geblüt, aus dem man am Valois-Hof einen katholischen Bourbonen machen wollte, ein reformierter Albret sein und bleiben sollte.

Einige Zeit später, während des dritten Bürgerkrieges (1569–1570), traten Jeanne d'Albret und ihr Sohn Heinrich offen auf die Seite der für ihre Sache kämpfenden Calvinisten. Dafür hatten sie aber auch sehr persönliche Gründe, denn der Kardinal Karl von Lothringen, der in der Regierung wieder eine präponderierende Rolle spielte, beabsichtigte, sich der führenden Hugenotten zu bemächtigen – also Condés, Colignys, Johannas von Albret und des Prinzen von Navarra. Sie begaben sich deshalb in die befestigte Hafenstadt und Hugenottenhochburg La Rochelle. Außerdem sandten sie ihre Emissäre aus mit dem Auftrag, im ganzen Land ihre Glaubensbrüder zu den Waffen zu rufen, um sich notfalls gegen das Vorgehen der katholischen Akteure verteidigen zu können.

Am 28. September trafen Jeanne d'Albret mit ihren beiden Kindern und ihrem Schwager Condé in La Rochelle ein. Prinz Heinrich verließ aber bald danach die Hafenstadt und begab sich ins Hauptquartier der Armee der Protestanten, wo er sozusagen seine Lehre in Kriegführung und militärischer Führung absolvieren sollte. Als der Prinz Ludwig von Condé am 13. März 1569 im Gefecht von Jarnac, im heutigen Departement Charente gelegen, verwundet und danach ermordet wurde, ließ die Königin von Navarra ihren Sohn Heinrich in Tournay, in der Charente, bei einer Zeremonie vor den versammelten Truppen der Hugenotten zum neuen Oberkommandierenden proklamieren. Zwar übte bis zum Ende dieses dritten Bürgerkrieges Coligny die effektive Kommandogewalt aus, aber Heinrich unterzeichnete von nun an die bedeutenden Schriftstücke und die wichtigen militärischen Anordnungen. Im Alter von rund fünfzehn Jahren wurde er faktisch aber nicht nur militärischer, sondern auch politischer Chef der „Hugenottenpartei".

Der dritte Bürgerkrieg fand mit dem Pazifikationsedikt von Saint-Germain-en-Laye vom 8. August 1570 , an dessen Zustandekommen Heinrich wohl nicht direkt beteiligt gewesen war, sein Ende. Trotz der erlittenen militärischen Niederlage konnten die calvinistischen Verhandlungsführer bei der Krone recht vorteilhafte Konzessionen erreichen. Den Hugenotten wurde vom König Gewissensfreiheit im ganzen Königreich und die öffentliche Ausübung ihres Kultes in allen Orten konzediert, in denen sie dies vor Kriegsbeginn praktiziert hatten. Hinzukam aber noch ein sehr bedeutendes Zugeständnis der Krone: sie gewährte den Hugenotten die vier Sicherheitsplätze La Rochelle, Montauban, Cognac und La Charité, in die sie sich bei drohender Gefahr zurückziehen und in denen sie eigene Truppen zu ihrem Schutz stationieren konnten.

Heinrich hielt sich noch ein Jahr in La Rochelle auf, wo er und seine Mutter eine politische Führungsrolle ausübten. Zwar beteuerte er in seiner umfangreichen Korrespondenz mit der Krone immer wieder seine Loyalität gegenüber dem König Karl IX., seine diesbezüglichen Briefe stellten aber bereits Meisterstücke dissimulierenden Verhaltens und Agierens dar. Dies hatten ihn schon seine Mutter und die übrigen Anführer der „Hugenottenpartei" gelehrt. Im April 1571 nahmen Jeanne d'Albret und Prinz Heinrich an jener Synode in der

Hafenstadt und Hugenottenhochburg teil, auf der von höchsten theologischen Autoritäten der reformierten Konfession das reformierte Glaubensbekenntnis verfasst wurde. Das Originaldokument trägt die Unterschriften von Johanna von Albret, Heinrichs von Navarra, Condés, Colignys sowie des Grafen Ludwig von Nassau (1559–1574).

Katharina von Medici bediente sich meisterhaft der „dissimulatio", dissimulierender politischer Mittel. Das gilt in besonderem Maße für ihr Agieren nach der Beendigung des dritten Bürgerkrieges, als sie wieder stärker an ihre an Eigenständigkeit und Unabhängigkeit der Krone orientierte Politik anknüpfte, mit der sie die „Interessen einer von den Parteien unabhängigen Monarchie" (Rainer Babel) zu realisieren versuchte. In der Verfolgung dieser politischen Linie betrieb sie, aber auch ihr Sohn König Karl IX., der sich zum Unwillen seiner Mutter in wachsendem Maße von deren Einfluss, ja Bevormundung, befreien wollte, das Projekt einer dynastischen Verbindung zwischen Prinz Heinrich von Navarra und Margarete von Valois, der Tochter Heinrichs II. und Schwester Karls IX. „Konnte der junge [Prinz] an den Hof gezogen werden, waren die Vorteile für die königliche Seite offenkundig. So ließen sich die Hugenotten besser kontrollieren und ihr designiertes Haupt – wer konnte es wissen? – auf lange Sicht vielleicht sogar für den Katholizismus zurückgewinnen" (Babel).

Nach langen und schwierigen Verhandlungen zwischen Jeanne d'Albret, deren bereits sehr angegriffene Gesundheit darunter stark litt, einerseits, Katharina von Medici und König Karl IX. andererseits, kam es schließlich am 11. April 1572 zum Abschluss des Heiratskontrakts. Johanna von Albret erlebte indessen die Realisierung dieses dynastischen Projektes nicht mehr, denn sie starb am 9. Juni dieses Jahres in Paris. Prinz Heinrich, der zu diesem Zeitpunkt am Hof noch nicht eingetroffen war, reagierte auf die Nachricht vom Ableben seiner Mutter, die ihn erst mit einiger Verzögerung erreichte, mit tiefer Betroffenheit. Als König Heinrich III. trat er nunmehr die Nachfolge Johannas in Navarra und im Béarn an.

Margarete von Valois auf der Reise – © akg-images

V.
Vermählung mit Margarete von Valois in Paris (18. August 1572), „Bartholomäusnacht“ (23./24. August 1572) und Flucht Heinrichs im Februar 1576

Als Heinrich von Navarra, seine Schwester, der junge Henri de Bourbon, prince de Condé (1552–1588) – der Sohn des im Gefecht von Jarnac im März 1569 umgekommenen Prinzen Ludwig von Condé – der Graf de La Rochefoucauld und der Admiral Coligny im Juli 1572 (am 8., 9. oder 10. dieses Monats) in Paris eintrafen, waren in der innen- und außenpolitischen Lage Frankreichs Veränderungen eingetreten, die bei den Entscheidungen der politischen Akteure eine wesentliche Rolle spielten. Deshalb sind die innen- und außenpolitischen Rahmenbedingungen, in die die im folgenden darzustellenden Ereignisse und Entwicklungen einzuordnen sind, in ihren wesentlichsten Aspekten zu skizzieren.

König Karl IX., inzwischen 20 Jahre alt, begann, sich mehr und mehr von der Bevormundung durch seine Mutter Katharina von Medici zu emanzipieren, was Konsequenzen für ihr beiderseitiges Verhältnis hatte. Immerhin waren sich Mutter und Sohn zunächst darin einig, den mit dem Pazifikationsedikt von Saint-Germain-en-Laye (August 1570) wieder aufgenommenen Kurs der Äquidistanz zu den Extrempositionen der intransigenten Katholiken und Hugenotten weiter zu verfolgen. Das sollte sich in der Folgezeit aber insofern ändern, als der König wohl auch unter dem Einfluss des Admirals Coligny, der rehabilitiert worden und im Rat des Königs wieder präsent war, auf dem Felde der Außenpolitik Maßnahmen ins Auge fasste, die immer deutlicher antispanische Züge erkennen ließen. Auf spanischer Seite war man empört über Sondierungsgespräche, die Karl IX. mit den Osmanen führen ließ.

Beunruhigt war man in Madrid aber auch über die französischen Avancen gegenüber der Königin von England, Elisabeth I. (1558–1603), von der sich insbesondere die Hugenotten nicht zu Unrecht Unterstützung erhofften. Die französischen Initiativen zur Verbesserung der Beziehungen zwischen Frankreich und England liefen dem politischen Kalkül Philipps II. diametral entgegen, dementsprechend sich diese beiden Mächte gegenseitig austarieren sollten. Die vom spanischen Botschafter in Frankreich nach Madrid übermittelten Informationen, Karl IX. denke offenbar ernsthaft daran, Truppen in die spanischen Niederlande zu entsenden, wo sich der anfängliche Bürger- und Glaubenskrieg dann „Schritt für Schritt zum Staatsbildungs- und Staatenkrieg“ (Heinz Schilling) entwickelte, verstärkten die von den spanischen Akteuren gehegten Befürchtungen. Vor diesem Hintergrund und aus spanischer Sicht betrachtet, musste der unter den französischen Calvinisten verbreitete Wunsch, den niederländischen Glaubensbrüdern zur Hilfe zu eilen und diese in ihrem Kampf notfalls auch militärisch zu unterstützen, in Madrid mit wachsender Beunruhigung zur Kenntnis genommen werden. Die Sorgen wurden in Madrid noch größer, als man aufgrund der eingehenden Berichte glaubte, dass sich selbst der französische König unter den Einflüsterungen calvinistischer Berater nicht mehr dem Projekt zu verschließen schien, die Aufständischen in den Niederlanden militärisch zu unterstützen.

Das Pazifikationsedikt von Saint-Germain-en-Laye, das für die Calvinisten recht vorteilhaft war, wurde nicht nur von den intransigenten Katholiken und deren Wortführern mit erheblichen Vorbehalten aufgenommen, sodass seine Realisierung in der Monarchie auf Reserven stieß. Das wiederum bestärkte die Hugenotten, die sich in politischer Hinsicht bereits seit den Jahren 1567/1568 radikalisiert hatten und das nicht erst – wie oft behauptet – nach den Ereignissen der „Bartholomäusnacht“ (23./24. August 1572) taten. Diese Entwicklung wurde von spanischer Seite mit großer Sorge verfolgt. Sie wurde noch verstärkt, als sich die Nachrichten über die geplante Vermählung zwischen der katholischen Prinzessin Margarete von Valois und dem calvinistischen Prinzen Heinrich von Navarra verdichteten.

Fasst man die französische Reichspolitik während der ersten Hälfte des 16. Jahrhunderts ins Auge, ist zu konstatieren, dass sie insofern einen wesentlichen Beitrag zur Konsolidierung des deutschen Protestantismus leistete, als die damals handelnden französischen Akteure das reichsständische Element der Reichsverfassung tatkräftig gegen die Macht- und Führungsambitionen des Kaisers unterstützten. Mit dem Beginn der Bürgerkriege in Frankreich wurde diese Leitidee französischer Reichspolitik zwar nicht aufgegeben, sie trat aber wegen der gravierenden innenpolitischen Probleme und der zunehmenden Krisensyndrome vorübergehend in den Hintergrund. Andererseits „(schienen sich [aber] mit dem Aufstieg der französischen Protestanten) macht- und interessenpolitisch in Frankreich und Westeuropa neue Konstellationen zu ergeben. Sie zwangen dazu, die Zusammenhänge von Innen- und Außenpolitik und die Legitimationen auswärtiger Bündnisse neu zu bewerten und zu gestalten" (Friedrich Beiderbeck).

Im Gefolge des Pazifikationsedikts von Saint-Germain-en-Laye war das noch im Jahre 1569 gegen den Hugenottenführer Coligny in Abwesenheit gesprochene Todesurteil am 12. September 1571 von Karl IX. aufgehoben worden. Vom König rehabilitiert, kehrte der Admiral aus der sicheren protestantischen Hafenstadt La Rochelle an den Hof und in den Staatsrat zurück. Waren Katharina von Medici und Karl IX. in der Hoffnung einig, die Anwesenheit Colignys am Hof werde einen positiven Einfluss auf die sich hinschleppenden Heiratsverhandlungen mit Jeanne d'Albret haben und der angestrebten Verständigung mit England förderlich sein, so divergierten ihre Meinungen in der Frage, welche politische Linie Frankreich gegenüber Spanien verfolgen sollte. Der damals zwanzigjährige Karl IX. sah die von seiner Mutter aus Respekt vor der Machtposition Philipps II. praktizierte behutsame Politik in wachsendem Maße kritisch und tendierte immer mehr dazu, bei sich bietender Gelegenheit wieder an die antihabsburgische Politik von Franz I. anzuknüpfen. Katharina von Medici wollte aber das Risiko eines offenen militärischen Konflikts mit Philipp II. vermeiden.

Nach seiner Rückkehr in den Staatsrat im Herbst 1571 plädierte Coligny entschieden für die baldige Realisierung der Vermählung des jungen Heinrich von Navarra mit der Schwester Karls IX. und für die Umsetzung des Plans einer vom französischen König unterstützten militärischen Intervention zu Gunsten der Aufständischen in den Niederlanden, für ein Projekt, das von der breiten Mehrheit der französischen Calvinisten befürwortet wurde. Um die Mehrheit im „Conseil du Roi", aber insbesondere Karl IX., von seinem Projekt zu überzeugen, legte Coligny im Juni 1572 dem Rat eine Denkschrift vor, die von dem jungen reformierten Humanisten und Politiker Philippe Duplessis-Mornay (1549–1623) – wohl in enger Abstimmung mit Coligny – erarbeitet worden war. Sie stellt einen „ersten bedeutenden programmatischen Beitrag der protestantischen Partei zur Außenpolitik Frankreichs" (Beiderbeck) dar. Bisher wurde er aber selbst in der jüngeren einschlägigen Forschung kaum beachtet. Die Denkschrift enthielt einen detaillierten Angriffsplan, der sich gegen die spanische Machtposition in den Niederlanden richtete und mit dessen Realisierung sowohl die innere Krise Frankreichs überwunden als auch dessen Rolle in internationaler Hinsicht gestärkt werden sollte. Im Kern ging es bei diesem Projekt darum, die innere Krise Frankreichs durch ein Zusammenführen der innerfranzösischen Konfliktparteien im Kampf gegen Philipp II. zu überwinden. Zugleich sollte damit die präponderierende Position Spaniens zu Gunsten Frankreichs zumindest erschüttert werden.

In den Darlegungen Colignys manifestierte sich unverkennbar eine machtpolitische Taktik, mit der er Karl IX. zu einem gemeinsamen Vorgehen aller potentiellen Gegner – ungeachtet ihrer Konfession – gegen Spanien veranlassen wollte, zu einer militärischen Intervention in den Niederlanden, die nach Colignys Überzeugung Frankreich einen Vorteil im Kampf um die Hegemonie in Europa verschaffen werde. Möglicherweise dachte Coligny sogar an die Vertreibung der Spanier aus den Niederlanden und die Errichtung einer dauerhaften französischen Präsenz in dieser in geostrategischer Hinsicht wichtigen Region. „Von herausgehobenem Interesse ist hier aber der die Außenpolitik betreffende programmatische Eckpunkt der Denkschrift, der aus dem Blickwinkel der europäischen Staatengeschichte geradezu ‚modern' anmutet, indem er außenpolitischen Aktionismus als Heilmittel zur Überwindung innerer Spannungen empfiehlt. Der katholische und protestantische Franzosen vereinende Krieg gegen die Spanier in den Niederlanden soll eine Möglichkeit darstellen, das gesellschaftliche Gewaltpotenzial der Bürgerkriege zu disziplinieren und nach Außen umzuleiten, verbunden mit offensiv-expansionistischen Zielen: Frieden im Innern, Krieg außerhalb der eigenen Grenzen. [...] Bestimmend war die Hoffnung, innenpolitisch die Teilhabe der Protestanten am nationalen Leben zu sichern und die fehlende religiöse Einheit durch eine im Krieg gegen Spanien zu gewinnende überkonfessionell-säkulare Einigung des Königreiches zu ersetzen" (Beiderbeck).

Im Staatsrat wurde dieses Projekt mehrfach beraten, aber von der Mehrheit abgelehnt, weil diese das Risiko eines Krieges für zu groß erachtete. Zu den Kritikern gehörte auch Katharina von Medici. Hingegen war Karl IX., der sich wohl seit einiger Zeit dem Rat Colignys gegenüber, den er häufig „meinen Vater" nannte, recht aufgeschlossen zeigte, der Realisierung dieses Projektes nicht abgeneigt. Da er sich im „Conseil du Roi" aber mit einer deutlichen Ablehnungsfront konfrontiert sah, entschied er sich, in diesem Fall ein „doppeltes Spiel" zu betreiben: insgeheim unterstützte er die Aufständischen in den Niederlanden, aber offiziell ließ er verlauten, dass er nichts dergleichen tue.

In dieser außen- und innenpolitisch sehr angespannten Lage fand die Hochzeitszeremonie für König Heinrich III. von Navarra und Margarete von Valois am 18. August 1572 statt. Die von großer Prachtentfaltung begleiteten Feierlichkeiten hatten schon am Vorabend begonnen. Der noch von Johanna von Albret wesentlich geprägte Ablauf der kirchlichen Trauung verdeutlichte für jedermann, dass die zu Vermählenden unterschiedlichen Glaubens waren. Vergeblich hatte Jeanne d'Albret gehofft, dass Marguerite de Valois zum Glaubenswechsel veranlaßt werden könnte. Weil auch Heinrich von Navarra nicht bereit war, sich katholisch trauen zu lassen und demzufolge an der katholischen Trauungsmesse in der Pariser Kathedrale von Notre-Dame teilzunehmen, hatte man sich für folgende Kompromisslösung entschieden: Das Ehegelöbnis legten Heinrich und Margarete in Anwesenheit einer großer Menge Schaulustiger auf einem Podium ab, das gut sichtbar auf dem Vorplatz der Kathedrale errichtet worden war. Auf das rechtzeitige Eintreffen des päpstlichen Einverständnisses, dass die Katholikin Margarete den „Häretiker" Heinrich ehelichte, hatte man eine Zeitlang vergeblich gewartet und war dann ohne formelle päpstliche Zustimmung zur Tat geschritten. Nachdem die Verlobten auf dem Podium ihr Gelöbnis abgelegt hatten, erklärte sie der Kardinal Karl von Bourbon, der Onkel Heinrichs III. von Navarra, der damals eine herausgehobene Position im Staatsrat innehatte, für rechtmäßig vermählt. Im Anschluss daran betrat das Ehepaar die Kathedrale. Als sie den Chor erreichten, verließ Heinrich in Begleitung seines calvinistischen Gefolges durch einen Nebenausgang Notre-Dame. Margarete nahm ohne ihren soeben angetrauten Gemahl an der rund vierstündigen Trauungsmesse teil.

Während der drei folgenden Tage fanden aus Anlass dieser Hochzeit, von der sich viele in der Monarchie eine dauerhafte Entspannung der konfessionellen und innenpolitischen Lage erhofften, große Festlichkeiten statt. An ihnen nahmen auch zahlreiche calvinistische Adlige teil, die – man schätzt ihre Zahl auf 900 bis 1200 – sich nach Paris begeben hatten, um der Heirat ihres Anführers beizuwohnen. Die tagelangen Feierlichkeiten endeten dann jedoch in einem blutigen Drama, das gravierende Folgen nicht nur für die weitere innerfranzösische Entwicklung, sondern auch für die außenpolitischen Beziehungen hatte. Dieses Drama – die Ereignisse während der sog. Bartholomäusnacht (23./24. August 1572) – sorgte in ganz Europa je nach politischer oder religiöser Einstellung der Zeitgenossen für Abscheu und Empörung oder für Beifall bzw. zumindest für mehr oder minder deutlich zum Ausdruck gebrachte Bekundungen von Verständnis. Es hat nicht nur die Generation der Miterlebenden, sondern auch spätere Generationen sowie die Historiker bis in die Gegenwart beschäftigt.

Vorausgegangen war diesem „Massaker am Fest des Heiligen Bartholomäus“ – worauf die irreführende deutsche Bezeichnung „Bartholomäusnacht“ zurückzuführen ist – ein Attentat auf Coligny am 22. August. Beim Verlassen einer Sitzung des Staatsrates, die im Louvre stattgefunden hatte, geriet dieser gegen 11 Uhr vormittags in das Visier eines in einem Haus auf ihn lauernden Schützen, der sein Ziel insofern verfehlte, als sein Schuß das anvisierte Opfer nicht tötete, sondern nur am Arm und an einem Ellenbogen verletzte. Erst zwei Tage später, am frühen Morgen des 24. August, des Bartholomäustages, setzten dann die ganz Paris erfassenden Mordaktionen ein, die dort nicht nur tagelang andauerten, sondern auch auf eine Reihe von Provinzstädten übergriffen. Vom ersten Ausbruch in Paris bis zu den letzten Mordaktionen in Gaillac, im tiefen Süden der Monarchie (im heutigen Departement Tarn) gelegen, zogen sich die Gewaltausbrüche über mehr als sechs Wochen hin. Nach zeitgenössischen Angaben sollen ihnen allein in Paris 1500 bis 2000 Menschen zum Opfer gefallen sein. Nach modernen Schätzungen soll sich die Gesamtzahl der Opfer auf 2000 bis 4000 belaufen haben. Selbst Kinder wurden nicht verschont.

Bis in die Gegenwart wurde immer wieder die Frage gestellt, wer für das Attentat und das darauffolgende Massaker in Paris und die Mordaktionen in den Provinzen verantwortlich war und welche Hauptgründe und -motive dabei eine Rolle gespielt haben. Die überlieferten Quellen lassen aber bis heute keine zweifelsfreie Beantwortung dieser Fragen zu. Über Jahrhunderte hinweg wurde immer wieder argumentiert, dass Katharina von Medici bei den Vorbereitungen dieses Mordanschlages zumindest eine mitentscheidende Rolle gespielt habe. Mit Coligny sollte der unermüdliche Verfechter einer Intervention in den (spanischen) Niederlanden und letztlich eines Krieges gegen Spanien eliminiert werden. Wegen seiner antispanischen Politik, für die er im Staatsrat mit hartnäckiger Entschlossenheit plädiert habe, habe er sich die Gegnerschaft der militanten katholischen Faktion und der Königin-Mutter zugezogen.

Bartholomäusnacht, Paris 1572 – © akg-images

Gegen die These, dass Katharina von Medici „ein doppeltes Spiel" betrieben und nach außen hin gegenüber den Calvinisten Entgegenkommen signalisiert habe, aber in Wahrheit ihren gefährlichen Anführer Coligny, der zudem im Staatsrat zu einflussreich geworden sei, habe beseitigen wollen, wurden in der modernen Forschung gewichtige Argumente ins Feld geführt. Der französische Historiker Jean-Louis Bourgeon ist zu der Schlussfolgerung gelangt, dass sowohl Katharina von Medici als auch ihr drittältester überlebender Sohn, der Herzog Eduard Alexander Heinrich, Herzog von Anjou (1551–1589) und spätere König Heinrich III., am Attentat nicht beteiligt, ja sogar über das Vorhaben nicht einmal informiert gewesen seien. „Spiritus rector" sei Philipp II. von Spanien gewesen. Er glaubt nachgewiesen zu haben, dass der spanische Feldherr und Staatsmann, Herzog Fernando von Alba (1507–1582), die Planung und Durchführung des Attentats ferngesteuert habe, wobei er auf einige ultra-katholische Gefolgsleute des Herzogs Heinrich von Guise habe zurückgreifen können (Bourgeon). Gegen die These, dass Katharina von Medici für das Attentat auf Coligny verantwortlich zu machen sei, haben auch François Bayrou, ehemaliger französischer Erziehungsminister (1993), sowie der bereits zitierte französische Historiker Thierry Wanegffelen sehr ernstzunehmende Argumente in die Debatte gebracht (Bayrou). Auch die französische Historikerin Arlette Jouanna ist der Auffassung, dass eine Schuld Katharinas oder Karls IX. unwahrscheinlich sei (Arlette Jouanna).

In der Tat sprechen gewichtige Argumente und Fakten gegen die Hypothese, dass Katharina dieses Verbrechen angestiftet habe. Mit der Ermordung hätte sie ihre bisherige Politik des überparteilichen Ausgleichs zwischen den sich feindlich gegenüberstehenden „Parteien" aufs Spiel gesetzt, eine Politik, die sie gerade mit der maßgeblich von ihr arrangierten Verbindung zwischen dem Calvinisten Heinrich von Navarra und der katholischen Schwester König Karls IX. weiter vorantreiben wollte. Es ist deshalb in hohem Maße unwahrscheinlich, dass sie unmittelbar nach dieser Eheschließung mit einer solchen Tat alles das habe zunichte machen wollen, was sie bis dahin unter persönlichem Einsatz glaubte, bewirkt zu haben.

Ihr musste klar sein, dass alle aus Anlass der Hochzeit nach Paris gekommenen protestantisch-reformierten Adligen und die Calvinisten in den Provinzen einen derartigen Anschlag auf ihren politisch-religiösen Anführer nicht ohne Reaktionen hinnehmen und sich Genugtuung verschaffen würden. Das Agieren der Königin-Mutter und Karls IX. unmittelbar nach dem gescheiterten Attentat sprechen ebenfalls gegen die Hypothese, dass Katharina die Anstifterin gewesen sei.

Wie alsbald bekannt wurde, hatte Charles de Louviers, sieur de Maurevert, den Schuß auf Coligny abgefeuert und zwar aus einem Haus eines katholischen Priesters, der den Guise sehr nahe stand. Gesichert ist auch, dass Maurevert bereits 1569 einen engen Gefährten Colignys getötet hatte. Insofern ist nachvollziehbar, dass sehr schnell das Gerücht in Paris kursierte, dass die Guise als Drahtzieher hinter dem Attentat steckten. Wie die jungvermählte Schwester Karls IX. in ihren „Memoiren" später berichtete, soll auch der König eine derartige Vermutung geäußert haben. Unstrittig ist, dass er sehr erstaunt war, als er die Nachricht von dem Anschlag erhielt. Die erste Reaktion des Königs war, die dafür Schuldigen ermitteln zu lassen und den Calvinisten ein Zeichen zu geben, dass er ihnen gegenüber wohlgesonnen sei. Deshalb suchte er persönlich den verletzten Coligny auf, schickte ihm seine besten Ärzte und veranlasste, dass dessen Domizil von Angehörigen der königlichen Garde bewacht wurde.

Für die Hypothese, dass die Guise an der Vorbereitung und Durchführung des Attentats maßgeblich beteiligt gewesen seien, spricht das Faktum, dass sie Coligny für die Ermordung des Herzogs Franz von Guise im Jahre 1563 verantwortlich machten. Nach der Überzeugung von Bourgeon seien die Guise von Spanien gesteuert worden. Eindeutige Beweise kann aber auch er nicht vorlegen, sondern nur Indizien.

Genauso kontrovers ist nach wie vor die Debatte, wer die Drahtzieher und die Hauptverantwortlichen für die Bartholomäusnacht und die unmittelbar danach in den Provinzen einsetzenden Mordaktionen gewesen sind.

Für Bourgeon sind die Ereignisse der Bartholomäusnacht einzuordnen in einen weitgespannten Verschwörungsplan, dessen Hauptinitiator und Drahtzieher Philipp II. von Spanien gewesen sei. Die mit der Realisierung betrauten Hauptakteure – der Herzog von Alba und der Gesandte Zuñiga – befanden sich in Brüssel. Die Guise hätten die Verwirklichung des Plans in Paris organisiert, jedoch seien sie von Madrid und Brüssel ferngesteuert gewesen. Im Vergleich mit der schlauen, ja durchtriebenen Außenpolitik Philipps II. sei der französische König Karl IX. dem Urteil von Bourgeon gemäß „ein Kind" oder – wie der Hugenotte Montluc abschätzig meinte – nur „un petit roitelet" [ein kleiner Schattenkönig] gewesen. Coligny habe in diesem Plan keine große Rolle gespielt.

Zu Recht sind gegen die Position und die Argumentation Bourgeons ernstzunehmende Einwände erhoben worden. „Jean-Louis Bourgeon entwickelt seine Argumentation [über] die Kritik der Unstimmigkeiten in den – gedruckten – Quellen und die Kritik am naiven Zutrauen der Historiker. Bisweilen vergißt der Autor dabei im Eifer der Beweisführung die eigenen quellenkritischen Maßstäbe [...] Das eigentliche Problem des Vorgehens von Jean-Louis Bourgeon scheint jedoch darin zu liegen, dass er sich ausschließlich im Kreis des bekannten Quellenkorpus bewegt und dessen Elemente neu ordnet. Wenn hinter der Bartholomäusnacht eine Tradition der Rebellion des Pariser ‚peuple' [Bevölkerung] steht, dann führt nur eine (sozialgeschichtliche) Untersuchung weiter, die der Autor am Ende auch anmahnt. [...] Liegt der Schlüssel in den Archiven in Simancas und Brüssel, muss man dort auf die ‚Pirsch' gehen (auch wenn die Verschwörung mündlich geplant wurde [...], wäre es doch erstaunlich, wenn sie keine mittelbaren Spuren hinterlassen hätte)" (Wolfgang Kaiser).

Der renommierte Frühneuzeithistoriker Denis Crouzet vertritt dagegen die These, dass Karl IX. und Katharina von Medici die Hauptverantwortlichen für die Ereignisse der Bartholomäusnacht gewesen seien. Nach dem gescheiterten Attentat auf Coligny hätten sie schließlich ganz bewusst die Entscheidung getroffen, die Anführer der Hugenotten in einer Überraschungsaktion eliminieren zu lassen, weil sie zu der Überzeugung gelangt seien, dass die Calvinisten letztlich gewalttätig reagieren und damit den erneuten Ausbruch des Bürgerkriegs herbeiführen würden. Um ihre Politik des „Ausgleichs“ der – „concordia“ – trotz allem zu retten und das Königreich vor neuem Krieg und Leiden zu bewahren, hätten sie den Befehl erteilt, die in Paris anwesenden Anführer der Hugenotten zu töten (Denis Crouzet).

François Bayrou betont, dass die Masse der Pariser bereits seit einiger Zeit in heller Aufregung gewesen sei, da sie in ihrer großen Mehrheit die Ehe zwischen dem Calvinisten Heinrich von Navarra und der katholischen Margarete von Valois aus tiefster Überzeugung abgelehnt habe. Darin sei sie in den Predigten zahlreicher Priester in den Kirchen und von umherziehenden Predigern in den Straßen noch bestärkt worden. Zudem sei nicht zu bestreiten, dass sich nach dem gescheiterten Attentat die Gerüchte über kurz bevorstehende Rachereaktionen der Hugenotten immer mehr verdichteten und bei der breiten Masse auf offene Ohren stieß. So erkläre sich auch, dass die Stadtobrigkeit von Paris schon am Nachmittag des 22. August 1572 an die einzelnen Bezirke die Order habe ergehen lassen, Maßnahmen zu ergreifen, um dem Ausbruch einer bewaffneten Erhebung entgegentreten zu können (Bayrou).

Hinzu sei gekommen, dass Herzog Heinrich von Guise damals die Kapitale faktisch dominiert habe aufgrund seiner dort zahlreichen Klientel, seines immensen Ansehens nicht nur bei der Masse der Bevölkerung, sondern auch bei den Angehörigen des Magistrats und unter den Mitgliedern des Pariser Parlaments. Guise habe auch auf eine beträchtliche bewaffnete Macht zählen können. Bereits am Abend des 23. August hätten sich die Guise so sicher gefühlt, dass sie im Staatsrat erschienen und dort – so Bayrou – die Beratungen in ihrem Sinne lenkten. Sie und die Mehrheit der übrigen Teilnehmer an den Beratungen hätten dem König vorgetragen, dass ein „hugenottisches Komplott“ im Gange sei mit dem Ziel, ihn seine Brüder und seine Mutter in den nächsten Stunden zu entführen. Die geplante Aktion sei ein Staatsstreich, dem der König präventiv zuvorkommen müsse. Kurz vor Mitternacht sei es den Guise schließlich gelungen, Karl IX. mit dem Hinweis auf die unmittelbar bevorstehende Racheaktion der Hugenotten und die daraus für die gesamte Königsfamilie resultierenden Gefahren sowie unter Rekurs auf das fragwürdige Mittel psychischen Drucks die Erlaubnis abzuringen, mit einem Präventivschlag die Anführer der Hugenotten, wahrscheinlich zwanzig bis dreißig Personen, umbringen zu lassen. Überzeugende Beweise vermag aber auch Bayrou nicht zu liefern.

Ähnlich argumentiert Arlette Jouanna. Sie vertritt mit guten Gründen die Ansicht, dass der „Mordaktion der Bartholomäusnacht" keine von Katharina und Karl IX. von langer Hand geplante Entscheidung zugrunde gelegen habe. Beide hätten nur auf die unmittelbar bevorstehenden Gewalttaten der Hugenotten, wovon sie überzeugt gewesen seien, reagiert und präventiv agiert. Ihr Befehl zur gezielten Eliminierung der Anführer der Hugenotten sei ergangen, um die Gefahr für Leib und Leben der Königsfamilie sowie für alle Katholiken in Paris abzuwenden. Bei ihrer Entscheidung hätten sie sich darauf berufen können, dass der König die Quelle des Rechts und damit befugt sei, im Angesicht des Staatsnotstandes diejenigen Mittel zu ergreifen, die er zur Wiederherstellung friedlicher Verhältnisse und zur Bestrafung von Majestätsverbrechern für erforderlich erachtet habe. Dieser „Majestätsakt" sei dann aber aus dem Ruder gelaufen und es sei auch in den Provinzen zu ungewollten Bluttaten gekommen (Jouanna).

Ein völlig anderes Szenario hat Thierry Wanegffelen in die Debatte geworfen. Aufgrund seiner Recherchen gelangte er zu der Schlussfolgerung, dass Katharina von Medici weder die Ermordung Colignys noch die Eliminierung der Anführer der Hugenotten und noch viel weniger das darauf folgende generelle Massaker gewollt hat. Die Exekution von zwanzig bis dreißig calvinistischer Adliger sei auch nicht in den Sitzungen des „Conseil du Roi" beschlossen worden, der am Nachmittag des 23. August einmal oder zweimal und in der Nacht vom 23. auf den 24. August mindestens nochmals zusammengetreten war. Eine dementsprechende Entscheidung sei Katharina von Medici und Karl IX. auch nicht von einer Mehrheit antiprotestantischer Angehöriger des Staatsrates abgerungen oder geradezu aufgezwungen worden. Die Ereignisse hätten sie völlig unvorbereitet überrollt.

Die entscheidende Rolle bei den Ereignissen habe vielmehr der drittälteste Sohn Katharinas, der bereits genannte Herzog Edouard

Alexander Heinrich von Anjou, der von seiner Mutter sehr geschätzt wurde und für die Pariser ein Held war, gespielt. Er, der in den vorausgegangenen Jahren einige wichtige Siege für die Krone errungen hatte, habe sich von Karl IX. nicht entsprechend honoriert und zurückgesetzt gefühlt und infolgedessen eigene Machtambitionen entwickelt. Anjou habe in jenen entscheidenden Stunden die Chance gesehen, sich machtvoll zu etablieren. Dazu sei er auch von seinen Getreuen ermuntert worden, die sich davon persönliche Vorteile erhofften. Anjou habe sich sehr wahrscheinlich mit dem fast gleichaltrigen Heinrich von Guise geeinigt. Beide seien Verfechter der Sache der Katholiken gewesen. Sie habe außerdem ihre Ungeduld motiviert, ihr eigenes Schicksal und jenes des Königreiches in die Hand zu nehmen. In Unkenntnis sowohl des Königs als auch Katharinas hätten sie am 24. August gegen drei oder vier Uhr morgens die Operation gestartet.

Guise habe sich mit seinen Leuten zunächst zum Domizil Colignys begeben. Dort wurden dieser sowie seine anwesenden Gefährten ermordet. Die Mordaktionen fanden auch im Hof des Louvre, nicht aber im Palast selbst statt. Die dort anwesenden hugenottischen Adligen wurden entwaffnet, in den Hof des Louvre getrieben, wo sie dann getötet wurden. Nur Heinrich von Navarra und sein Cousin Prinz Heinrich von Condé blieben verschont, weil sie unter dem Schutz des Königs standen.

Am Abend des 24. August oder am frühen Morgen des folgenden Tages habe Anjou seine Mutter und seinen Bruder Karl IX. informiert, dass er nicht nur eine aktive Rolle bei den Ereignissen gespielt, sondern dass er sogar einer der Anstifter gewesen sei. Für den König und noch vielmehr für Katharina von Medici habe dieses völlig überraschende Geständnis eine schreckliche Prüfung dargestellt. Sie hätten sich nolens volens eingestehen müssen, dass sie überspielt worden seien. Sie konnten nun nicht mehr die Guise anklagen. Dieses Geständnis Anjous durfte aber – so Wanegffelen – nicht publik werden, denn das wäre einem öffentlichen Eingeständnis des zeitweiligen Machtverlustes des Königs und seiner Mutter gleichgekommen. Außerdem wäre damit Anjou, der präsumtive Thronfolger, desavouiert worden. Das durfte nach der festen Überzeugung Karls IX. und Katharinas von Medici nicht geschehen. Deshalb ließ der König alsbald öffentlich erklären, dass sich die Krone zum präventiven Einschreiten gegen die Anführer der Hugenotten gezwungen gesehen habe, um deren gefährlichem Komplott entgegentreten zu können. In diesem Sinne ließ Karl IX. in einem Schreiben vom 13. September 1572 dann auch die deutschen Reichsfürsten über das Geschehen in der Nacht vom 23. auf den 24. August informieren. Darin hieß es u. a.: „Er [Coligny] hatte mehr Macht und verfügte über mehr Gehorsam bei den Anhängern der neuen Religion als ich [...] Weil er sich eine derartige Macht über meine Untertanen angemaßt hatte, konnte ich mich nicht mehr als absoluter König bezeichnen. Ich konnte nur noch über einen Teil meines Königreiches regieren" (Französisches Originalzitat bei Jouanna).

Vor dem Hintergrund betrachtet, dass Katharina trotz aller Widrigkeiten und Rückschläge stets an ihre Politik des Ausgleichs, der Wiederherstellung des inneren Friedens und der Sicherung der Macht der Krone festgehalten hat und dass es eine offene Konkurrenz zwischen Karl IX. und seinem jüngeren Brüder Anjou gegeben hat, kann man der These Wangeffelens eine gewisse Plausibilität nicht absprechen. Indessen gibt es dafür auch keine zweifelsfreien Quellenbelege. Dessen ist sich auch Wanegffelen völlig bewusst. Unumwunden konzediert er, dass die von ihm vorgelegte These nicht plausibler, aber auch nicht weniger plausibel sei (Wanegffelen). Letztlich lässt sich auf der Basis des gegenwärtigen Forschungsstandes die Frage, wem die Hauptverantwortung für das blutige Geschehen jener Tage anzulasten ist, immer noch nicht beantworten.

Gesichert ist, dass die politisch und religiös motivierte Aktion gegen die Anführer der Hugenotten sehr schnell außer Kontrolle geriet und zu einem Massaker eskalierte, bei dem sich latente soziale Spannungen entluden. Paris befand sich für vier oder fünf Tage in einem gesetzlosen Ausnahmezustand. Die Leute der Guise und vor allem die von Claude Marcel, dem ehemaligen „Bürgermeister" von Paris und entschiedenen Anhänger der katholischen Liga, mobilisierte Hilfstruppe, der sich auch kriminelle Elemente angeschlossen hatten, gaben sich ungezügelt ihren Mord- und Plünderungsgelüsten hin. Es ist erwiesen, dass deren Taten nicht nur Hugenotten zum Opfer fielen.

Hinsichtlich der Motive, des Ablaufes und der Folgen der Ereignisse, die sich im Kontext mit der Bartholomäusnacht in den Provinzen abspielten, lässt der gegenwärtige Stand der Forschung ebenfalls keine zufriedenstellenden Angaben zu. Zahlreiche Indizien deuten aber darauf hin, dass auch dort den konfessionellen, sozialen und sozialpsychologischen Faktoren wesentliche Bedeutung beizumessen ist.

Treffen zeitgenössische Berichte zu, so wurden Heinrich von Navarra und sein Cousin, der Prinz von Condé, am frühen Morgen des 24. August im Hof des Louvre abgefangen. Am Zugang zu den königlichen Gemächern wurden sie von ihren adligen Begleitern getrennt. Während sie selbst unter strenger Bewachung gehalten wurden, fiel ihr Gefolge im Hof des Palastes der Mordaktion zum Opfer. Später äußerte sich Heinrich darüber, was er in dem Augenblick empfand, als er beobachten musste, wie seine Freunde umgebracht wurden. Er schrieb: „Sie können sich denken, wie sehr es mich schmerzte, diejenigen sterben zu sehen, die nur auf mein Wort hin und ohne eine andere Zusicherung gekommen waren als jene, die mir der König gegeben [...] und mir versichert hatte, dass er mich wie einen Bruder behandeln werde [...]“ (Französisches Originalzitat bei Babelon).

Als Heinrich von Navarra und der Prinz von Condé vor dem König erschienen, soll dieser sie verdächtigt haben, an dem gegen ihn und die Königsfamilie gerichteten Komplott der Hugenotten beteiligt gewesen zu sein. In Anbetracht ihrer Blutsverwandtschaft, so habe der König des weiteren gesagt, wolle er ihnen aber das Leben schenken unter der Bedingung, dass sie sich bereit erklärten, ihrem häretischen Glauben abzuschwören und in den Schoß der katholischen Kirche zurückzukehren. Übereinstimmend wird berichtet, dass Heinrich von Navarra auf dieses Ansinnen mit einer ausweichenden Antwort reagiert habe, die im Kern darauf hinauslief, Zeit zu gewinnen. Ihm war aber klar, dass in der lebensgefährlichen Lage, in der er sich damals befand, die Konversion zum Katholizismus unausweichlich war. Gleiches galt für seinen Cousin Condé. Dieser schwor als erster ab. Navarra folgte ihm einige Tage später. Beide Akte erfolgten im September 1572.

War schon dieser Akt für Heinrich von Navarra demütigend, so traf das noch viel mehr auf zwei weitere zu, zu denen er sich wenig später ebenfalls gezwungen sah. Am 3. Oktober bat er den Papst Gregor XIII. (1572–1585) in einem Schreiben, „mich in dem Glauben zu empfangen, in dem ich getauft worden bin und mir nicht die Unterweisung [in der Lehre Calvins] anzulasten, die mir erteilt wurde, die ich in Anbetracht meines jungen Alters zu beurteilen oder zu wählen nicht in der Lage war“ (Französisches Originalzitat bei Babelon). Sehr wahrscheinlich hat Heinrich dieses Schreiben nicht selbst verfasst.

Am 16. Oktober zwang man den am Hof in Gefangenschaft gehaltenen König Heinrich von Navarra, ein Edikt zu unterzeichnen, mit dem er befahl, im Béarn den Katholizismus wiederherzustellen, und seinen Untertanen die Ausübung des reformierten Kultes untersagte. Die dortigen calvinistischen Pfarrer wurden aufgefordert, zu konvertieren oder das Land zu verlassen. Diesem Edikt leisteten aber weder der von Heinrich von Navarra seinerzeit eingesetzte Statthalter noch der dortige Rat des Königs Folge. Gleiches galt für die übergroße Mehrheit der Bevölkerung.

Bereits am 10. September 1572 hatte man Heinrich von Navarra gezwungen, an den Bürgermeister der Hugenottenhochburg La Rochelle zu schreiben, um diesen zu veranlassen, den neuen von Karl IX. eingesetzten militärischen Befehlshaber und den ebenfalls neu ernannten Gouverneur zu akzeptieren sowie beide in Ehren zu empfangen. Die Bewohner von La Rochelle widersetzten sich jedoch und ließen beide nicht in ihre Stadt, was einen Akt offenen Ungehorsams darstellte, den die Krone nicht hinnehmen konnte.

Die Belagerung von La Rochelle, wohin sich die Überlebenden des Massakers in Paris und anderer Städte geflüchtet hatten, begann im November 1572. Damit spitzten sich die Dinge weiter zu, nachdem der vierte Bürgerkrieg (Oktober 1572 – Juli 1573) faktisch schon im Monat zuvor begonnen hatte. Mit anwesend bei der Belagerungsarmee waren u. a. auch Heinrich von Navarra, der Prinz von Condé und die Herzöge von Guise. Die Verluste in der königlichen Belagerungsarmee und die anfallenden Kosten waren enorm, ohne dass das anvisierte Ziel – die Eroberung der Hugenottenhochburg – letztlich erreicht werden konnte. Es ist auf der Basis aussagekräftiger Quellen berechnet worden, dass ein Jahr Bürgerkrieg den König damals im Durchschnitt 16 bis 18 Millionen „livres“ kostete. Dem standen im Schnitt jährliche Einnahmen von 11 Millionen gegenüber, die jedoch in den Krisenjahren realiter nicht nur sehr unregelmäßig eingingen, sondern auch erhebliche Minderbeträge aufwiesen. Die Krone sah sich deshalb gezwungen, Schulden durch zumeist kurzfristige Anleihen zu machen. Der vierte Bürgerkrieg fand schließlich mit dem Edikt von Boulogne (11. Juli 1573) sein Ende.

Im Edikt fanden die Vereinbarungen ihren Niederschlag, die vor La Rochelle erreicht worden waren. Insgesamt gesehen, gingen sie zu Lasten des den Hugenotten zuvor konzedierten Status. Sie behielten zwar die Gewissensfreiheit, mussten aber beträchtliche Beschneidungen bei der öffentlichen Ausübung ihres Kultes hinnehmen, der nur noch in La Rochelle, Nîmes, Montauban und schließlich in Sancerre möglich blieb. Zwar erschienen diese Regelungen einer Mehrheit der Hugenotten im Norden der Monarchie in Anbetracht der Belastungen des Bürgerkriegs, die sie besonders hart trafen, akzeptabel, aber im Süden, im Midi, stießen sie auf scharfen Widerstand.

Heinrich von Navarra, der zum Zeitpunkt der dramatischen Ereignisse im Kontext mit der Bartholomäusnacht rund neunzehn Jahre alt war, blieb bis Februar 1576 ein Gefangener am Hof des französischen Königs. Wurde er während der ersten Monate besonders scharf bewacht und kontrolliert, so gestaltete sich seine Gefangenschaft im Laufe der Folgezeit für ihn persönlich ziemlich erträglich. Es lässt sich nicht mit letzter Sicherheit sagen, ob sich der relativ junge Béarner den sich ihm bietenden vielfältigen Verlockungen des Hoflebens – er hatte einige amouröse Affären und ließ keine Gelegenheit zur von ihm so geschätzten Jagd aus – bedenkenlos hingegeben oder das Leben eines die zahlreichen Annehmlichkeiten des Diesseits liebenden Höflings nur simuliert hat, um seine stets misstrauische Umgebung über seine wahren Gefühle, Absichten und

Pläne zu täuschen. Es ist nach wie vor strittig, ob er damals klar umrissene und zielgerichtete politische Projekte für seine unmittelbare oder spätere Zukunft konzipiert hat. Gesichert scheint zu sein, dass er in jenen Jahren den Gedanken an eine Flucht nie aufgegeben hat, auch wenn dieser vielleicht phasenweise in den Hintergrund getreten ist. Belegt ist, dass er sich an einigen mehr oder minder seriösen Fluchtplänen und Hofintrigen beteiligt hat, die aber allesamt scheiterten. Schließlich nutzte er am 3. Februar 1576 zusammen mit vier oder fünf engen Getreuen die sich ihm bietende günstige Gelegenheit eines Jagdausfluges zur Flucht, die bei den im Südwesten der Monarchie operierenden Truppen der Calvinisten endete.

Es gibt gewichtige Indizien dafür, dass Heinrich von Navarra kühl kalkulierend die Entwicklung der Dinge beobachtet hat, um den günstigsten Zeitpunkt für seine Flucht zu nutzen. In diesem Sinne hat man wohl ein Schreiben zu interpretieren, das er entweder im Sommer 1575 oder erst am 2. Januar 1576 an Jean d'Albret-Miossens, seinen Gouverneur im Béarn, richtete. Dieses Schreiben enthält folgende aufschlussreiche Sätze: „Mein Cousin, ich war erfreut, von Ihnen Neuigkeiten zu hören und zu erfahren, wie es um die dortigen Angelegenheiten steht. Ich hoffe, dass sie sich mit Gottes Hilfe immer besser entwickeln werden. Der [hiesige] Hof ist einer der seltsamsten, den Sie je haben sehen können. Wir sind [hier] fast immer bereit, uns einander an die Gurgel zu gehen. Wir führen Dolche mit uns, tragen Kettenhemden und oft sogar einen kleinen Harnisch unter dem Umhang, Séverac [Charles d'Arpajon, sieur de Séverac, ein getreuer Gefährte Heinrichs] wird Ihnen erzählen bei welchen Gelegenheiten. Der König ist ebenso bedroht wie ich; er schenkt mir aber mehr Aufmerksamkeit als jemals zuvor. Der Herr von Guise und der Herr von Maine [Mayenne, der Bruder des Herzogs von Guise] weichen nicht von meiner Seite. Lavardin, Ihr Bruder [Jean de Beaumanoir, marquis de Lavardin, d. h. der Bruder von Albret-Miossens] und Sainte-Colombe [François de Montesquiou, baron de Faget, sire de Sainte-Colombe] sind die Chefs meines Rates. Wie Sie sehen, war ich nie mächtiger. An diesem Hof, nur umgeben von Freunden, trotze ich aller Welt. Die ganze Liga, die Sie kennen, wünscht mir alles

Schlechte bis hin zum Tod – und das nur wegen der Geliebten von Monsieur [des Bruders des Königs, also Anjous, die zugleich auch Heinrichs Mätresse war]. Zum dritten Mal haben sie meiner Mätresse verboten, mit mir überhaupt zu sprechen und sie beobachten diese so scharf, dass sie sich nicht einmal mehr traut, Blickkontakt mit mir aufzunehmen. Ich warte nur auf den Zeitpunkt, um Ihnen eine kleine Schlacht zu liefern, denn sie sagen, dass sie mich töten werden. Ich will ihnen zuvorkommen. Ich habe Séverac über alles genau instruiert. Ihr sehr guter Cousin, Freund und guter Herr. Seien Sie dessen sicher“ (Französischer Originaltext bei Garrisson).

Der hier in deutscher Übersetzung zitierte Text des Briefes Heinrichs von Navarra ist in Teilen ganz bewusst doppeldeutig bzw. irreführend abgefasst, denn er wollte seine wahren Intentionen verbergen für den Fall, dass der Brief in die falschen Hände fiel. So ist der Halbsatz „der König schenkt mir mehr Aufmerksamkeit als je zuvor“ in dem Sinne zu verstehen, dass er, also Heinrich, all seinen Charme spielen lasse, um genau dieses Resultat beim König und Katharina von Medici zu erreichen, um diesen gegenüber seine wahren Absichten zu verbergen. Mit dem Hinweis, dass Guise und Maine nicht von seiner Seite weichen, wollte Heinrich seinem Adressaten zu verstehen geben, dass er den beiden gegenüber ganz besondere Signale seiner Zuneigung sende, obwohl das Gegenteil der Fall sei. Mit der die Mätresse betreffenden Passage wollte Heinrich verschlüsselt sagen, dass ihm sehr bewusst war, dass der König und Katharina von Medici diese damit beauftragt hatten, ihn zu beobachten. Durch sein offen gezeigtes Interesse an dieser Mätresse und durch die von ihm ganz bewusst immer wieder gesuchte Nähe zu ihr – deren Reizen gegenüber er tatsächlich durchaus sehr empfänglich war – wollte er sowohl diese als auch ihre Auftraggeber in die Irre führen. Wenn Heinrich Lavardin, Miossens und Sainte-Colombe als die „Chefs seines Rates“ bezeichnete, so war das ein verschlüsselter Hinweis darauf, dass sie zu jenen seiner sechs Getreuen zählten, mit denen er vom Hof in Paris zu fliehen beabsichtigte.

Nach seiner Flucht ließ Heinrich dem König durch zwei Boten ausrichten, dass er wegen der permanenten Erniedrigungen und Demütigungen, denen er ständig ausgesetzt gewesen sei, den Hof verlassen habe und nunmehr frei sein wolle. Indessen versicherte er Heinrich III., dass er ihm gleichwohl in Treue ergeben bleibe. Der König antwortete Navarra nicht nur höflich, sondern er folgte auch nicht dem Rat seiner Umgebung, die beiden Boten auf der Stelle exekutieren zu lassen. Vielmehr ließ er sie und auch noch andere zu Heinrich zurückkehren, wobei er sich ihrer als Überbringer seines Antwortschreibens an Navarra bediente.

Zum Zeitpunkt der Flucht Heinrichs von Navarra war nicht mehr Karl IX., sondern Heinrich III. (1574–1589) König von Frankreich, denn Karl IX. war am 30. Mai 1574 in Vincennes gestorben. Sein legitimer Nachfolger war Eduard Alexander Heinrich, Herzog von Anjou. Als Karl IX. starb, befand sich Heinrich von Anjou in Polen, denn er war nach dem Tod des polnischen Königs Sigismund II. August (1548–1572), des letzten Jagiellonen, am 7. Juli 1572 vom polnischen Reichstag, dem Sejm, unter tatkräftiger Mitwirkung Katharinas von Medici aus der Ferne, wobei sich vor allen Dingen finanzielle Zuwendungen an die „Wähler" auszahlten, zum König von Polen gewählt worden. Die Nachricht von der Wahl Anjous traf im Mai 1573 in Paris ein. Dieser nahm seine Wahl an und begab sich nach Krakau, wo er aber nur kurze Zeit blieb. Dort erhielt er nämlich am 15. Juni 1574 die Nachricht vom Ableben seines Bruders und verließ bereits am 18. Juni heimlich Polen, um als Heinrich III. die Nachfolge auf dem französischen Königsthron anzutreten. Am 3. September 1574 betrat Anjou wieder französischen Boden.

VI.
Heinrich von Navarra seit seiner Flucht vom Hof des Königs (1576) bis zur Ermordung Heinrichs III. (1589)

Hatten sich die Akteure von ihrem Präventivschlag gegen die 20 bis 30 Anführer der Hugenotten in der Nacht vom 23. auf den 24. August 1572 erhofft, die Widerstandskraft der Calvinisten wenn nicht zu brechen, so doch signifikant zu schwächen, so mussten sie bald erkennen, dass sie sich einer Illusion hingegeben hatten. Die Ereignisse im Kontext der Bartholomäusnacht hatten vielmehr eine Stärkung des Widerstandswillens der Hugenotten zur Folge. „Von nun an festigte sich das politische Lehrgebäude des französischen Protestantismus, von nun an erhielt die Konfession einen politischen Unterbau, jetzt wurde sie zu einer ‚Partei' " (Hinrichs). Der Prozess der Konstituierung eigenständiger politischer, administrativer und militärischer Strukturen hatte zwar schon in den frühen 1560er Jahren im Midi eingesetzt, nach der Bartholomäusnacht erfuhr er jedoch nicht nur eine Beschleunigung, sondern auch Veränderungen im Hinblick auf die konkrete Ausgestaltung dieser Strukturen.

Orientierte man sich zunächst – wie z. B. im Languedoc – am Vorbild der existierenden Provinzialstände, spielten nach der Bartholomäusnacht die Generalstände als Anknüpfungspunkt eine zentrale Rolle. So bezeichnete sich die Versammlung der Calvinisten in Millau (Juli 1574), in der Gascogne, als „Reformierte Kirchen Frankreichs vertreten durch eine Generalversammlung". Auf dieser Generalversammlung wurde Prinz Heinrich von Condé zum „Generalgouverneur und Protektor" und Heinrich von Montmorency-

Damville (1534–1614) zum „Gouverneur und Statthalter des Königs im Languedoc“ gewählt. Montmorency-Damville sollte Condé bei dessen Abwesenheit vertreten und „über die Erhaltung der Krone wachen“. Die Generalversammlung von Nîmes, die im Januar und Februar 1575 tagte, bezeichnete sich in aufschlussreicher Weise als „Generalstände der Provinzen der genannten Union“.

Die Wortwahl „Generalstände der Provinzen der genannten Union“ verdeutlicht zweierlei: Die Generalversammlung von Nîmes verstand sich einmal ausdrücklich als Vertretung der Reformierten ganz Frankreichs. Zum anderen sollte die Formel „Provinzen der Union“ signalisieren, dass sich diese „Union“ als Bestandteil der ganzen Monarchie betrachtete. Von einem Rückzug der Hugenotten in den Midi Frankreichs oder gar vom Vorhandensein separatistisch-republikanischer Projekte nach dem Modell der Vereinigten Provinzen der Niederlande kann also – wie oft behauptet – keine Rede sein. Die Generalversammlung von Millau hatte vielmehr versichert, dass es den Reformierten „niemals in den Sinn gekommen ist, sich in unwürdiger Weise dem Gehorsam zu entziehen und von ihm zu befreien, den sie als wahre und natürliche Untertanen dieser Krone und ihrem wahren und natürlichen König, ihrem Fürsten und Souverän schulden“ (Französisches Originalzitat bei Jouanna). Es ging ihnen um eine Reform des Staates. Deshalb wurde Condé beauftragt, den König zu ersuchen, die Generalstände Frankreichs einzuberufen. Ausdrücklich wurde in Nîmes beschlossen, dass sich die „Provinzen der Union“ auch den Katholiken öffnen werde, die mit den Reformierten einen „Assoziierungsvertrag“ schließen sollten. Den einschlägigen Quellen ist also zu entnehmen, dass die führenden Reformierten die Errichtung einer Konföderation der Provinzen anstrebten, also eine weitgehende autonome „Union“ wollten, an deren Spitze aber der französische König stehen sollte.

Von besonderer Bedeutung ist, dass bereits die Generalversammlung von Millau einen Appell zur „Ziviltoleranz“ sowohl an die Reformierten als auch an die Katholiken richtete. In dem von der Generalversammlung von Nîmes beschlossenen „Assoziierungsvertrag“ mit den Katholiken wurde mit folgenden Worten auf das Ideal der

„Ziviltoleranz“ Bezug genommen: „In der Erwartung, dass Gott in seiner Gnade uns in der Religion geeint hat, müssen die einen mit den anderen leben im Respekt der Gewissensfreiheit [...] in dieser Hinsicht besitzt jeder völlige Freiheit des Gewissens, sodass der eine den anderen nicht an der gewohnten Ausübung seiner Religion hindert, sich jeder mit Barmherzigkeit begegnet und keiner den anderen weder mit abfälligen Worten noch sonstigen Beleidigungen zu nahe tritt“ (Französisches Originalzitat bei Jouanna).

Die installierten politisch-administrativen Strukturen waren deutlich vom Geist politischer Autonomie geprägt. Außerdem wurde bereits für das Konzept der „Ziviltoleranz“, also für das friedliche Zusammenleben von Reformierten und Angehörigen der katholischen Kirche plädiert. Das bedeutete indessen nicht, dass bereits damals an Toleranz in uns heute geläufigem Sinne gedacht war. Die führenden Akteure der beiden Konfessionen hielten letztlich am Ziel fest, die Angehörigen der jeweils anderen Konfession zu bekehren und auf diese Weise die Glaubenseinheit wiederherzustellen. Das sollte aber nicht durch Gewalt, sondern nur durch Überzeugung geschehen. Insofern war die „Ziviltoleranz“ befristet. Für militante Angehörige beider Konfessionen war und blieb indessen jedwede Form von „Ziviltoleranz“ inakzeptabel.

Aber selbst wenn es keine überzeugenden Belege dafür gibt, dass die Hugenotten seperatistisch-republikanische Projekte ventilierten – was nicht ausschließt, dass derartige Projekte in radikalen Kreisen doch herumgeisterten –, so war indessen der Aufbau einer Konföderation weitgehend autonomer Provinzen, an deren Spitze zwar der König fungieren sollte, mit dem monarchischen Selbstverständnis Heinrichs III. nicht vereinbar. Als dieser König von Frankreich geworden war, hatte sich der bisherige Charakter des Bürgerkriegs gewandelt. Es handelte sich nicht mehr so sehr um einen Kampf der Krone und der Katholiken gegen die „Partei der Reformierten“, sondern um einen Konflikt zwischen der Krone – verkörpert durch Heinrich III., der sich als absoluter König verstand – und einem Block dissidierender Provinzen. Der König konnte diese Infragestellung seiner absoluten Macht nicht hinnehmen. Er war zu Beginn seiner Herrschaft, als er sich noch nicht von der Rolle eines „Chefs der Katholiken“ gelöst hatte, zwar zu einem Entgegenkommen gegenüber den Hugenotten bereit, als Vorbedingung verlangte er von ihnen aber ihre Unterwerfung. Dazu waren diese aber nicht bereit. Sie waren und blieben sich ihrer Widerstandsfähigkeit bewusst und dies insbesondere, als es schließlich zu einem förmlichen Zusammengehen zwischen den Konföderierten und dem jüngeren Bruder des Königs, dem Dauphin François-Hercule, Herzog von Alençon, seit 1576 Herzog von Anjou (1555–1584), gekommen war. Alençon verfolgte eigene politische Ambitionen und fühlte sich vom König zurückgesetzt. Er wurde der Anführer der sog. „Unzufriedenen“ (Malcontents), also insbesondere jener Adliger, die mit der Politik Heinrichs III. nicht einverstanden waren. Alle diese Faktoren hatten eine Verschärfung des im November 1574 wieder ausgebrochenen fünften Bürgerkriegs (1574–1576) zur Folge.

Um diesen aus fast allen Richtungen einbrechenden Gefahren erfolgreich begegnen zu können, hätte die Monarchie einen sehr energisch agierenden und mit politischer Intelligenz ausgestatteten König gebraucht. Heinrich III. mangelte es wohl eher an der erstgenannten Fähigkeit als an der zweiten. Seine Mutter, Katharina von Medici hatte indessen keinen Zweifel, dass ihr Sohn die Gegner der Krone militärisch zu besiegen willens und auch in der Lage sei.

Katharina hatte sich hierin aber getäuscht, denn die Beendigung des fünften Bürgerkriegs konnte nur mit schmerzlichen Konzessionen erkauft werden. Heinrich erkannte, dass ein dauerhafter Friede nur auf dem Wege von Verhandlungen erreicht werden konnte. Gegenüber den kriegsbedingten Leiden der Bevölkerung empfand er zweifellos Empathie und wünschte ein Ende der Kriegsgreuel. Schließlich wurde der Friede am 6. Mai 1576 in Étigny, bei Sens, geschlossen. Die Verhandlungen waren von Katharina von Medici geführt worden. Weil die Königin-Mutter den immensen Forderungen des Herzogs von Alençon, des Bruders des Königs – also von „Monsieur“ – hatte nachgeben müssen, nannte man diesen Frieden alsbald „paix de Monsieur“ (Friede des Monsieur). Am folgenden Tag wurden die zentralen Regelungen im Edikt von Beaulieu-lès-Loches vom König sanktioniert.

Das Edikt von Beaulieu erfüllte den größten Teil der Forderungen der Konföderierten und der mit ihnen verbündeten „Malcontents". Den Hugenotten gestattete es die Ausübung ihres Kultes in der Öffentlichkeit des ganzen Königreiches. Ausgenommen waren Paris und der Hof des Königs in einem Umkreis von sechs Meilen. Den Reformierten war erlaubt, Konsistorien und Synoden abzuhalten. Außerdem waren sie zu allen Chargen, Ämtern und Würden sowie zu allen Schulen, Kollegien, Universitäten und Hospitälern zuzulassen. Des Weiteren erhielten die Reformierten nunmehr acht Sicherheitsplätze.

Alle am Krieg aktiv beteiligten Hugenotten und „unierten Katholiken" (d.h. die „Malcontents") wurden amnestiert. Expressis verbis erklärte Heinrich III. sein Bedauern über die Ereignisse der Bartholomäusnacht. Als Konsequenz dieses offiziellen Bedauerns wurden alle Witwen und Kinder der getöteten Opfer von der Besteuerung befreit. Coligny wurde rehabilitiert, sodass seine Kinder dessen konfiszierte Besitzungen wiedererlangten. In allen offiziellen Verlautbarungen und Texten fand seither die Bezeichnung „vorgeblich reformierte Religion" (religion prétendue réformée) Verwendung, wenn von den Angehörigen der neuen Konfession die Rede war. Auf katholischer Seite war man über die den Reformierten gemachten Konzessionen in hohem Maße unzufrieden. Dies gilt auch für Heinrich III., der seiner Mutter vorwarf, zu nachgiebig gewesen zu sein. Infolgedessen fühlte er sich an den Friedensschluss nicht gebunden, der ihm mit Gewalt abgetrotzt worden sei.

An den Verhandlungen, die zum Frieden von Étigny geführt hatten, war Heinrich von Navarra nicht direkt beteiligt gewesen. Eine zentrale Rolle hatte auf hugenottischer Seite der Prinz von Condé gespielt. Mit dessen militärisch-politischem Agieren, insbesondere mit dessen Entschiedenheit, sich beim Kampf zur Verteidigung der Interessen der „Konföderation der Provinzen" auch der Unterstützung ausländischer Söldner zu bedienen, ging Heinrich in zunehmendem Maße nicht konform. Er war empört über die Konzessionen, die dem calvinistischen Johann Casimir von der Pfalz (Vormund und von 1583 bis 1592 Regent des Kurfürsten Friedrich IV. von der

Pfalz, 1583/1593–1610) im „paix de Monsieur“ zu Lasten der französischen Krone gemacht wurden. Dem Pfalzgrafen wurden das Herzogtum d'Étampes, einige Domänen in Burgund und eine jährliche Pension in Höhe von 400 000 „livres“ zugesprochen. „Heinrich von Navarra [...] protestierte bei seinem Cousin Condé gegen die Friedensbedingungen und die zu ihrer Erfüllung notwendigen Veräußerungen von Gütern der französischen Krone“ (Beiderbeck).

Dieser bei Heinrich durchgehend zu beobachtenden Grundeinstellung entsprach sein Bemühen, trotz aller Differenzen seine Kontakte zu König Heinrich III. nie abreißen zu lassen und diesen immer wieder seiner Loyalität und seines Eintretens für die Befriedung der Monarchie zu versichern. Diese Grundeinstellung hatte sich sogleich nach seiner erfolgreichen Flucht vom Pariser Hof manifestiert. So schrieb Navarra in jenen Wochen an Montmorency-Damville: „Ich erkenne, dass nicht nur mein eigenes Interesse mit dem öffentlichen Interesse verknüpft ist [...], sondern dass ich auch und wie kein anderer in dieser Welt nach der Person meines Königs, meines Herrn, und von ‚Monsieur‘, seinem Bruder [Alençon/Anjou] das größte Interesse an der Erhaltung und Wiederaufrichtung dieses Königreiches habe“ (Französischer Originaltext bei Babelon). Aber auch Heinrich III. war aus übergeordneten politischen Gründen daran interessiert, die Kontakte zu seinem Schwager nicht abreißen zu lassen.

Nach seiner Flucht wurde Heinrich von Navarra wegen seines Lebenswandels und seines undurchsichtigen Verhaltens am Königshof in den Jahren zuvor nicht nur von den Anführern der Hugenotten mit einigem Misstrauen und Argwohn betrachtet. Deshalb war es damals sein Hauptziel, bei diesen verlorenes Vertrauen zurückzugewinnen, den stark gewachsenen Einfluss Condés zu reduzieren und sich zielstrebig eine eigene Machtbasis aufzubauen. Eine der Voraussetzungen dafür war, dass er wieder zum reformierten Glauben zurückkehrte. Nach seiner Flucht ließ er aber einige Zeit verstreichen, bevor er diesen Schritt am 13. Juni 1576 öffentlich in Niort vollzog. Bei seinem Eintreffen am 28. Juni in La Rochelle, an dessen Belagerung er im Sommer 1573 teilgenommen hatte, wurde er von den Einwohnern dieser calvinistischen Hochburg nicht gerade enthusiastisch empfangen. Es bedurfte der Unterstützung seiner entschieden calvinistischen Schwester Catherine de Bourbon, um das Heinrich entgegengebrachte Misstrauen schließlich abzubauen. Nachdem Navarra sozusagen seine „Pilgerreise“ nach La Rochelle absolviert hatte, begab er sich in sein Gouvernement der Guyenne, in deren Stadt Agen er im August 1576 eintraf.

Heinrich gelang es schließlich, seinen Cousin Condé als „Generalgouverneur und Protektor“ der Konföderierten Provinzen zu verdrängen. Er erreichte es, dass die Generalversammlung der unierten Provinzen von Montauban im Jahre 1577 ihn, den „König von Navarra“, zum Protektor der Union der Provinzen, also der Konföderation von Protestanten und moderaten Katholiken, proklamierten. Des weiteren gelang es ihm, seinen Einfluss auf die Generalversammlungen der Provinzen kontinuierlich auszubauen, sodass er von 1579 bis 1588 diese Versammlungen nicht nur ständig als deren Präsident leitete, sondern auch deren Beschlüsse weitgehend in seinem Sinne herbeizuführen in der Lage war.

Aber auch in der Guyenne musste er sich nach seiner Flucht vom Königshof in Paris erst einmal etablieren. Schließlich gelang es ihm, dank seines umtriebigen Auftretens – er erschien immer wieder persönlich an den verschiedenen Orten – sowie dank seines geschickten politischen Agierens sich im Südwesten Frankreichs eine Machtposition aufzubauen. Zu Recht hat man sein fast dreizehnjähriges Wirken in der Guyenne und im Südwesten der Monarchie, wo er schließlich in der Phase des mehr oder minder kontinuierlich sich vollziehenden Zerfalls der zentralen Krongewalt eine königsähnliche Position, sozusagen die Stellung eines „Vizekönigs“, erlangte, als Lehrjahre für sein späteres Handeln als König von Frankreich bezeichnet.

Heinrichs ständiges Bemühen, sich nicht nur von keiner der miteinander konkurrierenden politisch-konfessionellen Gruppierungen vereinnahmen zu lassen, sondern stets auch auf die moderaten Katholiken zuzugehen, manifestierte sich ebenso in der personellen Zusammensetzung des von ihm in der Guyenne realisierten Aufbaus einer Art „Regierungsmannschaft“. Dabei handelte es sich um höchstens zwölf Personen, die sein Vertrauen besaßen. Zu ihnen zählten Katholiken ebenso wie ihm treu ergebene Calvinisten, die ihm als Berater sowie als Stützen bei der Administration seines Gouvernements, seines Königreiches Navarra und seiner sonstigen Besitzungen dienten. Heinrich achtete jedoch stets darauf, dass in seinem „Conseil" die Katholiken nicht stärker vertreten waren als die Hugenotten. Bei allen seinen damaligen politischen und militärischen Aktivitäten ließ er sich von der Maxime leiten, dass ungeachtet aller immer wieder zu überstehenden Konfrontationen mit der Krone und deren Hauptakteuren den führenden Calvinisten sowie den Repräsentanten der „Union der Provinzen" vermittelt werden musste, dass das monarchische Prinzip als fundamentale Basis des Staates zu respektieren sei. „Der Wunsch nach Befriedung und Einigung von Königtum und Land zieht sich wie ein roter Faden durch seine privaten und öffentlichen Äußerungen" (Beiderbeck).

Um dieses Ziel zu erreichen, war er schon in seinem Gouvernement der Guyenne bemüht, die Gleichbehandlung von Hugenotten und Katholiken zu gewährleisten. Das bedeutete freilich nicht, dass er sich nicht energisch dafür einsetzte, dass Verstöße von katholischer Seite gegen die den Calvinisten in den verschiedenen Pazifikationsedikten gewährten Rechte und sonstigen Zusagen von der Krone zu ahnden seien. Umgekehrt sorgte er aber auch dafür, dass sich die Hugenotten ihrerseits an die Regelungen der Pazifikationsedikte hielten. So enthält sein Rundschreiben an die Bevölkerung seines Gouvernements vom 21. Dezember 1576 folgenden charakteristischen Satz: „Wir sind alle Franzosen und Mitbürger desselben Vaterlandes" (Französisches Originalzitat bei Beiderbeck). Dieser Maxime seines politischen Agierens entsprach auch, dass er niemals europäische Alliierte zu einem gewaltsamen Vorgehen gegen den legitimen König Frankreichs aufgefordert hat. „Auch in den für das hugenottische Lager schwierigsten Zeiten machte er eine klare Unterscheidung zwischen Heinrich III. und der von Spanien gestützten und den Guise geführten Liga. Und wenn er dennoch einmal aus taktischen Gründen gezwungen war, sich den königlichen Truppen entgegenzustellen, wie das 1587 bei Coutras der Fall war, bedauerte er tief, dass er in der Schlacht keinen Unterschied machen konnte zwischen *bons et naturels François* [guten und natürlichen Franzosen] und den *partisans et adhérents de la Ligue* [Parteigängern und Anhängern der Liga]" (Beiderbeck). Es gelang ihm schließlich auch, die wichtigsten Vordenker der Calvinisten, von denen einige zu seinem Beratergremium zählten, in diesem Sinne zu disziplinieren.

Im Gefolge des Edikts von Beaulieu vom 7. Mai 1576, das für die Hugenotten sehr weitreichende Konzessionen enthielt, kam es schließlich zu einer schwerwiegenden Reaktion militanter Katholiken, die sowohl den König Heinrich III. als auch Heinrich von Navarra mit zunehmenden Problemen konfrontierten. Radikale katholische Repräsentanten unterschiedlicher sozialer Herkunft vereinigten sich zu einem Bündnis, zur „Assoziation zwischen Prinzen, Herren, Edelleuten sowohl geistlichen als auch des Dritten Standes". In der traditionellen Historiografie wurde lange Zeit Herzog Heinrich von Guise, der intransigente Verteidiger des Katholizismus gegen die häretischen Calvinisten, als Initiator und Anführer dieses Bündnisses, der „Ersten Liga", genannt. In der neueren Forschung ist man jedoch zu einem nuancierten Urteil gelangt. Der Herzog hatte zwar unter der Hand diese bündische Bewegung gefördert, aber er ist nicht an ihre Spitze getreten. Ziele dieser „Ersten Liga" waren die entschiedene Bekämpfung der Hugenotten und die Beschränkung der Macht des Königs. In einem zwölf Artikel umfassenden Manifest wurden die Wiederherstellung des „Gesetzes Gottes" in der Monarchie und der Gehorsam gegenüber der Autorität des Königs postuliert.

Im Juni 1584 trat ein Ereignis ein, das sowohl für die Monarchie als auch für Heinrich von Navarra von zentraler Bedeutung und folgenreich war. Am 10. Juni starb der jüngere Bruder Heinrichs III., Franz von Alençon, seit 1576 Herzog von Anjou, im Alter von rund dreißig Jahren an Tuberkulose. Er hinterließ keinen legitimen Sohn. Weil die Ehe Heinrichs III. mit Louise von Vaudemont (1553–1601), der Tochter des Herzogs Karl III. von Lothringen, bisher ebenfalls kinderlos war, wurde Heinrich von Navarra mit dem Ableben von „Monsieur" präsumtiver Thronfolger. Damit trat der insbesondere von den intransigenten Katholiken so gefürchtete, von den Hugenotten indessen erhoffte und mit großen Erwartungen verknüpfte Fall ein, dass der protestantische Chef des Hauses Bourbon, Heinrich von Navarra, der zu diesem Zeitpunkt unbestrittene Anführer der Hugenotten und Protektor der Konföderation der Provinzen, an die erste Stelle der Thronfolge rückte. Dies hatte eine gravierende Verschärfung der ohnehin schon seit einiger Zeit sich manifestierenden Krise der Monarchie und der Dynastie der Valois zur Folge. Für die große Mehrheit der katholischen Franzosen war Heinrich von Navarra, der in ihren Augen ein Häretiker und wiederholt rückfällig gewordener Ketzer war, als Thronfolger inakzeptabel.

Dessen war sich auch Heinrich III. bewusst. Deshalb hatte der König bereits am 16. Mai 1584, als das Ableben Anjous absehbar war, den Herzog von Épernon (1554–1642), seinen damaligen Favoriten, zu Heinrich von Navarra entsandt, den er am 13. und 25. Juni zunächst in Saverdun – unweit von Pamiers – und dann in Pamiers (im Languedoc) traf. Im Anschluss daran wurde er im Juli von Navarra in Pau, im Béarn, empfangen. Eine letzte Unterredung fand am 6. August in Nérac statt. Épernon hatte den Auftrag, Navarra zu veranlassen, zum Katholizismus zu konvertieren und an den Hof des Königs zurückzukehren. Épernon scheiterte jedoch mit seiner Mission.

Zum damaligen Zeitpunkt lehnte es Heinrich von Navarra ab, erneut zu konvertieren. Bei seiner Entscheidung dürften folgende Gründe eine Rolle gespielt haben: Zunächst hätte dieser Schritt seiner persönlichen Überzeugung widersprochen. Außerdem erachtete er ihn wohl als unvereinbar mit seiner Ehre. Besonderes Gewicht bei der Entscheidung Navarras dürfte aber gehabt haben, dass er mit einer abermaligen Konversion zum katholischen Glauben bei den Protestanten jegliches Vertrauen und jede Unterstützung verspielen würde.

Indessen schlug Heinrich im Hinblick auf eine Konversion zum katholischen Glauben nicht alle Türen zu. Er ließ dem König mitteilen, dass er es nicht grundsätzlich ablehne, zu konvertieren. Zuvor müsse man ihm aber die Bereitschaft signalisieren, ihm zu ermöglichen, dass er über die theologischen Grundlagen der katholischen Konfession aufgeklärt werde. Außerdem müsse man ihn davon überzeugen, dass der katholische Glaube die einzig wahre Religion sei. Mit diesem Argument sollte er auch zukünftig auf entsprechende Aufforderungen des Königs reagieren.

Durch den Tod Anjous und die weiteren sich im Zusammenhang damit vollziehenden Ereignisse erhielt die bereits erwähnte bündische Bewegung, die 1576 zur Gründung der „Ersten Liga“ geführt hatte, massiven Auftrieb. Im September 1584, also nicht zufällig nach dem Tod des Herzogs von Anjou, gründeten Heinrich von Guise, seine Brüder Charles de Lorraine, duc de Mayenne (1554–1611), der Gouverneur Burgunds, und der Kardinal Louis de Lorraine, cardinal de Guise (1555–1588), Erzbischof von Reims, sowie Louis de Gonzague, duc de Nevers, und einige andere katholische Adlige in dem kleinen Ort Boudonville, in unmittelbarer Nähe von Nancy gelegen, eine Fürsten- und Adelsliga. Bereits am 31. Dezember 1584 folgte ein Bündnis mit Philipp II. von Spanien, in dem sich die Vertragspartner gegenseitige Unterstützung zusagten. Außerdem erklärten sie, dass als Thronfolger nach dem zu erwartenden kinderlosen Ableben Heinrichs III. nur der katholische Prinz von Geblüt, der Kardinal Charles de Bourbon (1523–1590), der Onkel Heinrichs von Navarra, in Frage komme. Im März 1585 begannen die Guise ihre militärischen Aktionen.

Unabhängig von der Fürsten- bzw. Adelsliga formierte sich Ende des Jahres 1584 in Paris eine weitere katholische Liga („Zweite Liga“), die „Liga zur Verteidigung der Heiligen Katholischen Kirche“. Von einzelnen Ausnahmen abgesehen, rekrutierten sich deren Mitglieder aus der Masse der katholischen nichtadligen Einwohner der Kapitale. Von Anfang an trat die Pariser Liga viel radikaler auf. Diese Geheimorganisation wurde von neun oder zehn Personen dirigiert. Seit 1587 bezeichnete man dieses Leitungsgremium als „Conseil des Seize“ (Rat der Sechzehn). Diese Bezeichnung bezog sich nicht auf die Zahl der Mitglieder des Rates, sondern auf die sechzehn Quartiere, in die Paris damals unterteilt war. Schon bald nahm die Pariser Liga Kontakt mit Heinrich von Guise auf. Dieser sicherte seine Verbindungen mit der Pariser Liga durch einen eigenen Emissär. Alsbald breitete sich die „Zweite Liga“ auch in den Provinzen aus.

Unter dem Druck der Ereignisse, die Heinrich III. schließlich nicht beherrschen konnte, weil ihm die dazu erforderlichen materiellen, finanziellen und militärischen Mittel fehlten, sah er sich gezwungen, mit den Ligisten am 7. Juli 1585 den Vertrag von Nemours zu unterzeichnen. Dieser Vertrag war unter Mitwirkung Katharinas von Medici zustande gekommen. Darin wurden dem König drastische Konzessionen abgerungen, die einer Kapitulation vor der Liga und vor dem Herzog Heinrich von Guise gleichkamen. Das reformierte Bekenntnis wurde in Frankreich verboten. Alle Calvinisten hatten entweder ihrem Glauben abzuschwören oder das Königreich innerhalb von sechs Monaten zu verlassen. Außerdem wurde Heinrich von Navarra seiner Thronfolgerechte für verlustig erklärt. Generell warf die „Zweite Liga" König Heinrich III. vor, nicht konsequent genug gegen die Calvinisten vorzugehen. Andererseits kritisierte man seinen luxuriösen Lebensstil, seine Geldverschwendung sowie seine absolutistisch-autoritären Züge. Im Gefolge der sehr vielschichtigen Ereignisse, bei denen sowohl religiöse und politische als auch soziale und wirtschaftliche Faktoren eine nicht zu unterschätzende Rolle spielten, verlor der König, der in jenen Jahren häufig die Fronten wechselte, fast völlig das Gesetz des Handelns.

Neben den intransigenten Katholiken und Hugenotten hatte sich aber auch eine von moderaten Repräsentanten beider Konfessionen geprägte politische Gruppierung formiert. Ihre Entstehung reicht bis in die Jahre vor der Bartholomäusnacht zurück. Seit 1562, als dieser Begriff erstmals auftauchte (Bayrou), bezeichnete man die zu dieser politischen Richtung zählenden Repräsentanten als „Politiker" (les politiques). Aus übergeordneten politischen Gründen und um das Land trotz der Existenz zweier Konfessionen dauerhaft zu befrieden, plädierten sie für eine ausgleichende Politik zwischen den Konfliktparteien. In ihren Verlautbarungen und Schriften traten sie dafür ein, den Hugenotten religiöse Duldung sowie weitgehende rechtliche und politische Anerkennung zu konzedieren und die Macht des Königs so weit zu stabilisieren, dass dieser in der Lage sei, *über* den sich bekämpfenden „Parteien" agierend sowohl die Befriedung der Monarchie als auch die konfessionelle Koexistenz von Katholiken und Calvinisten zu erreichen und dauerhaft zu gewährleisten. Aber auch die „Politiker" gaben das langfristige Ziel der Wiederherstellung einer einheitlichen katholisch-gallikanischen Kirche nie auf. Sie wollten die „concordia", also die Eintracht in religiös-konfessioneller Hinsicht, jedoch mit friedlichen Mitteln erreichen. Eine Zeitlang hatte der Herzog von Anjou enge Verbindungen zu den „Politikern" unterhalten. Er galt sogar als einer ihrer Führungsfiguren. Indessen mangelte es diesem notorischen Verschwörer und Projektemacher an den dafür erforderlichen politischen Fähigkeiten.

Obwohl Heinrich von Navarra 1584 unangefochtener Verteidiger der Sache der Calvinisten und ihr respektierter politischer Anführer war, hat er weder in den Jahren zuvor noch in der Folgezeit seine politische Rolle ausschließlich als diejenige eines Chefs der „Hugenottenpartei" verstanden. Er gab dem wachsenden Druck der militanten Calvinisten nicht nach, sondern pflegte trotz aller zwischen ihm und Heinrich III. bestehenden religiösen und politischen Differenzen den Kontakt mit dem König und war stets – akzeptable Bedingungen vorausgesetzt – zu einem dauerhaften Ausgleich, ja zu aufrichtiger Aussöhnung bereit. Entsprach dieses allen extremen Positionen widerstrebende Agieren zunächst eher dem Charakter Navarras und seinen politischen Instinkten sowie seinem Gespür, so resultierte es spätestens seit Mitte der 1580er Jahre aus seiner ganz bewusst eingeschlagenen politischen Linie. Auch als er mit aller Entschiedenheit gegen die Liga kämpfte, die am 18. Juli 1584 beim Pariser Parlament seinen Ausschluss von der Thronfolge in Frankreich und am folgenden 9. September die Exkommunizierung durch Papst Sixtus (1581–1590) erreichte, brach er dennoch die Brücken zu König Heinrich III. nie ab. In der Reihenfolge der politischen Prioritäten Navarras standen an erster Stelle seine dynastischen Interessen, gefolgt vom Kampf um die Befriedung der Monarchie und von der Sorge um das Wohlergehen des Volkes; erst an dritter Stelle rangierte für ihn der reformierte Glaube. Aber auch Heinrich III. ließ die Kontakte zu seinem Schwager nie abreißen.

Aufgrund des militanten Agierens der Ligisten und der für die Calvinisten aus dem Vertrag von Nemours resultierenden gravierenden Konsequenzen, einem Vertrag, den die Hugenotten als eine offene Kriegserklärung betrachteten, brach schließlich im Juli 1585 der achte Bürgerkrieg aus, der nicht nur der längste werden, sondern Frankreich auch in die schwerste Krise stürzte. Sie erhielt durch das Eingreifen des spanischen Königs eine weitere gefährliche Dimension. Weil in diesem Krieg – wenn auch in unterschiedlichen Konstellationen – der König Heinrich III., König Heinrich von Navarra und Herzog Heinrich von Guise eine zentrale Rolle spielten, ist dieser Bürgerkrieg auch als „Krieg der drei Heinriche" in die Geschichte eingegangen.

Auch während dieses Krieges hielt Heinrich von Navarra an seinen politischen Grundüberzeugungen fest. Er und sein engster Beraterkreis vertraten „einen eigenständigen Politikstil, der in der Konsequenz den Verzicht auf die religiöse zugunsten der nationalen Einheit Frankreichs implizierte und der auch die Außenpolitik als Medium dieser Entwicklung nutzte" (Beiderbeck). Die von Heinrich praktizierte Kommunikation mit protestantischen Fürsten und Höfen im Heiligen Römischen Reich deutscher Nation vollzog sich ganz im Dienste dynastischer und machtpolitischer Interessen. Auf französischer Seite bezogen sich die langfristigen macht- und geopolitischen Interessen auf die niederländisch-niederrheinische Großregion. Darin manifestierte sich die Hoffnung, eine antispanische Politik mit machtpolitisch-hegemonialen Ambitionen Frankreichs verknüpfen zu können. „Zwar galt eine Vielzahl der seit 1583 erfolgten Gesandtschaften, die im Auftrag Navarras an protestantische Höfe im Reich und Europa führten, auch dem Ziel, konfessionsvergleichende Gespräche anzuknüpfen, doch blieb ihr Hauptzweck eine gegen die Vormacht der Casa d'Austria gerichtete europäische Koalition. Entscheidend wurde, ob ein Reichsfürst Frankreich freundschaftlich gesonnen und ein Gegner der Habsburger war" (Beiderbeck).

In diesem achten, langen und letzten Bürgerkrieg gelang es Heinrich von Navarra am 20. Oktober 1587 in der Schlacht bei Coutras, in der Guyenne nordöstlich von Bordeaux gelegen, einen Sieg über eine königliche Armee zu erringen. Es war das erste Mal, dass Navarra in einer offenen Feldschlacht einen großen militärischen Erfolg für sich verbuchen konnte. Dieser Sieg steigerte sein Ansehen als Heerführer enorm. „Die Bedeutung dieses Sieges liegt [aber auch] darin, dass er die integrative nationale Politik des navarrischen Bündnisses aus Protestanten und gemäßigten Katholiken – in der Union der ‚Etats du Midi' verkörpert – bestätigte und Heinrich III. gegenüber die Nützlichkeit und das Gebot einer Kooperation im Interesse Frankreichs unterstrich" (Beiderbeck).

An seiner Kompromiss- und Kooperationsbereitschaft hielt Navarra um so mehr fest, als Heinrich III. im Sommer wegen mangelnder materieller Mittel und Möglichkeiten immer stärker in die Lage eines der Ereignisse nicht mehr Herr werdenden und von der Liga getriebenen politischen Akteurs geraten war. Der Liga war es gelungen, ihm das Gesetz des Handelns aufzuzwingen. Aufgrund des spannungsverschärfenden Vorgehens Herzog Heinrichs von Guise, der neben Heinrich III. zur dominierenden Figur in Frankreich werden wollte und in offener Missachtung eines Befehls des Königs am 9. Mai 1588 in Paris erschien, und in Reaktion auf die von letzterem dagegen eingeleiteten – aber letztlich unzureichenden – militärischen Maßnahmen brach am 12. Mai in der Kapitale ein Volksaufstand aus. Mit Hilfe der Aufständischen gelang es Guise, die Gewalt in Paris an sich zu reißen.

Heinrich III., der nicht ohne Grund um sein Leben fürchtete – hatte doch Guise gegenüber Katharina von Medici erklärt, dessen Abdankung erscheine ihm als das beste Mittel, um dessen Leben zu retten – floh am 13. Mai aus Paris in das besser zu verteidigende Blois an der Loire. Somit wurde die Residenz- und Hauptstadt Frankreichs bis 1594 „königsfrei". Um wieder selbst „Herr im eigenen Hause" zu werden, berief Heinrich III. die Generalstände in die Stadt an der Loire ein. Nachdem er von dort „aus noch einmal vergeblich den Versuch unternommen hatte, sich selbst an die Spitze der Liga zu stellen, beschloß er, das Gesetz des Handelns an sich zu reißen, und ließ [am 23./24. Dezember 1588] die anläßlich der Generalständeversammlung von 1588 in Blois weilenden Anführer der Liga, Herzog Heinrich I. von Guise und seinen Bruder, den Kardinal [Ludwig] von Lothringen ermorden" (Hinrichs).

Es war ein „Majestätsakt“, ein Agieren des Königs als oberster Richter und – aus seiner Sicht – eine exemplarische Bestrafung von Staatsverbrechern, die sich des Majestätsverbrechens schuldig gemacht hatten. Bei näherer Betrachtung war die Ermordung Heinrichs von Guise und seines Bruders – Mord für die einen, gerechte Bestrafung für die anderen – wohl beides zugleich. So konstatierte der Memoirenschreiber Pierre de L'Estoile (1546–1611) in seinem 1574 begonnenen „Journal d'un bourgeois de Paris“, dass „einem jeden großen Akt ein gewisses Maß an schwerer Ungerechtigkeit anhaftet, die indessen dadurch kompensiert wird, dass dieser Akt im Interesse des öffentlichen Wohls erfolgt“ (Französisches Originalzitat bei Pierre de L'Estoile).

Wie schon das Massaker der Bartholomäusnacht erwies sich auch dieser Majestätsakt nicht als Befreiungsschlag. Die Lage in den Provinzen und das Geschehen in Paris radikalisierten sich noch mehr und nahmen zeitweilig sogar revolutionäre Formen an. Neben der der Liga damals treu ergebenen Pariser Stadtobrigkeit etablierte sich das „Komitee der Sechzehn“. Es handelte sich dabei um ein Insurrektionsregime. Selbst die altehrwürdige Sorbonne stellte sich in ihrer Mehrheit in den Dienst des neuen Regiments und entband alle Franzosen von ihrer Treuepflicht gegenüber dem König. Schließlich ernannte das Pariser Parlament im März 1589 den Herzog Karl von Mayenne, einen jüngeren Bruder des 1588 in Blois ermordeten Herzogs Heinrich von Guise, zum „Generalstatthalter des Königlichen Staates und der Krone Frankreichs“.

Der legitime König Heinrich III. musste auf diesen Akt offener Rebellion reagieren. Auch Heinrich von Navarra und die Konföderation der Provinzen mussten gegenüber der auch für sie brandgefährlichen Entwicklung Stellung beziehen. Diese dramatischen Vorgänge erhielten durch die immer offener sich vollziehende Intervention Philipps II. zu Gunsten der Liga und Mayennes auch eine außenpolitisch höchst gefährliche Dimension. Durch seine Intervention eskalierte Madrid die innerfranzösische Lage in eigenem Interesse, das letztlich darauf abzielte, eine dynastische Lösung in Frankreich herbeizuführen, die Spanien genehm war.

Konfrontiert mit dieser weiteren Eskalation erkannten Heinrich III. und Heinrich von Navarra, beide „Träger der Legitimität“ (Ilja Mieck), dass nur ihr gemeinsames Agieren, die Vereinigung der militärischen Kräfte, über die sie verfügten, sowie die gegenseitige Abstimmung ihres politisch-militärischen Vorgehens die Chance eröffneten, den revolutionären Umtrieben der Ligisten, dem Auseinanderbrechen der Monarchie in quasi unabhängige politische Gebilde und der sich im ganzen Lande ausbreitenden allgemeinen Not Einhalt zu gebieten, den Bürgerkrieg zu beenden sowie die Macht der Krone und geordnete Verhältnisse in der Monarchie wiederherzustellen. Schließlich kam es am 30. April 1589 in Plessis-lès-Tours, im heutigen Departement Indre-et-Loire gelegen, zum Treffen beider Monarchen. Bereits zuvor hatten sie Verhandlungen geführt, die in einen Vertrag mündeten, der am 3. April unterzeichnet worden war.

In diesem Vertrag war ein Waffenstillstand zwischen Heinrich III. und Heinrich von Navarra geschlossen worden, der realiter eine Offensivallianz gegen die rebellierenden Ligisten war. Heinrich von Navarra hatte zugesagt, gegen die Ligisten zu kämpfen und die von ihm eroberten Plätze – bis auf einen im Gerichtsbezirk einer „baillage“, den er in seiner Gewalt behalten durfte – an Heinrich III. zu übergeben. Seither kämpften die beiden Heinriche gemeinsam und begannen ihren Vormarsch (Mai bis Juli 1589) auf das sich in den Händen der Rebellen befindende Paris. „Trotz der Erfolge bei Senlis [nördlich von Paris] und Bonneval [im heutigen Departement Eure-et-Loire gelegen] war in diesem Kampf auf Leben und Tod zwischen dem legitimen und dem revolutionären Herrscher [Herzog Karl von Mayenne] Frankreichs nichts entschieden, als Heinrich III., den der Papst im Mai exkommuniziert und abgesetzt hatte, am 1. 8. 1589 [in Saint-Cloud] einem Attentat zum Opfer fiel“ (Mieck).

Wenn dieser Mord auch die Tat eines radikalisierten Einzelnen, des Dominikanermönchs Jacques Clément (1567–1589) war, so hatten die Ligisten durch ihre eindeutigen Flugschriften und Verlautbarungen den Boden für eine solche Tat bereitet. In einschlägigen Traktaten der katholischen und calvinistischen Monarchomachen war außerdem in jenen Jahrzehnten die Auffassung propagiert worden, dass Widerstand gegen einen tyrannischen Herrscher bis hin zu seiner Ermordung gerechtfertigt sei.

Auf dem Sterbebett erklärte Heinrich III. den unmittelbar nach dem Attentat herbeigeeilten Heinrich von Navarra zum legitimen Thronfolger. Im Angesicht seines Todes soll der letzte Valois-König folgende Worte an seinen Schwager gerichtet haben. „Mein Bruder, ich fühle es sehr wohl, dass das Recht auf Eurer Seite ist, wofür ich gearbeitet habe, um Euch zu erhalten, was Gott Euch gegeben hat; das hat mich in die Lage gebracht, in der Ihr mich seht. Ich bereue es keineswegs, denn das Recht, dessen Beschützer ich immer gewesen bin, will, dass Ihr mir in diesem Königreich nachfolgt, in dem Ihr mit vielen Widerständen konfrontiert werdet, wenn Ihr Euch nicht entschließt, die Religion zu wechseln. Sowohl für Euer Seelenheil als auch im Interesse des Guten, das ich Euch wünsche, ermahne ich Euch dazu“ (Französischer Originaltext bei Chevallier).

König Heinrich III. forderte im Angesicht seines Todes alle an seinem Sterbelager Versammelten auf, Heinrich von Navarra als legitimen Nachfolger anzuerkennen und ihm die Treue zu schwören, was auch geschah. Das Attentat des Dominikanermönches hatte zur Folge, was von der Mehrheit der katholischen Franzosen seit dem Ableben des Herzogs von Anjou im Jahre 1584 befürchtet worden war. Als Heinrich III. am 2. August 1589 gegen 2 Uhr in der Nacht seinen Verletzungen erlag, war sein legitimer Nachfolger ein Hugenotte, der Erste Prinz von Geblüt Heinrich von Bourbon, König von Navarra. Damit gelangten die Bourbonen auf den Thron Frankreichs. Drei Tage später, am 5. August, proklamierte jedoch der ligistische „Unionsrat“ den bereits genannten Kardinal und Erzbischof von Rouen, Charles de Bourbon, als Karl X. zum König von Frankreich. Diese demonstrative Proklamation war in machtpolitischer Hinsicht ein recht bedeutungsloser Akt, denn der Proklamierte befand sich seit der Ermordung der Guise (Dezember 1588) in Haft und war ein Gefangener seines königlichen Neffen Navarra. Die reale Macht auf katholisch-ligistischer Seite lag zum damaligen Zeitpunkt in den Händen des Herzogs von Mayenne.

Gemäß der in Frankreich geltenden Thronfolgeordnung war Heinrich von Navarra seit dem frühen Morgen des 2. August 1589 als Heinrich IV. legitimer König Frankreichs. Aber die übergroße Mehrheit der Franzosen versagte ihm, dem mehrfach rückfällig gewordenen Häretiker, die Anerkennung. Auch die meisten Adligen, die ihn am Sterbelager Heinrichs III. auf dessen Aufforderung hin als Thronfolger anerkannt und ihm die Treue geschworen hatten, stellten bereits am folgenden Tag für ihr Festhalten an ihrem Schwur und damit an seiner Anerkennung als legitimen König Bedingungen, die einem Ultimatum gleichkamen. Navarra lehnte zwar diese ultimative Form, in der ihm die Bedingungen gestellt wurden, ab, denn in dieser für ihn höchst komplizierten und unsicheren Lage konnte er die Unterstützung durch die Hugenotten nicht aufs Spiel setzen, andererseits musste er als König *aller* Franzosen aber gegenüber der großen katholischen Mehrheit Kompromissbereitschaft signalisieren. Deshalb sagte er nach langen Verhandlungen in einer „Erklärung“ vom 4. August 1589 zu, dass er die katholische Religion in der Monarchie uneingeschränkt erhalten, keine Änderungen hinsichtlich des Dogmas und der Kirchendisziplin veranlassen und geistliche Benefizien nur Katholiken übertragen wolle. Zur Problematik der von ihm erwarteten Rückkehr zum katholischen Glauben erklärte er, dass er bereit sei, sich von einem General- oder Nationalkonzil unterrichten zu lassen. Dieses Konzil solle innerhalb einer Frist von sechs Monaten zusammentreten. Außerdem bestätigte er sämtliche katholische Amtsinhaber und Funktionsträger in ihren Chargen. Gleiches galt für den Besitz, die Privilegien, Würden und Rechte der Prinzen, Herzöge, Adligen und der „guten Untertanen“, der „bons sujets“.

Den Reformierten sicherte Heinrich IV. den weiteren Besitz der sich in ihren Händen befindenden Städte zu. Die den Ligisten entrissenen befestigten Plätze sollten jedoch – mit Ausnahme einer Stadt pro „baillage“ (Gerichtsbezirk) – nur katholischen Gouverneuren überlassen werden. Die Ausübung des reformierten Bekenntnisses gestattete er in den Herrenhäusern und Schlössern der calvinistischen Adligen sowie in der Öffentlichkeit an denjenigen Orten und Plätzen, wo dies den Calvinisten bereits durch entsprechende Edikte erlaubt worden war oder in Zukunft gestattet werden sollte. Schließlich kündigte Heinrich IV. an, innerhalb der kommenden sechs Monate die Generalstände einzuberufen.

Mit diesem geschickten Lavieren gewann der Bourbone zwar Zeit, die er zur Festigung seiner instabilen und gefährdeten Position als König dringend benötigte, aber nicht – zumindest nicht sofort – die Akzeptanz und die Herzen der großen Masse der Franzosen. Damit hat er in realistischer Beurteilung seiner damaligen Lage und der gegebenen politisch-militärischen Verhältnisse wohl auch selbst nicht gerechnet. Heinrich IV. blieb in den Augen der übergroßen Mehrheit der katholischen Franzosen bis auf weiteres der „Chef der Hugenottenpartei". Wenn ihn diese Mehrheit der Franzosen auch nicht wie die radikalen Anhänger der Liga geradezu haßerfüllt bekämpfte, so versagte sie ihm – sieht man von einigen Ausnahmen ab – ihre Gefolgschaft und die Anerkennung als legitimer König. Heinrich IV. musste also kämpfen, um seine Gegner niederzuringen, seine Krone zu sichern, seine Autorität als König in der Monarchie durchzusetzen und um Frankreich dauerhaft zu befrieden.

VII.
Heinrichs IV. Kampf um die Anerkennung als legitimer König und sein Ringen um die Befriedung Frankreichs (1589–1598)

Die „Erklärung" Heinrichs IV. vom 4. August 1589, in der er den Katholiken zugesichert hatte, den katholischen Glauben in Frankreich uneingeschränkt zu erhalten, den Reformierten den weiteren Besitz der sich in ihren Händen befindlichen Städte nicht streitig machen zu wollen und sich selbst von einem General- oder Nationalkonzil im Hinblick auf seine Rückkehr zur katholischen Konfession unterrichten zu lassen, war zwar in der Form eines vom König allein ausgehenden Signals zur Versöhnung erfolgt, sie war aber realiter ein Vertrag zwischen ihm und den Adligen der königlichen Armee und den damals in Saint-Cloud präsenten Amtsträgern der Regierung. Es war Heinrich IV. sehr daran gelegen, sich die Unterstützung von Angehörigen hochgestellter und mächtiger Adelsfamilien zu verschaffen, deren Verhalten in der Monarchie mit Aufmerksamkeit zur Kenntnis genommen wurde und deren Wort im Lande etwas galt.

Von besonderer Bedeutung für Heinrich IV. war, dass er in diesem Vertrag als legitimer König gemäß dem Fundamentalgesetz der Monarchie, das die Thronfolge regelt, anerkannt wurde. Dies geschah indessen unter der Bedingung, dass er keine Neuerungen in Sachen der Religion veranlasse und dass er bereit sei, sich im katholischen Glauben unterweisen zu lassen, was faktisch bedeutete, dass er eine Rückkehr in den Schoß der katholischen Kirche in Aussicht stellte. So wie dieser Vertrag formuliert worden war – nämlich als Kompromiss zwischen den Positionen Heinrichs IV. und den Forderungen der Unterzeichner –, erwies er sich schließlich aber nicht als geeignet, die übergroße Mehrheit des Adels und die Masse der Einwohner der königstreuen Städte – ganz zu schweigen von den militanten Anhängern der Liga – zu überzeugen und sie als Unterstützer der Sache Navarras zu gewinnen. Dieser Fehlschlag manifestierte sich alsbald, als die bei Saint-Cloud versammelte große Armee wie Schnee an der Sonne dahinschmolz.

Zwar blieben einige der Getreuen des ermordeten Königs Heinrich III. auch Heinrich IV. ergeben. So gelang es Marschall Armand von Biron (1524–1592), Navarra die Loyalität der Schweizer Garde zu sichern. Und der Oberstallmeister Roger de Saint-Lary de Termes, sieur de, später duc de Bellegarde (1562–1646), führte einen großen Teil des Hofstaates Heinrichs III. an die Seite Heinrichs IV. Diesen bemerkenswerten Loyalitätsbekundungen stand aber eine signifikante Zahl Abtrünniger gegenüber. So zog sich zum Beispiel der Siegelbewahrer François de Montholon, der in Abwesenheit des Kanzlers die Edikte und Erlasse des Königs siegelte und somit ein wichtiger Amtsträger in der Regierungsmannschaft war, vom Hof zurück. Aber folgenreicher war die Tatsache, dass von der bei Saint-Cloud versammelten großen königlichen Armee, deren Zahl sich kurz vor dem Tod Heinrichs III. noch auf rund 40 000 Mann belaufen hatte, Heinrich IV. im Herbst 1589 nur noch rund 18 000 zur Verfügung standen (Buisseret).

Im Hinblick auf die verschiedenen Regionen und Landesteile der Monarchie konnte Heinrich IV. – abgesehen von seinen Machtbastionen Béarn, Navarra, Guyenne, Gascogne – schließlich nur noch einige wenige Provinzen unter seiner Kontrolle behalten: es waren das die Dauphiné, das östliche Languedoc und das Nivernais. Von den bedeutenderen Städten blieben dank der Entscheidungen ihrer Gouverneure Bordeaux, Angers und Blois königstreu. Aber auch Rennes schloß sich bald Heinrich IV. an.

Der größere Teil der Provinzen befand sich indessen unter der Kontrolle der Liga. Im Norden der Monarchie waren es die Bretagne, Maine, das Berry, die obere Normandie, die Picardie, die Ile-de-France, die Champagne und Burgund. Im Süden dominierte die Liga in der Provence, im westlichen Languedoc, im Comminges und in einem Teil der Guyenne. Wenn hier von Liga-Provinzen die Rede ist, so muss betont werden, dass sich im Hinblick auf die konkreten Erscheinungsformen der Liga-Herrschaft und der sozialen Zugehörigkeit der Ligisten in den von ihnen dominierten Provinzen und Städten zwar generelle gemeinsame Charakteristika, aber auch unterschiedliche „Modelle“ beobachten lassen. Darauf ist aber hier nicht näher einzugehen.

Generell wiesen die ligistischen Formationen folgenden gemeinsamen Charakter auf: Ihre Angehörigen einigte die von ihnen manifestierte Inbrunst, Buße zu tun für ihre Sünden, und ihre Forderung, die katholische Kirche müsse sich inneren Reformen öffnen. In Paris und Orléans wurden Jesus-Bruderschaften gegründet, deren Mitglieder die tägliche Gewissensprüfung praktizierten und sehr häufig zur Kommunion gingen. Außerdem formierten sich in den Städten der Liga zahlreiche Bußbruderschaften. Die Ligisten waren davon überzeugt, dass sie in der Erwartung des nahenden Endes permanent die Blicke Gottes auf sich gerichtet sähen. Und wenn sie die existierenden Hierarchien anfochten, dann taten sie das zum großen Teil deshalb, weil sie diese der spirituellen Ordnung unterwerfen wollten.

Auf den Verlauf des faktisch bis April 1598 andauernden achten Bürgerkriegs ist hier nicht im Detail einzugehen. In diesem Krieg, der oft den Charakter eines Guerillakampfes hatte, konnte Heinrich IV. zwar eine Reihe mehr oder minder hart erfochtener Erfolge erzielen, der alles entscheidende militärische und politische Durchbruch gelang ihm indessen nicht. Gleiches gilt für die unter der Führung von Mayenne kämpfenden ligistischen Truppen. Auch wenn Heinrich IV. ein sehr guter Diplomat und ein gewiefter militärischer Taktiker war, über besondere strategische Fähigkeiten verfügte er nicht. Außerdem hatte er trotz finanzieller und militärischer Hilfen, die ihm England und einige protestantische deutsche Reichsfürsten – aber zumeist in geringerem Umfang als von ihm erwünscht – zukommen ließen, stets mit erheblichen materiellen Problemen zu kämpfen, um seine königlichen Truppen immer wieder mobilisieren zu können. Ohne die kontinuierliche Unterstützung durch die Hugenotten hätte sich Heinrich IV. auf Dauer nicht gegen seine Gegner behaupten können. Aber auch bei den Hugenotten, insbesondere bei den intransigenten Calvinisten, manifestierte sich ein wachsendes Unbehagen, ja ein sich steigerndes Misstrauen gegenüber einem König, dessen Übertritt zum katholischen Glauben kurz über lang wohl absehbar war.

Die von Heinrich IV. zu protestantischen Reichsfürsten aufgebauten Kontakte konzentrierten sich zunächst immer wieder auf die Bereitstellung militärisch-finanzieller Hilfsleistungen. Auf seiten der protestantischen Reichsstände – im wesentlichen Sachsen, Sachsen-Anhalt, Hessen-Kassel – spielten neben religiösen Motiven vor allem politische Gründe eine Rolle. „Auch wenn im Reich keine Bürgerkriege tobten, die Reichsstände der neugläubigen Fürsten und Städte gerieten zunehmend unter Druck. Das machtpolitische Übergewicht und die gegenreformatorische Offensive Spaniens machten Heinrich IV. und protestantische Teile des Reiches zu natürlichen Verbündeten. [...] So wurden die Durchsetzung der legitimen Herrschaft Heinrichs IV. und die Festigung der reichsständischen Libertät zu ideologischen Eckpfeilern der politisch-militärischen Kooperation zwischen Frankreich und den protestantischen Reichsständen“ (Beiderbeck).

Allerdings achteten die Reichsstände sehr darauf, nicht in einen offenen Krieg mit Spanien hineingezogen zu werden, denn das hätte ihre Position im Reich gegenüber den katholischen Reichsständen und dem Kaiser schwer belastet und somit ihre eigene Existenz letztlich in Gefahr gebracht. Deshalb galt für die protestantischen Reichsstände als handlungsleitende Maxime, Heinrich IV. nur soviel Unterstützung zu gewähren, wie es ihnen erforderlich erschien, um seine Niederlage im Kampf um die Anerkennung als legitimer französischer König zu verhindern und auf diese Weise letztlich Frankreichs Fähigkeit zu stärken, sich den spanischen Ambitionen auf Vorherrschaft erfolgreich entgegenstellen zu können. Dabei achteten die betreffenden Reichsstände sehr darauf, sich durch den Abschluss eines festen Bündnisses mit Heinrich IV. nicht selbst zu einer aktiven Partei „auf einem ausländischen Kriegsschauplatz machen zu lassen und (dadurch) die katholischen Reichsstände zu einer ähnlichen Parteinahme zu provozieren“ (Beiderbeck).

Bis in das Jahr 1593 gelang es Heinrich IV. nicht, sich mit militärischen Mitteln gegen seine Feinde durchzusetzen und der Lage in der Monarchie Herr zu werden. Vergeblich versuchte er 1590, 1591 und 1592, durch Blockaden Paris, in dem seit 1590 auch eine spanische Garnison stationiert war, zur Aufgabe zu zwingen und damit das Zentrum der Liga, genauer das ligistische Regime der „Seize“ (Sechzehn), auszuschalten. Im Gefolge der langen Blockade der Kapitale, die von April bis August 1590 andauerte und bei der diese weitgehend von der Versorgung mit Lebensmitteln abgeschnitten war, starben dort ca. 40 000 bis 45 000 Einwohner an Unterernährung und an den daraus resultierenden Krankheiten. Ob die enorme Zahl von Toten, die Heinrich IV. mit seiner rigorosen Blockade in Kauf genommen hatte, das Gewissen des Königs damals belastet hat, darüber gibt es keine verläßlichen Quellenangaben.

Die große Belagerung von Paris hatte Heinrich IV. abbrechen müssen, weil Alexander Farnese, Herzog von Parma (1545–1593), aus den (spanischen) Niederlanden mit einem Entsatzheer angerückt war. Farnese war der Sohn von Margarete von Österreich, einer illegitimen Tochter Kaiser Karls V. Sie war von 1506 bis 1530 Statthalterin der (spanischen) Niederlande. Seit 1578 war Farnese dort Statthalter. Er intervenierte 1592 erneut in Frankreich und beendete damit die Blockade Rouens durch Heinrich IV. Nachdem der König die Belagerung von Paris hatte abbrechen müssen, bemühte er sich, durch seine Gesandten die protestantischen Reichsstände zu einer Wiederaufnahme ihrer materiellen Zuwendungen zu veranlassen. Seine Bemühungen waren auch erfolgreich. Allerdings lehnten die Reichsstände den Abschluss eines festen Bündnisses erneut ab. „Die Devise, Heinrich IV. nur soviel Unterstützung zu gewähren, wie notwendig sein würde, um seine Niederlage zu verhindern und Frankreichs Rolle als Widerstand gegen eine spanische Übermacht zu festigen, sollte weiterhin gültig bleiben“ (Beiderbeck).

In den Jahren des unentschiedenen Ringens zwischen Heinrich IV. und dessen Gegnern manifestierten sich bei letzteren die schon seit einiger Zeit latent vorhandenen Differenzen. So traten bei den Ligisten zunehmend Spannungen auf, die dem König nicht verborgen blieben und die er geschickt für sich zu nutzen verstand. Je länger desto weniger konnte sich Heinrich IV. aber der Einsicht verschließen, dass er seiner bereits angekündigten Bereitschaft, sich über die dogmatischen Grundlagen des katholischen Glaubens durch ein General- oder Nationalkonzil informieren zu lassen, entsprechende Taten folgen lassen müsse. Ihm war klar, dass das als ein Signal für seinen möglichen Konfessionswechsel verstanden werden würde. Er war sich aber in zunehmendem Maße bewusst geworden, dass ein weiteres Lavieren in dieser entscheidenden Problematik seinem zentralen Ziel sehr schaden würde, als König Frankreichs schließlich von allen Franzosen anerkannt zu werden.

Das einstweilige Festhalten am Lavieren in dieser für die große Mehrheit der französischen Katholiken so entscheidenden Frage hatte vielmehr den selbst von gemäßigten Katholiken auf den König ausgeübten Druck noch gesteigert. Unter ihnen ließen sich Stimmen vernehmen, dass man sich schließlich auch auf einen katholischen Bourbonen als König einigen könne, auch wenn diese Wahl nicht der „loi salique“ entsprechen sollte, die die Thronfolge in Frankreich regelte. Verschiedene Entwicklungen und Ereignisse haben den sich bei Heinrich IV. vollziehenden Erkenntnisprozess gefördert, ja schließlich beschleunigt.

Da ist einmal darauf hinzuweisen, dass im Lager der Ligisten immer mehr Risse auftraten. So manifestierten sich zwischen dem adligen Kern und der popularen Basis der Liga tiefgehende ideologische Gegensätze, die latent und unter der Oberfläche bereits seit längerem vorhanden waren. Andererseits empfand Mayenne seine materielle Abhängigkeit von Philipp II., der zudem immer offener weitreichende Ambitionen in Frankreich realisieren wollte, in zunehmendem Maße als belastend, weil sie seine politischen Aktionsmöglichkeiten ganz wesentlich einschränkten.

Als am 8. Mai 1590 der Kardinal von Bourbon, der „Gegenkönig“ Karl X., starb, traten die Auseinandersetzungen innerhalb der Liga einerseits sowie zwischen den führenden Ligisten und Philipp

II. andererseits über die Frage, wer dem „Gegenkönig“ nachfolgen sollte, deutlich zutage. Die verschiedenen Fraktionen und Strömungen innerhalb der Ligisten konnten sich über einen geeigneten Kandidaten nicht einigen. Die seit 1589 nach und nach offenbar werdende Intention Philipps II., als Schwiegersohn des französischen Königs Heinrich II. für seine Tochter, die Infantin Isabella Clara Eugenia von Spanien (1566–1633), gewisse Erbansprüche auf die französische Krone geltend zu machen, zumindest aber seine Vision einer engen dynastischen Verbindung zwischen Spanien und Frankreich zu realisieren, erzeugten nach dem Tod Karls X., als sich die Ambitionen Philipps II. konkretisierten, nicht nur auf seiten der gallikanischen Monarchisten, sondern auch in Kreisen der Ligisten für Unruhe, geradezu für Empörung.

Madrid forcierte seit Mai 1590 nachdrücklich in der Frage der Einsetzung eines „Gegenkönigs“ ein Arrangement, das die Infantin Isabella in jedem Fall mit einschloss. Auf diese Weise beabsichtigte die spanische Krone, ihren politischen Einfluss in Frankreich auszubauen. In diesem Sinne setzte Philipp II. Mayenne unter zunehmendem Druck und drängte ihn schließlich im Jahre 1592 dazu, die Generalstände einzuberufen. Von der Versammlung der Generalstände erhoffte sich der spanische König eine Unterstützung seines dynastischen Projekts. Mayenne hatte sich dem immer stärker werdenden Drängen Philipps II. lange widersetzt, bis er schließlich – nicht zuletzt aufgrund seiner materiellen und finanziellen Abhängigkeit von Madrid – nachgab und im Dezember 1592 die entsprechenden Einberufungsschreiben versenden ließ. Die Versammlung der Generalstände wurde schließlich am 26. Januar 1593 in Paris eröffnet. Heinrich IV. erklärte am 27. Januar 1593, also einen Tag nach der Eröffnungssitzung, die Generalstände für illegal. Mayenne wurde wegen seines – aus der Sicht des Königs – illegalen Vorgehens beschuldigt, ein Majestätsverbrechen begangen zu haben.

Philipp II. von Spanien hatte vor Eröffnung der Versammlung der Generalstände die Stadt Noyon, die nur dreißig Meilen von Paris entfernt war, von seinen Truppen besetzen lassen. Auf diese Weise erhöhte er den Druck auf die Deputierten. Zudem hatte er durchsetzen können, dass sein Vertreter in Paris, der Herzog von Feria, der am 2. April in Paris eingetroffen war, zu den Beratungen der Versammlung zugelassen wurde. Er agierte aber sehr ungeschickt, sodass es ihm trotz des Einsatzes beträchtlicher finanzieller Mittel nicht gelang, eine Mehrheit für die Annahme der von ihm unterbreiteten dynastischen Projekte zustande zu bringen. Vielmehr steigerte er mit seinem Vorgehen die in der Versammlung bereits ohnehin gegebenen Differenzen. Diese eskalierten schließlich zu einem offenen Eklat, als die spanische Seite es ablehnte, die spanische Infantin Isabella mit einem französischen Kandidaten zu verheiraten, einem Kandidaten, der dann als Gegenkönig und Nachfolger des verstorbenen Karls X. etabliert werden sollte. Die weiteren Debatten der Generalstände endeten in völliger Konfusion. Deren letzte Sitzung fand schließlich am 8. August 1593 statt.

Der kontroverse Verlauf der Generalständeversammlung hatte gezeigt, dass die radikalen Ligisten und die spanische Seite keine Mehrheit für die jeweils von ihnen favorisierte Lösung zur Regelung der katholischen Thronfolge finden würden. Durch sein geschicktes Agieren hat Heinrich IV. wesentlich dazu beigetragen. Der König ließ es nicht bei seiner Deklaration vom 27. Januar 1593 bewenden, mit der er die Einberufung der Generalstände durch Mayenne für illegal erklärt hatte. Am selben Tag hatte er nämlich den versammelten Deputierten in einem zweiten Akt signalisiert, dass der Friede nur durch eine Serie von Konferenzen, an denen Delegierte der Generalstände und Repräsentanten des Königs teilnehmen sollten, erreichbar sei. Über einige katholische Hochadlige seiner engeren Umgebung ließ er der Versammlung eine dementsprechende „Proposition“ zukommen.

Heinrich IV. hatte sich zu diesem Schachzug nicht nur kurzfristig entschlossen, weil ihm die unter den Deputierten offen ausgetragenen Konflikte die Zerrissenheit der Generalstände offenbart hatten und er erkannt hatte, dass sich ihm damit Chancen für eigene Initiativen eröffneten, sondern auch, weil ihn bereits im Oktober 1592 ein Teil der „Politiker“ eindringlich ersucht hatte, zu konvertieren. Man nannte diese Gruppe der „Politiker“ alsbald die „Mahner“. Diese und von anderer Seite an ihn herangetragenen entsprechenden Aufforderungen hatten sicherlich bei der Entscheidung Heinrichs IV. vom 27. Januar 1593 ebenfalls eine Rolle gespielt. Gegen den heftigen Widerstand der Ligisten, aber mit Zustimmung der Parteigänger Mayennes erkärte sich am 25./26. Februar und am 9. März eine Mehrheit der Deputierten der Generalstände bereit, auf die „Proposition“ Navarras positiv zu reagieren. Auf der Grundlage dieser Entscheidung nominierten die Generalstände zwölf Vertreter, die in die vom König ins Spiel gebrachte Konferenz entsandt werden sollten.

Die Teilnehmer dieser Konferenz traten am 29. April in Suresnes, in der Nähe von Paris gelegen, zu einer ersten Sitzung zusammen. Vergeblich hatte sich der Repräsentant Philipps II., der Herzog von Feria, bemüht, das Zustandekommen dieser Konferenz zu verhindern. Von königlicher Seite wurden acht hochrangige katholische Persönlichkeiten entsandt, die sich zumeist erst relativ kurz zuvor Heinrich IV. angeschlossen hatten, die aber gleichwohl das Vertrauen des Königs besaßen. Es waren dies u. a. der Erzbischof von Bourges, Ronald von Beaune (1527–1606), Pomponne de Bellièvre (1529–1607), der von 1599 bis zu seinem Tod im Jahre 1607 als Kanzler amtieren sollte, der berühmte Autor einer Universalgeschichte Jacques-Auguste de Thou (1553–1617) und Louis Revol, der Gouverneur von Saint-Denis, in dessen unmittelbarer Nähe Suresnes lag.

In den Beratungen, zu deren Sicherheit ein zunächst relativ kurz befristeter, dann aber verlängerter Waffenstillstand sowohl für den Konferenzort als auch für dessen nähere Umgebung zustande kam, wurde sehr schnell deutlich, dass die beteiligten Vertreter der Generalstände Heinrich IV. die ihm gemäß dem Salischen Gesetz und altehrwürdiger Tradition zustehende Thronfolge im Prinzip nicht bestritten, sondern dies nur wegen seines calvinistischen Glaubens taten. Der Erzbischof von Bourges, Renaud de Beaune, der als enger Vertrauter Heinrichs IV. dessen Interessen in Suresnes wahrnahm, hatte dazu sehr geschickt den Boden bereitet. Am 10. Mai hatte er den Protagonisten der Liga, die vom Erzbischof von Lyon Pierre d'Épinac angeführt wurden, die Frage gestellt, ob sie einen katholischen König Heinrich IV. wünschten. Er hatte dieses zentrale Problem in folgender Weise angesprochen und gefragt: „Was antworten Sie uns im Hinblick auf die Konversion des Königs? Möchten Sie uns nicht dabei unterstützen, ihn zu einem Katholiken zu machen?" (Französischer Originaltext bei Bayrou). Der Erzbischof von Lyon antwortete darauf mit den Worten: „Möge es Gott gefallen, dass er ein sehr guter Katholik werde" (Französischer Originaltext ebenda).

In den folgenden Tagen gingen die Gespräche weiter. Selbstverständlich verfolgte sie Heinrich IV., der sich über seine jeweiligen Reaktionen mit seinen engsten Getreuen abstimmte, mit größter Aufmerksamkeit. Schließlich hielt er den Zeitpunkt für gekommen, den Erzbischof von Bourges erklären zu lassen, dass er die Absicht habe, der reformierten Religion abzuschwören. Renaud de Beaune gab diese Erklärung, die von der großen Mehrheit erhofft wurde, aber die für sie dann doch überraschend kam, am 17. Mai ab. In dieser Erklärung hieß es, dass der König „erkannt habe und es für richtig halte, dieses zu tun". Einen Tag zuvor hatte Heinrich IV. den Staatsrat über seine Entscheidung informiert. Gleichzeitig ergingen entsprechende Schreiben an alle französischen Prälaten. Ebenfalls am 17. Mai 1593 gab Heinrich IV. gegenüber den Hugenotten die Zusicherung ab, dass bei den Verhandlungen von Suresnes keine Veränderungen hinsichtlich der ihren rechtlichen Status und ihren Glauben betreffenden Edikte und Gesetze erfolgen würden.

Wie schon mehrfach in der Vergangenheit machte aber Heinrich IV. dieses Mal erneut seine Konversion zum Katholizismus davon abhängig, dass er zuvor von einem dafür geeigneten Gremium von Theologen über die Grundlagen des katholischen Glaubens gründlich unterwiesen werden wolle. Der Erzbischof von Bourges hatte nämlich in seiner Erklärung vom 17. Mai auch gesagt, dass dem Glaubenswechsel des Königs eine entsprechende Unterweisung vorausgehen solle. Wenn der König die Entscheidung in seinem tiefsten Inneren wohl schon seit einiger Zeit getroffen hatte, über deren Gründe und Motive später zu sprechen sein wird, so hielt er sich mit der Wiederholung entsprechender früherer Äußerungen nach außen hin alle Optionen weiterhin offen.

Es gab verschiedene Möglichkeiten, diese Unterweisung des Königs organisatorisch zu realisieren. Da ist zunächst das große und nationale Generalkonzil zu nennen, von dem Navarra unmittelbar nach dem Tod Heinrichs III. selbst gesprochen hatte. Eine so große Versammlung barg aber zweifellos die Gefahr in sich, dass in Anbetracht der vielen Teilnehmer alsbald die dogmatischen – und wohl auch die dahinter verborgenen politischen – Differenzen zwischen den „Parteien" sowie die zweifellos auf allen Seiten ebenso vorhandenen Ressentiments aufeinander prallten, sodass das ganze Unternehmen letztlich scheitern werde. Aus diesen pragmatischen Gründen entschied sich Heinriich IV. für eine kleinere Konferenz, die nach Saint-Denis, also unweit von Suresnes, einberufen wurde und an der rund zwanzig Bischöfe teilnahmen.

Gleichwohl bezeichnete man diese Konferenz als „Nationalkonzil", wofür es gute Gründe gab. Es ging dabei einmal um die spirituelle Legitimität der Versammlung. Wie bereits in anderem Zusammenhang dargelegt, hatte der Papst Heinrich IV. exkommuniziert. Deshalb stellte sich das kirchenrechtliche Problem, ob eine Versammlung französischer Prälaten sich dem Urteil und der Entscheidung Roms substituieren und den König nach entsprechender Unterweisung und dessen Reue diesen wieder in den Schoß der katholischen Kirche aufnehmen dürfe. Man löste dieses Problem, indem man wie folgt argumentierte: Heinrich IV. befinde sich in ständiger Todesgefahr, denn ihm drohe, dasselbe Schicksal zu erleiden wie Heinrich III. seligen Andenkens, der ja einem Attentat zum Opfer gefallen sei. Tatsächlich hatte es bereits in den Jahren zuvor mehrere Versuche gegeben, Navarra zu töten. Aufgrund dieses Sachverhaltes könne man im vorliegenden Fall die kanonischen Regeln anwenden, die für einen Sterbenden vorgesehen sind. Einem Sterbenden könne ein einfacher Priester die schwersten Sünden vergeben und diesen, nachdem er Reue gezeigt und eindringlich um Vergebung seiner Sünden gebeten habe, die Absolution erteilen und ihn selbst nach einer zuvor vom Papst verfügten Exkommunikation wieder in den Schoß der katholischen Kirche aufnehmen. Heinrich IV. könne später den Papst ersuchen, diesem Verfahren sein nachträgliches Plazet zu erteilen.

Bei der Entscheidung der französischen Prälaten, in eigener Verantwortung auf dieses Verfahren zu rekurrieren, hatten aber auch gallikanische Überzeugungen eine nicht zu unterschätzende Rolle gespielt. In der französischen katholischen Kirche war der Gallikanismus die maßgebende Form des Episkopalsystems. Kernelement des Gallikanismus war, dass dem Papst in Rom keine weltliche Gewalt zustehe und das allgemeine Konzil über ihm rangiere. Päpstliche Glaubensentscheidungen seien demzufolge nur mit der Zustimmung der Kirche unfehlbar. Darin manifestierte sich der Wunsch des französischen Klerus und der französischen Könige nach Autonomie von Rom. Berücksichtigt man diese Gegebenheiten, versteht man, warum die französischen Kleriker und Heinrich IV. die nach Saint-Denis einberufene Konferenz als „Nationalkonzil“ bezeichneten.

Am 23. Juli 1593 versammelten sich rund zwanzig französische Bischöfe in Saint-Denis als „Nationalkonzil“, von dem sich Heinrich IV. über den wahren katholischen Glauben „belehren“ lassen wollte. Am folgenden Tag kam der König mit vier Prälaten, unter ihnen der ihm nahestehende Erzbischof Renaud de Beaune, zur „Instruktion“ zusammen. In den dabei geführten Diskussionen erwies sich der König als exzellenter Kenner der erörterten theologisch-dogmatischen Probleme, was selbst die anwesenden Prälaten überraschte.

Bei den theologischen Debatten ließ der König aber nicht nur seine profunden Kenntnisse der behandelten Materien erkennen, sondern wiederholt auch seinen Humor und seine Schlagfertigkeit. Diese legte er zum Beispiel an den Tag, als man mit ihm über die Bedeutung des Fegefeuers, des Purgatoriums, sprach, und der König einige Reserven gegenüber diesem Problem äußerte. Er zog sich schließlich mit folgenden Worten aus der Affäre, die einerseits rein formaliter seine Hinnahme der ihm vorgetragenen Argumente, aber gleichzeitig auch seine nach wie vor vorhandenen Zweifel signalisierten. Es war sozusagen ein „vergifteter Pfeil, den er aus seinem Köcher zog“. Wie ein zeitgenössischer und alles in allem gut informierter Pariser Chronist berichtet, soll sich Heinrich IV. zur Problematik des Purgatoriums wie folgt geäußert haben: „[…] er sagte ihnen, dass er es glaube, aber nicht als Glaubensartikel, sondern als Glauben der

Kirche, dessen Sohn er sei; er glaube es aber auch, um ihnen eine Freude zu machen, weil er wisse, dass dieses das Brot der Priester sei […]" (Französischer Originaltext bei Bayrou). Die letzten Worte waren ein sarkastischer Hinweis auf den damals auch in Frankreich praktizierten Ablasshandel.

Es wäre aber eine völlige Fehlinterpretation, wollte man aus diesen Bemerkungen schlussfolgern, Heinrich habe die zur Debatte stehenden theologischen Fragen und Probleme sozusagen auf die leichte Schulter genommen. Die von ihm überlieferten Aussagen lassen nämlich erkennen, dass er um sein Seelenheil sehr besorgt war. So soll er sich gegenüber den Prälaten in dieser für ihn so zentralen Angelegenheit wie folgt geäußert haben: „Ich lege heute meine Seele in Ihre Hände. Ich bitte Sie, seien Sie sich dessen bewusst, denn von dort, wo Sie mich einzutreten veranlassen, werde ich nur durch den Tod wieder wegkommen. Darum geht es bei meinem Schwur und meiner Zusicherung" (Französischer Originaltext ebenda).

Im Hinblick auf die Eucharistie war er von der Realpräsenz Christi überzeugt. So habe er mit folgenden Worten dazu Stellung bezogen: „[…] man muss daran glauben, dass der Körper unseres Herrn wahrhaftig beim Abendmahl präsent ist, sonst wäre alles, was man in der Religion tut, nur eine Zeremonie" (Französisches Originalzitat bei Bayrou). Noch deutlicher kam seine Überzeugung von der Realpräsenz Christi in folgender Aussage zum Ausdruck, die er gegenüber seinen Gesprächspartnern machte: „Ich zweifele keineswegs daran, denn ich habe das immer geglaubt"(Französisches Originalzitat ebenda). Das war für einen Calvinisten eine bemerkenswerte Feststellung, denn für Calvin existierte diese Realpräsenz nicht.

Nach intensiven Gesprächen kam es im Verlauf des 24. Juli 1593 zu einer einvernehmlichen Einigung zwischen Heinrich IV. und den Prälaten über die Modalitäten des feierlichen Aktes der öffentlichen Abschwörung, der in der Basilika von Saint-Denis am folgenden Tag vollzogen werden sollte. Am Abend des 24. Juli nahmen die reformierten Pastoren, die bisher zum Hofstaat des Königs gehörten, ihren tränenreichen Abschied. Aber auch Heinrich IV. hatte Tränen in den Augen, als er sie noch einmal umarmte. Er versicherte ihnen, dass er ihrer Religion nie Unrecht tun werde. Danach ließ er sich sämtliche Schreiben zur Unterschrift vorlegen, die am 25. Juli an seine treuen Untertanen, an die Bewohner der Hugenottenhochburg La Rochelle, an die ligistischen Städte und an „einige Edelleute der Religion“ – das heißt an einige Edelleute, die sich zum reformierten Glauben bekannten – expediert werden sollten.

Der Inhalt des Schreibens an seine getreuen calvinistischen Weggefährten – vom 25. Juli 1593 – und die Art und Weise, in der es abgefasst ist, lassen erahnen, in welcher emotionalen Verfassung sich Heinrich IV. in jenen Stunden befunden hat. Darin versicherte der König ihnen, dass er den Glaubenswechsel nur für sich vornehme, dass dieser Schritt keine Veränderungen im Hinblick auf ihren reformierten Glauben und die bestehenden Edikte bedeute und auch nichts an seiner Zuneigung ändere, die er für diejenigen empfunden habe und empfinde, die sich zur reformierten Konfession bekennen. „Was ich getan habe, habe ich nur in sehr guter Absicht getan und hauptsächlich, weil man mir versichert hat, dass es dabei um mein Seelenheil geht. Ich habe es auch getan, um mich im Glauben nicht von den Königen, meinen Vorgängern auf dem Thron, zu unterscheiden, die glücklich und friedlich über ihre Untertanen regiert haben. Ich hoffe, dass Gott mir dieselbe Gnade zuteil werden lässt. Ich hoffe des weiteren, dass dank meiner Entscheidung nicht nur jeglicher Vorwand, sondern auch sämtliche Gründe für die Spaltung des Landes und die Revolten beseitigt werden, die gegenwärtig diesen Staat unterminieren. Es ist aber meine Absicht, dass dabei meinen Untertanen keine Gewalt und kein Zwang gegenüber ihren Gewissen angetan werden“(Französisches Originalzitat bei Bayrou).

Wie diese Worte erkennen lassen, waren bei seiner Entscheidung nicht nur persönliche religiöse Motive handlungsleitend, sondern auch die Tatsache, dass er sich aus Gründen der Legitimität ganz bewusst in die lange Reihe seiner katholischen Vorgänger auf dem Thron Frankreichs stellen wollte. Ihm war klar, dass die Zugehörigkeit zur katholischen Konfession für die französischen Könige, die den Ehrentitel eines „Allerchristlichsten Königs“ führten, einen zentralen Bestandteil ihrer Legitimität darstellte.

Heinrich IV. wird 1593 katholisch – © akg-images
Heinrich schwört im katholischen Glauben zu leben und zu sterben.

Am Morgen des 25. Juli 1593 fand die feierliche Zeremonie in der Basilika von Saint-Denis statt, in der Heinrich IV. den „gefährlichen Sprung“ machte, wie er diesen in seiner generellen Bedeutung nicht zu überschätzenden Schritt nannte. Als der König nach seinem Einzug in die Basilika vor dem Altar erschien, stellte der Erzbischof von Bourges ihm jene Fragen, die nach dem kanonischen Recht für die Taufe und die Wiederaufnahme in den Schoß der katholischen Kirche vorgesehen sind. Er fragte Heinrich IV.: „Wer seid Ihr? Was erbittet Ihr? Wollt Ihr es?“ Daraufhin kniete der König nieder und legte folgendes Bekenntnis ab: „Ich versichere und schwöre vor dem Angesicht des allmächtigen Gottes, in der katholischen, apostolischen und römischen Religion zu leben und zu sterben, sie mit meinem Blut und meinem Leben gegen jedermann und alle zu beschützen und zu verteidigen und dass ich allen der genannten katholischen, apostolischen und römischen Kirche konträren Häresien entsage“(Französisches Originalzitat bei Babelon).

Neben dem in seiner religiösen und politischen Bedeutung und Außenwirkung nicht zu überschätzenden Akt des Glaubenswechsels hinaus verdienen drei weitere Aspekte besondere Beachtung. Da ist einmal auf den besonderen Ort des Geschehens hinzuweisen, der für das französische Königtum seit Anbeginn eine zentrale Relevanz besaß. Mit den Heiligen Martin und Remigius zählte der Heilige Dionysios (Saint-Denis) zu den besonderen Schutzpatronen der französischen Könige. Mit der Wahl der Basilika von Saint-Denis für den Akt seiner Konversion stellte sich Heinrich IV. also in diese Tradition. Zum anderen ist zu betonen, dass die in Saint-Denis agierenden französischen Prälaten gegen den ausdrücklich bekundeten Willen des Papstes handelten, denn dessen Legat hatte die Exkommunikation gegen alle Geistlichen ausgesprochen, die sich am Ort des Geschehens einfinden sollten. Weil die das „Nationalkonzil“ bildenden Prälaten Heinrich wieder in den Schoß der katholischen Kirche aufnahmen, mißachteten sie den Willen des Papstes. Sie unterstrichen damit erneut die von der gallikanischen Kirche beanspruchte Autonomie von Rom. Schließlich war der Akt von Saint-Denis von Heinrich IV. bewusst so organisiert worden, dass mit ihm eine besonders große propagandistische Außenwirkung erzielt werden sollte. Den Franzosen und aller Welt sollte demonstriert werden, dass Heinrich IV. nun auch in konfessioneller Hinsicht der einzige legitime König Frankreichs sei.

Zu Recht ist immer wieder die Frage gestellt worden, warum Heinrich IV. diesen „gefährlichen Sprung“ gemacht hat, warum er erneut seinen Glauben wechselte und zur katholischen Konfession konvertierte. Generell ist zu konstatieren, dass der Akt der Abschwörung Heinrichs IV. am Ende eines langen und intensiven Reflexions- und Beratungsprozesses stand, in dem er innerlich sehr mit sich gerungen hat. Überblickt man sein gesamtes politisches und religiöses Agieren bis zu diesem Zeitpunkt, wird deutlich, dass für ihn das vorrangige Ziel der Befriedung und der Wiederherstellung der nationalen Einheit Frankreichs den Verzicht auf die religiöse Einheit stets implizierte. Generell rangierte für ihn die Religion nicht an erster Stelle. Er hatte erkannt, dass das Land so lange durch einen destruktiven Konflikt geteilt und die organische Existenz der Monarchie ebenso lange bedroht bleiben würden, wie die Trennung zwischen der persönlichen Religion des Königs und der Religion des Königreiches weiterhin gegeben sei. Er hatte schließlich eingesehen, dass im umgekehrten Fall, also wenn die symbolische Aussöhnung zwischen der dynastischen Legitimität einerseits und der religiösen Legitimität andererseits vollzogen sei, sich die Krise der Monarchie wieder in eine positive Richtung wenden lassen könne. Es lässt sich aber ebenso erkennen, dass das Datum und die Modalitäten seiner endgültigen Entscheidung durch politische Konstellationen bestimmt wurden.

Die auf längere Sicht für Heinrich IV. den Durchbruch bringende Entscheidung ist auch vor dem Hintergrund zu sehen, dass sich im Frühjahr 1592 die Gefahr immer deutlicher abgezeichnet hatte, dass sich selbst die bis dahin königstreuen Katholiken seiner engeren Umgebung bei einem weiteren Lavieren in der Frage seines Bekenntniswechsels von ihm abwenden würden, um mit den gemäßigten Ligisten eine „dritte Partei“ zu formieren, die sich in jenen Tagen zwischen dem König und der Liga positionieren und die Wahl eines katholischen Mitgliedes des Hauses Bourbon zum Gegenkönig betreiben sollte. Aber auch unter seinen engeren calvinistischen Beratern ließen sich Stimmen vernehmen, die erkannt hatten, dass Heinrich IV. im Interesse des Staates zur katholischen Religion konvertieren müsse. Während der calvinistische Theologe und Politiker Philippe Duplessis-Mornay, sein langjähriger Berater, sich zwar bewusst war, dass dieser Schritt letztlich unvermeidbar war, hatte er sich doch lange der Hoffnung hingegeben, dass mit Hilfe eines nationalen Konzils und intensiver Verhandlungen ein für die Hugenotten günstigeres Ergebnis hätte erreicht werden können. In seinen Augen haftete der Entscheidung Heinrichs IV. zu sehr der negative Beigeschmack an, er habe nur einen tragfähigen Vorwand für seinen Konfessionswechsel gesucht, was sicherlich nicht den komplexen Motiven des Königs gerecht wurde. Dagegen ließ sich der enge Weggefährte Heinrichs IV. und überzeugte Hugenotte Maximilian von Béthune (1559-1641), der spätere Herzog von Sully, von größerem Realitätssinn leiten. Er hat Heinrich IV. zu seiner Entscheidung ermutigt.

Es stellt sich aber auch die Frage, ob Heinrichs Konversion zum Katholizismus ein aufrichtiger Akt war oder ob dieser Akt als ein Opfer seiner persönlichen Überzeugung im Interesse des Wohles Frankreichs oder gar als eine bewusste oder halb-bewusste, vom Streben nach Erfolg geprägte List zu werten ist. Zunächst ist darauf hinzuweisen, dass damals generell die theologischen und dogmatischen Grenzen zwischen Protestanten und Katholiken für jedermann noch nicht eindeutig festgefügt und klar definiert waren. Dies galt auch für Heinrich von Navarra. Außerdem haben im Entscheidungsprozess Heinrichs IV. seine ganz persönlichen Erfahrungen während seiner Kindheit und Jugend eine nicht zu unterschätzende Rolle gespielt. Am 25. Juli 1593 war es das sechste Mal, dass er die Konfession wechselte. Es ist bekannt, wie sehr er gelitten hat, als er im Alter von acht Jahren (Anfang 1562) von seinem Vater, gezwungen wurde, wieder die katholische Messe zu besuchen und zum Katholizismus zurückzukehren. Heinrich hat diesen Akt als Untreue gegenüber seiner geliebten Mutter empfunden. Seine weiteren Konfessionswechsel hinterließen bei ihm weniger tiefe Spuren. In jedem Fall trugen sie aber dazu bei, dass sich bei ihm eine gewisse Freiheit des Geistes entwickelte, die ihn für die Zukunft befähigte, Distanz gegenüber den herrschenden religiösen Konventionen zu gewinnen und für sich selbst einen sehr persönlichen Glauben zu finden.

Im Tiefsten seines Inneren ist Heinrich wohl mehr protestantisch als katholisch geblieben. Er fand die Rechtfertigung seiner religiösen Überzeugung eher in einer persönlichen und freien Prüfung konfessioneller Fragen und nicht im blinden Vertrauen auf Traditionen und Institutionen. Charakteristisch für ihn ist weiterhin sein Respekt vor der Heiligen Schrift, der Bibel. Aus diesem Respekt der Schrift resultierten seine Überzeugungen, aber oft auch seine Zweifel.

Wenn sein persönlicher Glaube und seine intime Religiosität deutliche Spuren des Protestantismus aufwiesen, so lässt seine konkrete Religiosität hingegen eine Sensibilität erkennen, die wohl eher katholisch geprägt war. Das mag auch erklären, weshalb Heinrich stets eine große Frömmigkeit an den Tag legte und mit Eifer den Gottesdiensten und Prozessionen beiwohnte. Manches spricht für die These Bayrous, dass Heinrichs IV. Glauben gar nicht so weit entfernt war vom englischen Anglikanismus, also – stark vereinfachend formuliert – vom mittleren Weg zwischen dem Protestantismus und dem Katholizismus (Bayrou). Bei Heinrichs theologischen Grundüberzeugungen handelte es sich um solche, die einerseits stark von den Texten der Evangelisten und der Bibel geprägt waren, die aber andererseits Raum ließen für eine anrührende und prunkliebende Religiosität. In den Jahren nach seiner endgültigen Konversion (Juli 1593) zum Katholizismus entwickelte sich seine Religiosität stärker in Richtung eines von den katholischen Geistlichen gepredigten und stärker dogmatisch ausgerichteten Glaubens.

Berücksichtigt man diese Aspekte und Motive für des Königs erneute Konversion, ist nachvollziehbar, dass er den immer wieder bis in unsere Gegenwart zitierten Satz „Paris ist eine Messe wert“ (Paris vaut bien une messe) in jenen entscheidenden Tagen realiter nicht gesprochen hat. Er wurde ihm vielmehr später von Protestanten in den Mund gelegt, die damit seinen abermaligen Glaubenswechsel ins Zwielicht rücken wollten. Dieser Satz entsprach weder den damaligen komplexen Gegebenheiten noch den Gründen, die den König, der ein gläubiger Christ war, geleitet haben, als er den „gefährlichen Sprung“ wagte.

Für die verständigungsbereiten Katholiken und die Gruppe der „Politiker“ machte die Konversion den Weg frei, sich Heinrich IV. anzuschließen, hatte doch dessen Entscheidung seinen Gegnern das wichtigste Argument aus den Händen geschlagen, nämlich dass er ein rückfälliger Häretiker sei. Zwar kam es nicht sofort zu einer Massenbewegung zu seinen Gunsten, aber die Zahl derer, die nunmehr in sein Lager wechselten, nahm spürbar zu. Beim Frontwechsel adliger Funktionsträger und Amtsinhaber sowie von ligistischen Städten spielten auch erhebliche Geldzahlungen sowie die Gewährung von Vergünstigungen und Privilegien eine wesentliche Rolle. Nach verläßlichen zeitgenössischen Quellenbefunden und darauf basierenden neueren Untersuchungen belief sich die Gesamtsumme der Zahlungen, die 1593/1594 an diesen Personenkreis und an zahlreiche Städte geflossen sind, auf den enormen Betrag in Höhe von rund 6,5 Millionen „écus“. Heinrich IV. hat zu Recht darauf hingewiesen, dass dieses Verfahren immer noch erheblich billiger war, als ein militärisches Vorgehen – einmal ganz abgesehen vom Leid der Menschen und von dem ihnen in der Regel abverlangten hohen Blutzoll.

Wenn die Masse der Hugenotten den Schritt Heinrichs IV. schließlich hinnahm, so tat sie dieses – bildlich gesprochen – mit gesenktem Blick. Dem König war in Anbetracht der von intransigenten Vertretern seiner ehemaligen Glaubensbrüder an ihn herangetragenen Forderungen, die von Fall zu Fall sogar von nicht zu unterschätzenden Drohungen begleitet waren, völlig klar, dass er auch für die Hugenotten alsbald eine grundlegende und dauerhafte Regelung treffen musste, die einerseits ihren berechtigten religiösen, rechtlichen und politischen Anliegen Rechnung trug und andererseits mit den Grundlagen und Interessen der Monarchie vereinbar waren.

Bis Anfang 1594 hat Heinrich IV. fast die Gesamtheit des hohen französischen katholischen Klerus für sich gewinnen können. Von den vierzehn Erzbischöfen hielten nur noch drei und von den 104

Bischöfen nur noch fünfzehn mehr oder weniger offen zu den Ligisten. In Anbetracht dieser für ihn günstigen Entwicklungen erachtete Heinrich IV. den Zeitpunkt für gekommen, sich der gewohnheitsrechtlichen Verfassung und den traditionellen Formen gemäß in einem öffentlichen kirchlichen Akt zum König salben und krönen zu lassen. Ihm war bewusst, dass mit diesem Akt ein weiteres und in seiner Bedeutung nicht zu überschätzendes Element seiner Legitimität hinzugefügt werden würde. Deshalb wurde auch dieser Akt unter strikter Beachtung der altehrwürdigen Traditionen organisiert und auch in propagandistischer Hinsicht konzipiert.

Weil der herkömmliche Ort für die Vornahme dieses sakralen Aktes, die Kathedrale von Reims, noch von intransigenten Ligisten kontrolliert wurde, musste ein dafür geeigneter Ersatz gefunden werden. Die Kathedrale Notre-Dame in Paris kam nicht in Frage, weil sich die Kapitale ebenfalls noch in den Händen der Ligisten befand. Saint-Denis stand zwar als geeignete Stätte zur Verfügung, aber man wollte nach dem dort zelebrierten Akt der Abschwörung des Königs nicht erneut diesen Ort wählen, denn das hätte bei der Masse der Bevölkerung den nicht gewünschten Eindruck einer Wiederholung hinterlassen. Schließlich fiel die Entscheidung zu Gunsten der Kathedrale von Chartres, einer Bischofsstadt, die erst kürzlich von königlichen Verbänden erobert worden war. Für diese Wahl sprachen mehrere Gründe. Es war ein Erzbischof von Chartres gewesen, der im Jahre 1108 Ludwig VI. (1108–1137), den Dicken, in Orléans gesalbt und gekrönt hatte. Es gab also einen Präzedenzfall dafür, dass dieser Akt auch an einem anderen Ort als im traditionellen Reims vorgenommen werden konnte. Man wählte Chartres aber auch deshalb, weil sich die dortige Kathedrale in einer zentralen und leicht erreichbaren Stadt Frankreichs befand. Hinzu kam, dass die Nebenlinie Bourbon-Vendôme, deren Besitzungen in der Nähe von Chartres lagen, zur dortigen Kathedrale eine besondere Beziehung hatten.

Da sich die für die Salbung traditionell benutzte Reliquie, die „Heilige Ampulle“, in der gemäß der Überlieferung das „Heilige Öl“ des Heiligen Remigius aufbewahrt wurde, auch in Reims befand, musste dafür ebenfalls ein geeigneter Ersatz gefunden werden.

Schließlich wurde das Öl des Heiligen Remigius durch jenes des Heiligen Martin ersetzt. Als diese Reliquie an einem der Stadttore von Chartres eingetroffen war, wurde sie in einer feierlichen Prozession zur „Abtei des Heiligen Vaters“ geleitet. Weil aber auch die übrigen für die Krönung erforderlichen Insignien, nämlich die Königskrone, das Szepter, die Justizhand, das Schwert etc. ebenfalls nicht verfügbar waren, mussten sie speziell angefertigt werden. Diese Insignien wurden traditionell in der Basilika von Saint-Denis aufbewahrt. Sie waren aber vor einiger Zeit – wohl von intransigenten Ligisten – zerstört worden, damit sie nicht in die Hände Navarras fallen konnten.

Am Sonntag des 27. Februar 1594 konnte schließlich der sakrale Akt der Salbung und Krönung Heinrichs IV. stattfinden. Die Zeremonie dauerte mehrere Stunden und wurde mit großem Pomp und unter Beteiligung des Volkes gestaltet. Als der König die Kathedrale verließ, wurde er von der anwesenden Menge mit den Rufen „Es lebe der König“ (Vive le roi) lautstark gefeiert.

Auch wenn die verbliebenen königsfeindlichen Teile der Liga, die nach wie vor materiell und finanziell in starkem Maße von Madrid unterstützt wurde, die Waffen gegen Heinrich IV. nicht niederlegen wollten, so war nun doch nicht mehr zu übersehen, dass die geschilderten Ereignisse und Vorgänge ganz wesentlich zur Destabilisierung, zur Schwächung der noch verbliebenen ligistischen Zentren beitrugen. Symptomatisch dafür war, dass der erst im Januar 1594 von Mayenne eingesetzte Gouverneur von Paris, Karl von Cossé, Graf von Brissac (1550–1621), der den inzwischen offen Heinrich IV. favorisierenden Vorgänger Johann-Franz von Faudoas, Graf von Belin, abgelöst hatte, bereits kurz nach seiner Ernennung mit dem König in Geheimverhandlungen eingetreten war mit dem Ziel, diesem die kampflose Besetzung der Kapitale Paris zu ermöglichen. Cossé-Brissac ließ sich die von ihm unter strikter Geheimhaltung geplante Öffnung von Paris um den Preis seiner Ernennung zum Marschall von Frankreich und der Zahlung von 482 000 „écus“ abkaufen.

Anfang März 1594 war trotz der aufmerksamen Überwachung des Gouverneurs durch das ligistische Regiment der „Seize“ und durch die in der Kapitale stationierten Spanier der Plan weitgehend ausgearbeitet, der es den Truppen Heinrichs IV. ermöglichen sollte, kampflos in Paris einzudringen und dort die Kontrolle zu übernehmen. Inzwischen konzentrierte Heinrich IV., der natürlich vom Gouverneur durch Mittelsmänner über die Planungen auf dem laufenden gehalten wurde, seine Truppen um Senlis. Am 17. März informierte er Sully, dass er am 21. in Saint-Denis erscheinen werde. Von dort werde er alles tun, um den Einwohnern von Paris dabei zu helfen, in den Ruf „Es lebe der König" einzustimmen. Mit dieser ironischen Formulierung spielte er auf den bevorstehenden Coup an.

Am frühen Morgen des 22. März 1594 gelang es dann den Truppen des Königs, Paris im Handstreich unter ihre Kontrolle zu bringen, nachdem man ihnen – wie verabredet – zwei zentrale Stadttore geöffnet hatte. Wenige Stunden später zog Heinrich IV. unter dem Applaus der Menge in die Kapitale ein und ließ in Notre-Dame einen Dankgottesdienst, ein „Te Deum", zelebrieren. Nach dem erfolgreichen Handstreich befand sich der König wieder in Paris, das sein Schwager Heinrich III. unter dramatischen Umständen im Mai 1588 hatte verlassen müssen, und wo seither kein französischer König mehr residiert hatte. Wie sehr Heinrich IV. emotional überwältigt war, belegt folgende Antwort, die er damals einem Angehörigen seines Staatsrates auf eine Anfrage gegeben hat: „Ich muss Ihnen gestehen, dass ich darüber, mich zu sehen, wo ich jetzt bin, so freudetrunken bin, dass ich weder weiß, was Sie mir sagten, noch weiß, was ich Ihnen antworten soll" (Französisches Originalzitat bei Garrisson).

Heinrich IV. hatte das Vorgehen in Paris während der ersten Stunden nach dem erfolgreichen Handstreich bis ins Detail vorbereitet. Auf Widerstand waren die königlichen Truppen nur im Zentrum der Stadt, beim Châtelet, und im Fort Vincennes gestoßen, der aber sehr schnell gebrochen wurde. Ansonsten verlief der Handstreich weitgehend unblutig. Während der König am „Te Deum" in Notre-Dame teilnahm, ritten der noch amtierende Gouverneur Brissac und der „Vorsteher des städtischen Magistrats" durch die Pariser Stadtviertel und ließen von Herolden laut verkünden, dass die Bevölkerung nichts zu befürchten habe und auf das Pardon des Königs zählen könne. Außerdem wurden zuvor bereits in Saint-Denis gedruckte Handzettel verteilt, mit denen ein Generalpardon für alle Aufständischen unter Einschluss der Anführer der Liga angekündigt wurde. Das trug wesentlich zur Beruhigung der Pariser bei, deren Erleichterung sich mehr und mehr in Freudenbekundungen gegenüber Heinrich IV. manifestierte.

Der König hielt seine Ankündigungen und Zusagen – von wenigen Ausnahmen abgesehen – auch ein. Durch seine Abgesandten ließ er dem Herzog von Feria und dem päpstlichen Nuntius zusichern, dass ihnen nichts geschehen werde, wenn sie sich ruhig verhielten. Die spanischen Truppen, deren Stärke sich auf rund 3 000 Mann belief, ergaben sich kampflos. Ihnen und dem Herzog von Feria wurde ein ehrenvoller Abzug unter Waffen gewährt. Der König erlaubte sich das Vergnügen, den Abmarsch der spanischen „tercios" aus der Nähe am Pariser Stadttor Saint-Denis zu beobachten. In einem zeitgenössischen Bericht wird geschildert, dass er von einem Fenster aus dem Defilee der spanischen Kompanien beiwohnte und ihren Kommandeuren die ihrem militärischen Rang entsprechenden Ehrenbezeugungen zuteil werden ließ. Dem Herzog von Feria und den ihn begleitenden hohen Offizieren soll er sehr zum Amüsement seines adligen Gefolges zugerufen haben: „Empfehlen Sie mich Ihrem Herrn, aber kehren Sie nicht mehr hierher zurück!" (Französisches Originalzitat bei Bayrou).

Von den am stärksten kompromittierten Ligisten wurde nur eine erstaunlich geringe Zahl – nur 120 Personen – proskribiert. Die meisten Mitglieder des Pariser Parlaments durften in ihren Ämtern verbleiben. In der Osterwoche kehrten dann jene Kollegen zurück, die sich königstreu verhalten und sich deshalb seinerzeit nach Tours und Châlons-sur-Marne ins Exil begeben hatten. Am 28. März 1594 wurden durch königliche Anordnungen das Pariser Parlament und die anderen obersten Gerichtshöfe – die Oberrechnungskammer, das Steuergericht, und der Münzhof – wieder offiziell etabliert. Zwei Tage später, am 30. März, wurden alle gesetzgeberischen Akte, die nach dem 29. Dezember 1588 verkündet worden waren, also nachdem die ligistischen „Seize" am „Tag der Barrikaden" in Paris die Macht an sich gerissen hatten, für null und nichtig erklärt. Und schließlich praktizierte Heinrich IV. an Ostern die den französischen Königen im sakralen Akt der Salbung und Weihe gleichsam als Vertreter Gottes auf Erden vom Volk traditionell zugesprochenen Heilungskräfte, indem er in einer feierlichen Zeremonie 660 Personen (in anderen Berichten ist gar von 960 die Rede), die an Skrofeln (einer Haut- und Lymphknotenerkrankung) litten, berührte und dabei die altehrwürdige Formel sprach: „Der König berührt Dich, Gott heilt Dich". Auch mit diesem Ritual wollte Heinrich IV. den Franzosen und aller Welt signalisieren, dass er der legitime König Frankreichs war und über dieselben heilenden Kräfte verfügte wie seine Vorgänger, die Valois-Könige.

Erst in historischer Perspektive betrachtet, wird deutlich, dass der Akt der Konversion Heinrichs IV. zur katholischen Religion und das damit in unmittelbarem Zusammenhang stehende Agieren des Königs den Durchbruch in seinem langen Ringen um die Durchsetzung und Anerkennung seiner Herrschaft als legitimer König Frankreichs markieren. Aber auch noch nach 1593/1594 blieben gewichtige Steine beiseite zu räumen auf dem Weg zur endgültigen und durchgreifenden Befriedung der Monarchie nach innen und außen.

Nach zunächst erfolglos verlaufenen Bemühungen bei der Kurie in Rom erlangten die Diplomaten des Königs schließlich am 17. September 1595 für ihren Herrn die noch ausstehende päpstliche Absolution. Damit hob der Papst nicht nur die Exkommunikation Heinrichs IV. auf, sondern er sanktionierte faktisch auch den am 25. Juli 1593 von den französischen Bischöfen vollzogenen Akt von Saint-Denis. Diese päpstliche Absolution darf in ihrer politischen Bedeutung nicht unterschätzt werden, denn mit ihr wurde den verbliebenen katholischen Gegnern Heinrichs IV. der letzte Trumpf genommen, nämlich, dass der Akt von Saint-Denis unwirksam sei, weil er der Sanktionierung durch den Papst entbehre und ihm damit in kirchenrechtlicher Hinsicht keine Bedeutung beizumessen sei. Mit diesem Argument konnte man die Legitimität der Konversion nun nicht mehr in Frage stellen.

Aber auch für einen anderen, für den König und letztlich für den Fortbestand der Dynastie der Bourbonen wichtigen Problembereich war die Erteilung der päpstlichen Absolution von Bedeutung. Schon seit einiger Zeit hatte Heinrich IV. die kirchenrechtliche Annullierung seiner noch bestehenden, aber kinderlosen Ehe mit Margarete von Valois betrieben, der „reine Margot“, wie sie die Zeitgenossen nannten. Nach Jahren zunehmender Entfremdung war es 1580 zum offenen Bruch zwischen den Eheleuten gekommen. Dabei hatten sowohl politische Differenzen als auch außereheliche Eskapaden beider Partner eine Rolle gespielt. Ohne die zuvor erlangte Aufhebung der Exkommunikation und vorherige Erteilung der Absolution durch den Papst war an eine bei der Kurie erfolgreich zu betreibende Annullierung der noch formal bestehenden Ehe nicht zu denken. Dass sich die Kurie schließlich in der Frage der Absolution – wenn auch gegen eine Reihe religionspolitischer Konzessionen des Königs – schließlich konzessionsbereit erwiesen hat, ist wohl darauf zurückzuführen, dass Rom an einer zu starken Machtposition des spanischen Königs nicht gelegen war, denn inzwischen war der offene Krieg zwischen Frankreich und Spanien ausgebrochen.

In der Absicht, die Franzosen um sich zu einen, die nach wie vor andauernde Unterstützung der verbliebenen ligistischen Anführer und Zentren durch Madrid zu unterbinden und den politischen Ambitionen Philipps II. entgegenzutreten, hatte Heinrich IV. bereits am 17. Januar 1595 Spanien den Krieg erklärt. Aus dem bisherigen innerfranzösischen Konflikt war damit ein auswärtiger Krieg geworden. Schon im Mai 1596 hatte der König Allianzen mit England und den gegen ihren spanischen Herrn um ihre Unabhängigkeit kämpfenden nordniederländischen Provinzen geschlossen. Außerdem hatte sich der französische König bemüht, eine möglichst große Zahl von Reichsfürsten zum Anschluss an das französisch-englisch-holländische Bündnis zu gewinnen. „Der anfängliche Optimismus wich [aber] schnell einer skeptischen Ernüchterung über die Bündnisfähigkeit und -bereitschaft der Reichsstände. […] Die Rücksichtnahme auf Kaiser und Reich wie auch das Ausbleiben eines wehrhaften protestantischen Zusammenschlusses bildeten eine Ursache für die zunehmend zu beobachtende kommunikative Erstarrung. Nur in der Form eines Sonderbundes wären die Reichsstände konfrontationsfähig und in der Lage, das europäische antihabsburgische Lager wirkungsvoll zu unterstützen. Diese Maxime sollte dann für die Reichspolitik Heinrichs IV. nach 1598 bestimmend werden. Die Stagnation der Beziehungen wurde schließlich auch daran sichtbar, dass 1597 deutsche Beiträge zum Krieg Heinrichs IV. gegen Spanien ausblieben, wobei die französische Seite nicht mit heftigen Vorwürfen sparte" (Beiderbeck).

Auf den für die beteiligten Konfliktparteien recht wechselhaften Verlauf des Krieges und dessen Kampfhandlungen ist hier nicht einzugehen. Wenige Monate nach Kriegsbeginn erwies sich die Richtigkeit des politischen Kalküls Heinrichs IV. im Hinblick auf die noch verbliebenen ligistischen Hauptgegner. Nach einem im September 1595 geschlossenen Waffenstillstand mit Mayenne kam es im folgenden November zu einem förmlichen Vertrag, in dem Mayenne nicht nur seine Straffreiheit, sondern auch signifikante materielle Konzessionen durchsetzen konnte. Der Herzog wechselte damit auf die Seite des Königs. Im Januar 1596 folgten der Herzog Karl-Emanuel von Savoyen, Herzog von Nemours (1580–1630), und im März schließlich Philipp-Emanuel von Lothringen, Herzog von Mercœur (1558–1602). Zwar trugen die genannten ligistischen Hochadligen mit ihrem Übertritt auf die Seite des Königs der sich zu ihren Ungunsten vollziehenden politisch-militärischen Entwicklung Rechnung, gleichwohl handelte es sich bei ihren Entscheidungen nicht um eine Kapitulation. Heinrich IV. zog es trotz der sich für ihn immer positiver gestaltenden inneren Lage vor, mit ihnen in Verhandlungen einzutreten und ihre Loyalität durch Vergabe von hohen Funktionen und Würden sowie durch enorme Geldzahlungen zu erkaufen. Diese hohen Geldzahlungen dienten ihnen auch dazu, ihre zahlreiche Klientel zu belohnen.

Weder die französische noch die spanische Seite konnte auf dem Schlachtfeld einen kriegsentscheidenden Sieg erringen, sodass beide Konfliktparteien letztlich aus Erschöpfung zu einer Beendigung der militärischen Auseinandersetzung bereit waren, wobei Heinrich IV. schließlich sogar gegen die Interessen seiner Bündnispartner agierte und mit Madrid einen Separatvertrag abschloß. Unter Vermittlung des Papstes Clemens VIII. (1592–1605) kamen Verhandlungen zustande, die in den Friedensvertrag von Vervins mündeten, der am 2. Mai 1598 unterzeichnet, aber erst am folgenden 7. Juni öffentlich gemacht wurde.

Der Friedensvertrag, der aus zwei etwas später ratifizierten Dokumenten bestand, brachte nur geringfügige territoriale Veränderungen. Insgesamt wurden die Regelungen des Friedens von Cateau-Cambrésis (1559) bestätigt, mit dem seinerzeit die erste lange Phase der Auseinandersetzungen zwischen Frankreich und dem Hause Habsburg ihr – vorläufiges – Ende gefunden hatte. Damals hatte der französische König Savoyen und Piemont restituiert und die Insel Korsika an die Republik Genua zurückgegeben. In Italien konnte er nur einige befestigte Plätze (Turin, Pinorolo) und das Marquisat Saluzzo behaupten. Außerdem behielt Frankreich Calais.

Im Frieden von Vervins restituierte die spanische Krone die in der Picardie eroberten Plätze, aber sie behauptete das Charolais und Cambrai, wobei jedoch dessen politischer und verfassungsrechtlicher Status sowie derjenige des Cambrésis im Vertrag nicht angesprochen wurde. Im Gegenzug für die Rückgabe von Cambrai erhielt Heinrich IV. Ardres, Blavet, Calais, Doullens, La Capelle, Le Catelet und Monthulin zurück. Das Marquisat Saluzzo, das der Herzog von Savoyen 1588 besetzt hatte, verblieb in dessen Hand. Es war aber in Vervins vereinbart worden, dass der Papst innerhalb eines Jahres als Schiedsrichter eine Entscheidung über dessen endgültigen Verbleib treffen sollte.

Vergegenwärtigt man sich die weitreichenden Ziele, die Philipp II. mit seiner Intervention in Frankreich und mit seiner Unterstützung der Liga verfolgt hatte, so bedeutete der Frieden von Vervins für ihn einen empfindlichen Rückschlag. Heinrich IV. ging hingegen aus dem Krieg gestärkt hervor, zumal sich Philipp II. feierlich hatte verpflichten müssen, zukünftig jegliche Hilfeleistung für oppositionelle Untertanen des französischen Königs zu unterlassen. Eine entsprechende Verpflichtung war aber Heinrich IV. auch gegenüber der spanischen Seite eingegangen. In den folgenden Jahren setzten jedoch beide – wenn auch in verdeckter Form – ihre derartigen Aktivitäten fort. Eine grundlegende und dauerhafte Bereinigung des spanisch-französischen Gegensatzes und eine Beendigung ihrer Rivalitäten konnte mit dem Frieden von Vervins jedenfalls nicht erreicht werden. Vielmehr trat an die Stelle des offen ausgetragenen Konflikts ein „kalter Krieg“.

Während des Kriegs mit Spanien wurde Heinrich IV. mehr und mehr mit den insbesondere von militanten hugenottischen Vertretern vorgetragenen Forderungen konfrontiert, der reformierten Konfession in Frankreich relativ weitreichende Konzessionen einzuräumen sowie ihren Status vorteilhafter als bisher und insbesondere dauerhaft zu regeln. Von April 1596 bis April 1598 tagte die Generalversammlung der Protestanten permanent, aber an wechselnden Orten. Sie stellte eine veritable „pressure-group“ dar, deren Sprecher keineswegs ein realitätsgetreues Abbild der protestantischen Gemeinden Frankreichs darstellte, die alles in allem weniger intransigent waren. Die von den Repräsentanten der Generalversammlung an Heinrich IV. herangetragenen Forderungen konfrontierten den König mit nicht zu unterschätzenden Problemen.

Die an den diversen Gesprächen und Verhandlungen auf königlicher Seite beteiligten Kommissare mussten schließlich erkennen, dass die ihrer selbst so sicheren Repräsentanten der Generalversammlung für den Fall, dass Heinrich IV. auf ihre Forderungen weiterhin ablehnend oder dilatorisch reagieren werde, selbst das Risiko eines neuen Bürgerkriegs nicht scheuen würden. So lehnte die protestantische Generalversammlung es im Jahre 1597 ab, als spanischen Truppen im März die Eroberung von Amiens gelang und sogar die Bretagne bedrohten, dem König die erbetene Unterstützung zu leisten. Auf das höchste durch diese bedrohlichen Vorgänge beunruhigt, sandte der König in kurzer Abfolge zahlreiche Emissäre zur Generalversammlung mit dem Auftrag, auf diese mäßigend einzuwirken. Gleichwohl hielt er an seinem ursprünglichen Plan fest, das Pazifikationsedikt von 1577 als Diskussionsgrundlage für die Verhandlungen heranzuziehen. Darauf wollten sich die Repräsentanten der Versammlung – rund vierzig an der Zahl – aber nicht einlassen. Sie stellten vielmehr kaum akzeptable Forderungen; so verlangten sie zum Beispiel völlige Kultfreiheit im ganzen Lande und die Einrichtung von gemischt-konfessionellen Kammern an sämtlichen Parlamenten des Königreiches. Mehrfach schienen die Verhandlungen in einer Sackgasse zu enden.

Als sich aber die militärische Lage wieder zu Gunsten des Königs veränderte, weil es seinen Truppen gelang, Amiens einzuschließen und am 19. September 1597 zur Kapitulation zu zwingen, zeigten sich die Abgesandten der protestantischen Generalversammlung wieder gesprächsbereiter. Dazu trug wesentlich bei, dass Heinrich IV. mit einer stattlichen Armee auf die Bretagne zu marschierte, um den dortigen ligistischen Gouverneur und einige spanische Garnisonen zur Räson zu bringen. Diese Vorgänge veranlassten die intransigenten Hugenotten, ihre Positionen zu überdenken. Durch die Ereignisse beunruhigt, beeilten sie sich, im April 1598 einige Emissäre nach Angers und danach nach Nantes zu schicken, wo dann die letzten Gespräche und Verhandlungen geführt wurden, die zum Edikt von Nantes vom April 1598 führten.

Aufgrund seiner im Innern und nach außen gestärkten Position sowie nach langen, schwierigen und sehr kontrovers verlaufenen Verhandlungen, die auf hugenottischer Seite schließlich von vier von der Generalversammlung beauftragten Kommissaren und vom Herzog Heinrich von Bouillon geführt wurden, erreichte Heinrich IV. mit dem Erlaß des Edikts von Nantes eine insgesamt tragfähige Regelung des konfessionellen, politischen und rechtlichen Status der französischen Protestanten. Die Regelung dieses Problems hatte sich um so dringlicher erwiesen, als sich die Beziehungen seiner ehemaligen Glaubensgenossen und Mitstreiter zu ihm seit seiner Konversion zum Katholizismus in zunehmendem Maße abgekühlt und spannungsreicher gestaltet hatten. In jenen Jahren hatten die französischen Calvinisten den Auf- und Ausbau eigener kirchlicher, politisch-militärisch autonomer Strukturen fortgesetzt. „So lernte Heinrich IV. schon bald nach seiner Konversion – nun aus der Sicht des Königs – die Gefahren einzuschätzen, die der Protestantismus mit seiner Tendenz, sich zum ‚Staat im Staat' zu entwickeln, für die Einheit des Königreiches bedeutete. Dennoch entschloß sich der

König zu einer ehrlichen, nicht nur taktisch verstandenen Politik gegenüber seinen ehemaligen Glaubensbrüdern. Er war zutiefst überzeugt, dass nur ein friedliches Nebeneinander beider Konfessionen jenen inneren Frieden sichern könnte, von dem so viele Menschen träumten" (Hinrichs). Das schloß keineswegs aus, dass dereinst die religiöse Einheit in Frankreich wiederhergestellt werden sollte. Allerdings durfte diese „concordia" nur mit friedlichen Mitteln angestrebt werden.

Das unter der vereinfachenden Bezeichnung Edikt von Nantes bekanntgewordene Gesamtwerk umfasst vier Dokumente, die wohl am 30. April 1598 in Nantes ausgestellt worden sind, wo sich Heinrich IV. damals aufgehalten hat. Die bekannte französische Historikerin und intime Kennerin der gesamten Materie, Jannine Garrisson, bezeichnete das Edikt in Anbetracht der besonderen Umstände, unter denen es verhandelt und abgefasst worden ist, als „ein Gelegenheitswerk" (Janine Garrisson). In seiner äußeren Form sei es „bizarr" und der Text „schlecht geordnet". Schon die Präsentation lasse auf „seinen unorganisierten Charakter" schließen.

Tatsächlich besteht dieses Gesetzeswerk aus vier Dokumenten. Dem eigentlichen als „feierlich und öffentlich" charakterisierten Edikt steht eine Präambel voran, in der Fragen des Zeremoniells geregelt werden. Der Präambel folgen 95 Artikel, von denen jedoch das Pariser Parlament nur 92 „einregistrierte", womit dieser Gerichtshof in seinem immensen Zuständigkeitsbereich seinen Widerstand gegen deren Umsetzung und Anwendung beendete. Das eigentliche Edikt wurde ergänzt durch 56 „Geheim- und Sonderartikel" sowie durch zwei königliche Patente. Schon allein diese äußeren Merkmale lassen die bei den langwierigen Verhandlungen aufgetretenen Schwierigkeiten und Konflikte erahnen, die überwunden werden mussten, um schließlich zu einem insgesamt tragfähigen Ergebnis zu gelangen.

Bei realistischer Interpretation der Entstehungsgeschichte und des gesamten Inhalts des Edikts kann nicht übersehen werden, dass auch dieses Edikt ebenso wie die vorangegangenen zahlreichen Pazifikationsedikte ein erzwungenes Abkommen darstellt, bei dem die Hugenotten von ihren Forderungen und Zielen erhebliche Abstriche machen und schließlich der Erkenntnis Rechnung tragen mussten, dass sich Heinrich IV. in einer stärkeren Machtposition befand. Und schließlich ist nicht zu verkennen, dass auch der König – zumindest für die Zukunft – für Frankreich die Wiederherstellung der Glaubenseinheit, der „concordia“, wünschte. Das dem Edikt von Nantes zu Grunde liegende Prinzip war weder religiöse Toleranz im modernen Sinne, noch die moderne Staatsräson, sondern die Restauration des altehrwürdigen Grundsatzes „ein König, ein Glaube, ein Gesetz“ (un roi, une foi, une loi). Es war in letzter Konsequenz ein befristetes Ausnahmegesetz – auch wenn es in der Präambel als „immerwährend und unwiderruflich“ bezeichnet wird –, denn der gesamte Text lässt erkennen, dass das Edikt nur eine temporäre religiöse Koexistenz beider Konfessionen erlaubte.

Darauf hatte bereits der Toulouser Jurist Pierre du Belloy in seiner 1600 in Paris publizierten Schrift „Conférence des édits de Pacification“ hingewiesen, in der er die Artikel des Edikts von Nantes eingehend kommentierte. Des Gesetzgebers, also des Königs, handlungsleitende Intention sei es gewesen, mit dem Edikt den religiösen Konsens wiederzuerlangen. Von vornherein sei nur eine temporäre Gültigkeit des Edikts intendiert gewesen. Die im Text dieses königlichen Aktes enthaltene Zusage der Gewährung eines „édit perpétuel et irrévocable“ stand nach Auffassung von Mario Turchetti (Malettke), eines intimen Kenners der Materie, nicht im Widerspruch zum eigentlich intendierten temporären Charakter des Edikts. Als immerwährend und unwiderruflich sollte es nur so lange gelten, wie es die Krise, der Ausnahmezustand Frankreichs, erforderte. Die Wiederherstellung der Religionseinheit sollte jedoch nur mit friedlichen Mitteln erfolgen.

Schon eine aufmerksame Lektüre der dem Edikt von Nantes vorangestellten Präambel lässt erkennen, dass das oberste Ziel, das Heinrich IV. erreichen wollte, die religiöse Eintracht war und nicht die permanente Toleranz der Hugenotten. In einer berühmten und immer zitierten Passage des Edikts beklagte der König die religiöse Spaltung seiner Untertanen und fuhr dann wie folgt fort: „Aber jetzt, wo es Gott gefällt, Uns etwas mehr Ruhe genießen zu lassen, haben wir geglaubt, diese nicht besser anwenden zu können, als indem Wir uns ganz dem widmen, was den Ruhm seines heiligen Namens und Dienstes betrifft, und dafür zu sorgen, dass er von allen Unseren Untertanen verehrt und angebetet werde. Wenn es ihm nicht gefallen hat, zu erlauben, dass das *jetzt in einer und derselben Form der Religion* geschehe [Heraushebung durch Kursiva von K. Malettke], so sei es doch wenigstens in derselben Absicht und mit solcher Ordnung, dass aus diesem Grunde keinerlei Verwirrung oder Unruhe zwischen ihnen erwachse […]".

Im Kern enthielt das Edikt keine spektakulären Neuerungen für die Hugenotten. Bei genauerer Betrachtung war es für die calvinistische Minderheit ungünstiger als zum Beispiel die Pazifikationsedikte von Amboise (1563) oder von Beaulieu (1576). Diese konnten aber wie weitere sieben – das ist ein zentraler Unterschied – nicht für längere Zeit durchgesetzt werden. Das wichtigste Zugeständnis des Edikts von 1598 war die Gewährung der Gewissensfreiheit für die Anhänger der (vorgeblichen) reformierten Religion im ganzen Königreich. Dem stand aber – was betont werden muss – gegenüber, dass diesen nur eine eingeschränkte Kultfreiheit eingeräumt wurde. Die Angehörigen der – wie es im Text hieß – „vorgeblich reformierten Religion" durften öffentliche Gottesdienste nur dort abhalten, „wo derselbe von ihnen eingerichtet und mehrere und verschiedene Male im Jahre 1596 und 1597 bis Ende August öffentlich ausgeübt worden ist" (Das Edikt von Nantes). Diese Besitzstandswahrung galt auch dort, wo nach den Regelungen von Poitiers (1577), Nérac (1579) und Fleix (1580) in den Vorstädten je eines Ortes pro Gerichtsbezirk reformierte Gottesdienste „eingerichtet worden" waren „oder eingerichtet werden sollte[n] (ebenda). Gemäß Artikel 11 sollte nun ein zweiter Ort hinzukommen (ebenda).

Kultfreiheit bestand demnach im wesentlichen im Westen der Monarchie zwischen Nantes und Bordeaux sowie im Südwesten und Süden. Außerdem war es „allen Standesherren, Edelleuten und anderen Personen", die Grundherrschaften mit hoher Gerichtsbarkeit oder ein „volles Panzerlehen (wie in der Normandie)" besaßen, gestattet, reformierte Gottesdienste abzuhalten „in demjenigen ihrer Häuser der besagten hohen Gerichtsbarkeit oder obgenannten Lehen, dass sie gehalten sind, Unseren Amtleuten (baillifs) und Seneschällen (sénéchaux) jeder an seinem Orte als Hauptwohnsitz namhaft zu machen“ (ebenda). Diese Regelung betraf in etwa 3 500 Lehnsherren. Andere Grundherren, also „seigneurs“, die nicht über die hohe Gerichtsbarkeit oder Panzerlehen verfügten, durften reformierte Gottesdienste nur in ihren Herrenhäusern (Lehenshäusern) stattfinden lassen, wobei außer ihrer Familie nur bis zu dreißig andere Personen teilnehmen durften (ebenda).

Generell verboten waren reformierte Gottesdienste am Hof des Königs, bei Angehörigen seines Gefolges in Paris und in einem Umkreis von fünf Meilen der Metropole (ebenda). Die katholische, apostolische und römische Religion war überall dort in der Monarchie und in „den Ländern Unserer Botmäßigkeit“ (Navarra, Béarn) wiederherzustellen, wo sie „während der Unruhen“, also während der Bürgerkriege, verdrängt worden war. Gleichermaßen waren der ehemalige Besitz und das Eigentum der katholischen Kirche in vollem Umfang zu restituieren sowie deren Rechte und Freiheiten wiederherzustellen.

Generell wurde den französischen Katholiken uneingeschränkte Gewissens- und Kultfreiheit in ganz Frankreich zugesichert und verbrieft, wohingegen die Gewissens- und Kultfreiheit für die Hugenotten begrenzt war. Außerdem mussten die Hugenotten die katholischen Feiertage strikt respektieren, was zum Beispiel bedeutete, dass sie an diesen Tagen weder arbeiten noch Geschäfte tätigen durften (ebenda). Des weiteren galten bei Eheschließungen und -kontrakten die kanonischen Vorschriften der katholischen Kirche auch für die Reformierten (ebenda). In Anbetracht dieser hier nur skizzierten Bestimmungen für die Hugenotten war das Edikt von Nantes weit davon entfernt, den Calvinisten einen totalen Sieg gebracht zu haben, was zahlreiche katholische Franzosen behaupteten, die über die den Reformierten gemachten Zugeständnisse empört waren.

Den französischen Angehörigen der reformierten Religion wurde uneingeschränkte Rechtsfähigkeit, der ungehinderte Zugang zu allen

Schulen, Kollegien, Universitäten, Kranken- und Armenhäusern sowie die Zulassung zu allen öffentlichen, herrschaftlichen und städtischen Ämtern sowie Chargen verbrieft (ebenda). Damit erlangten die Hugenotten die rechtliche, soziale und politische Gleichstellung mit den katholischen Untertanen des Königs.

Um konfessionell bedingten Benachteiligungen der Hugenotten bei Gerichtsverfahren weitgehend zu begegnen, wurden an einigen Parlamenten gemischtkonfessionelle Kammern geschaffen: am Pariser Parlament die „Kammer des Edikts“. Zusätzlich zu der in Castres, im Languedoc, bereits existierenden „Chambre mi-partie“, die in konfessioneller Hinsicht paritätisch besetzt war, wurden an den Parlamenten von Bordeaux und Grenoble gleichartige Kammern eingerichtet (ebenda).

Den Hugenotten war es des weiteren gestattet, Konsistorien, Kolloquien, Provinzial- und Nationalsynoden, also – vereinfachend formuliert – Kirchenversammlungen, durchzuführen. Die (bis 1905 gültige) Bestimmung, dass die Veranstaltung von Nationalsynoden nur mit Zustimmung des Königs gestattet war, wurde vom Pariser Parlament erst bei der Einregistrierung des Edikts im Februar 1599 in den Artikel 34 der „Geheimen Artikel vom Mai 1598“ eingefügt (Edikt von Nantes). Intendiert war von der Krone, dass auf den Versammlungen der Vertreter der calvinistischen Gemeinden, insbesondere auf Nationalsynoden, nur spezifische Belange der reformierten Kirchen behandelt wurden, also nicht allgemeine politische oder gar militärische Angelegenheiten. In der Realität der folgenden Jahre war dies aber mehr oder minder doch der Fall. Heinrich IV. hat dies zwar zu unterbinden versucht, gleichwohl letztlich hingenommen.

Von zentraler Bedeutung war, dass der König den Hugenotten im zweiten geheimen Patent vom 30. April 1598 für die Dauer von acht Jahren weit mehr als hundert Sicherheitsplätze – eine genaue Zahl ist nicht genannt – gewährte. Im Text wird von Zufluchtsplätzen gesprochen. Dort sollten die Hugenotten bei möglichen Unruhen, die sich gegen sie richteten, Schutz finden. Für die in den Sicherheitsplätzen – in einer Aufstellung vom Mai 1598 wurden 58 „places de sureté“ und 18 „places de mariages“ genannt – unterhaltenen Garnisonen leistete der König eine jährliche Zahlung von 180 000 „écus". Die Gewährung dieser Zufluchtsorte bzw. Zufluchtsplätze ging weit über frühere Zugeständnisse der Krone hinaus und signalisierte den Hugenotten, dass es Heinrich IV. mit dem Schutz seiner früheren Glaubensgefährten ernst war. Außerdem hat er sich während der Folgezeit in der Frage der Verlängerung der zeitlichen Befristung dieser zentralen Konzession gesprächsbereit erwiesen.

Auch wenn die Hugenotten von ihren Maximalzielen, so zum Beispiel von der Forderung nach völliger Parität mit dem konfessionellen Status der Katholiken, große Abstriche machen mussten und die katholische Kirche in Frankreich nach wie vor dominierte sowie auch beträchtliche Vorteile durchzusetzen vermochte, so stellte das Edikt von Nantes für die französischen Calvinisten doch ein Gesetzeswerk dar, das ihnen auf absehbare Zeit eine gesicherte konfessionelle, rechtliche und politische Existenzgrundlage bot und das in seiner Bedeutung nicht zu überschätzen ist. Im Unterschied zu früheren Pazifikationsedikten stand hinter diesem die Entschlossenheit Heinrichs IV., es gegen alle Widerstände durchzusetzen. Ja, er ließ es dabei nicht bewenden. Er akzeptierte in der täglichen Praxis seiner Anwendung eine für die Hugenotten in der Regel großzügige Auslegung und geizte auch sonst nicht mit Gunstbeweisen ihnen gegenüber. Dass aber sowohl auf calvinistischer als auch auf katholischer Seite – insbesondere von deren intransigenten Vertretern – am Edikt mehr oder minder scharfe Kritik geübt wurde, kann vor dem Hintergrund der langen und von den Konfliktparteien sehr oft mit Brutalität geführten Auseinandersetzungen nicht überraschen. Belastend wirkte sich für die Zukunft aus, dass die Calvinisten in Anbetracht der andauernden Gegnerschaft der übergroßen Mehrheit der Katholiken davon überzeugt waren, den Auf- und Ausbau ihrer autonomen politisch-militärischen Strukturen zum eigenen Schutz weiter betreiben zu müssen. Damit handelten sie oft dem Geist des Edikts zuwider.

Alles in allem ist in der historischen Rückschau zu konstatieren, dass Heinrich IV. das Edikt von Nantes in durchaus gerechter Weise realisieren ließ. Unter den damaligen Gegebenheiten bedeutete dies aber, dass er sich mehr für die Respektierung der Rechte der protestantischen Minderheit als für jene der Katholiken einsetzen musste. Der König blieb den Reformierten nach wie vor sehr verbunden. Er verriet sie nicht. Daraus ist aber keineswegs zu schlussfolgern, dass er längerfristig sein oberstes Ziel, die Wiederherstellung der religiösen Einheit, der „concordia“, in Frankreich aufgab. So erklärte er zum Beispiel gegenüber einem Florentiner Kardinal, dass die Gewährung von Sicherheitsplätzen für die Hugenotten nur temporärer Natur sei, weil er hoffe, dass die französischen Reformierten noch vor 1606 wieder in den Schoß der katholischen Kirche zurückkehren würden.

VIII.
Heinrich IV.: Kampferprobter und von der Mehrheit der Franzosen schließlich akzeptierter König von Frankreich (1598–1610)

Gegen Ende des 16. Jahrhunderts hatte der erste Bourbonen-König seine innen- und außenpolitische Position erheblich gestärkt. Die Monarchie befand sich unter seiner Kontrolle. Die offenen konfessionellen Auseinandersetzungen zwischen den Katholiken und Reformierten waren durch seine Politik, die zum Edikt von Nantes geführt hatte, – aus damaliger Sicht betrachtet – dauerhaft beigelegt, und der achte lange Bürgerkrieg war zu einem für die Krone und das Land zufriedenstellenden Ende gebracht worden, wenn man einmal von den nach wie vor sowohl auf calvinistischer als auch auf katholischer Seite noch vorhandenen intransigenten Kritikern absieht. Auch der spanischen Herausforderung hatte der König erfolgreich begegnen können, selbst wenn nach dem Friedensschluss von Vervins (1598) zwischen Frankreich und Spanien „kalter Krieg" herrschte. Gelöst werden konnte des weiteren ein zentrales dynastisches Anliegen, aus dem nicht zu unterschätzende innen- und außenpolitische Probleme resultieren konnten. Erreicht wurde die Sicherung der mit Heinrich IV. auf den Thron Frankreichs gelangten Dynastie der Bourbonen, die bis zur Geburt eines legitimen Thronfolgers, des Dauphins Ludwig, am 27. September 1601 nicht nur fraglich, sondern zu einem Problem geworden war.

Die am 18. August 1572 geschlossene Ehe Heinrichs IV. mit Margarete von Valois, die nicht nur wegen der großen Unterschiede beider Charaktere, jahrelanger Trennung und nicht zuletzt wegen des auch nach damaligen Maßstäben höchst freizügigen Liebeslebens beider Partner wohl schon von Anfang an unter keinem guten Stern gestanden hatte, war kinderlos geblieben. Dies lag an der Unfruchtbarkeit der Königin.

Wenn auch das vom König in populären Abhandlungen und in vielen Filmen gezeichnete Bild als eines in sexueller Hinsicht geradezu unersättlichen Mannes in das Reich der Legende zu verweisen ist, so kann doch kein Zweifel daran bestehen, dass er einige Mätressen und zahlreiche mehr oder minder kurzlebige Affären hatte. Über deren genaue Zahl lässt sich trefflich streiten. In unserem Zusammenhang verdienen nur zwei Mätressen Aufmerksamkeit, weil sie für den König während einer längeren Phase seines Lebens eine besondere Rolle gespielt haben.

Da ist zunächst seine offizielle Mätresse Corisande zu nennen. Diane d'Andoins, Gräfin von Guiche, genannt die schöne Corisande (1554–1620), war einige Monate jünger als Heinrich IV. Sie wurde 1554 geboren – das genaue Datum ist unbekannt – und entstammte einem der sehr angesehenen Baronengeschlechter des Béarn. Verheiratet war sie mit Philibert de Gramont, Graf von Guiche, der einer mächtigen katholischen Adelsfamilie der Gascogne entstammte und 1580 bei der Belagerung der Festung von La Fère (nördlich von Compiègne in der Picardie gelegen) den Tod fand. Gramont war 1576 an der Flucht Navarras vom Hof des Königs beteiligt gewesen, er hatte sich aber 1580 wieder den Parteigängern Heinrichs III. angeschlossen.

Obwohl weniger intellektuell und mondän als Margarete von Valois war Corisande gleichwohl eine geistvolle und kultivierte Frau. Sie lebte als Witwe ziemlich isoliert in ihrem Schloss Hagetmau, das sich in dem gleichnamigen Weiler in der Region Chalosse, rund zwanzig Kilometer vom Béarn entfernt, befand. Es war die Schwester Heinrichs von Navarra, Catherine von Navarra, die ihren Bruder mit Corisande bekannt machte. Am 20. Januar 1583 besuchte Heinrich sie erstmals in ihrem Schloss Hagetmau. Seither traf er Corisande immer häufiger, insbesondere in den Jahren von 1583 bis 1585, in denen seine Distanz zur „reine Margot" immer größer wurde.

Corisande, die Navarra – in Anspielung auf seine kleine Gestalt – zärtlich „meinen Zwerg“ nannte, war eine glühende Katholikin und widerstand hartnäckig Heinrichs Bemühungen, sie zu veranlassen, zum reformierten Glauben zu konvertieren. Wie aus der zwischen beiden geführten Korrespondenz hervorgeht, erlangte Corisande alsbald einen beträchtlichen affektiven Einfluss auf Heinrich, was dessen calvinistische Umgebung mit Sorge beobachtete. In der sehr umfangreichen Korrespondenz berichtete Navarra, der sich in jenen Jahren fast ständig im Kampf befand, seiner Mätresse detailliert über die von ihm geführten Gefechte, über militärische und politische Rückschläge sowie über seine Erfolge und gewährte ihr dabei intime Einblicke in das Auf und Ab seiner damaligen Gefühle und Empfindungen. So berichtete er zum Beispiel am 8. März 1588, in einer Phase, in welcher der achte Bürgerkrieg immer heftiger tobte, Corisande ziemlich ungeschminkt über belastende Prüfungen, mit denen er in den Kämpfen und in der Politik generell konfrontiert wurde: „Der Teufel ist los. Ich bin zu beklagen, und es ist ein Wunder, dass ich nicht unter der Bürde zusammenbreche. Wenn ich nicht Hugenotte wäre, würde ich zu einem Türken. Ha! Welch’ heftige Prüfungen, mit denen man mein Gehirn auf die Probe stellt! Zweifellos bin ich bald entweder verrückt oder ein geschickter Mann“ (Französisches Originalzitat bei Babelon).

Corisande antwortete ihm in geradezu mütterlichem Ton und im Hinblick auf die Zukunft aufmunternd: „Mit Erleichterung und Zufriedenheit erfahre ich, dass Sie damit beginnen, auf sich Acht zu geben. Wenn Sie gezwungen sind, sich in Gefahr zu begeben, erweisen Sie sich gegenüber denen, die Ihnen zu Diensten sind, und gegenüber Ihren Feinden als standhaft und entschlossen inmitten allen Mißgeschicks, mit dem Sie konfrontiert sind. Das wird alle diejenigen, die Ihnen schaden möchten, veranlassen, an sich selbst zu denken […]“ (Französisches Originalzitat bei Bayrou).

Seit März 1588 begannen sich die Beziehungen zwischen Heinrich von Navarra und Corisande zu verändern und zu lockern, was sich in ihrer Korrespondenz insofern niederschlug, als sie weniger intime Züge annahm. Aus Liebe wurde allmählich Freundschaft, die bis zur Ermordung Heinrichs IV. im Jahre 1610 andauerte. Corisande besuchte Heinrich IV. des öfteren, als er König geworden war. Dort traf sie bei einem ihrer Besuche auf Gabrielle d'Estrées (1573–1599), die Heinrich IV. schließlich erobern konnte und die von 1592 bis zu ihrem Tod seine offizielle Mätresse war.

Die 1573 geborene Gabrielle d'Estrées war die Tochter von Antoine d'Estrées, Gouverneur von La Fère, und dessen Ehefrau Françoise Babou de La Bourdaisière, die aus einer sehr alten Adelsfamilie stammte, die in der Nähe von Tours begütert war und seit der Herrschaft von König Franz I. gute Beziehungen zum Hof unterhielt. Die Mutter von Gabrielle hatte im Jahre 1584 das eheliche Domizil verlassen und war ihrem Geliebten in die Auvergne gefolgt.

Vier Jahre nach der Flucht ihrer Mutter zog sich Gabrielle, die damals fünfzehn Jahre alt war, mit der ältesten ihrer sieben Schwestern, Diane d'Estrées, in das Schloss ihrer Familie in Cœuvres, unweit von Compiègne, zurück. Beide Schwestern wurden unter der Vormundschaft ihrer Tante erzogen. Gabrielle war mit ihren blonden Haaren und ihrer sehr hellen, weißen Haut nach den Maßstäben ihrer Zeit eine Schönheit. Allerdings war sie nicht sehr geistreich. Treffen zeitgenössische Berichte zu, soll Gabrielle bereits in sehr jungen Jahren einige Affären gehabt haben; so soll sie schon die Mätresse Heinrichs III. und des Kardinals von Guise gewesen sein.

Wahrscheinlich hatte Heinrich IV. im Sommer 1590 bei einem Besuch im Schloss Cœuvres die damals siebzehnjährige Schönheit erstmals gesehen und war sofort in Leidenschaft für sie entflammt. Es soll Liebe auf den ersten Blick gewesen sein, die jedoch von der Angebeteten zunächst keineswegs erhört wurde. Sie gab aber ihr anfänglich reserviertes Verhalten gegenüber dem nicht mehr jungen Bewerber um ihre Gunst auf. Dafür waren hauptsächlich zwei Gründe ausschlaggebend. Der Bewerber war der König von Frankreich, der zudem ihren Vater alsbald zum „lieutenant général" der Ile-de-France, also zum Stellvertreter des Gouverneurs dieser zentralen Provinz, machte. Diesem demonstrativen Gnadenerweis sollten weitere folgen. Bald danach wurde – um den äußeren Schein zu wahren – eine Hochzeit mit einem „verständnisvollen" Adligen arrangiert. Es war allgemein bekannt, dass dieser Mann impotent war. Es dauerte dann nicht lange, bis Heinrich IV. Gabrielle zu seiner offiziellen Mätresse machte, die er geradezu anbetete. In einem Brief vom 10. Februar 1593 finden sich u.a. folgende Zeilen: „[...] mir scheint es so, dass ich schon ein Jahrhundert lang von Ihnen entfernt sein muss. Sie sollten meine Rückkehr erbitten. Ich habe keine Ader und keinen Muskel, die mir nicht in jedem Augenblick signalisieren, dass ich Sie wiedersehen muss, und die mich nicht den Schmerz über Ihre Abwesenheit empfinden lassen" (Französisches Originalzitat bei Babelon).

Aus dieser Liaison gingen mehrere Kinder hervor, die der König legitimierte und mit seinen – später – ehelich geborenen Kindern gemeinsam erziehen ließ. Um die Dynastie und damit die Thronfolge in der Monarchie zu sichern, hatte Heinrich IV. eine Zeitlang ernsthaft erwogen, Gabrielle d'Estrées nach der angestrebten Annullierung seiner Ehe mit Margarete von Valois zu heiraten. Den ältesten, aus der Verbindung mit seiner Mätresse hervorgegangenen und legitimierten Sohn Caesar von Vendôme (1594–1665) wollte der König zum Thronfolger, zum Dauphin, machen. Dies hätte aber mit Sicherheit nach Heinrichs IV. Tod zu Thronfolgewirren geführt, weil andere Kandidaten ihre Ansprüche angemeldet hätten.

Margarete von Valois, die rechtmäßige Gemahlin Heinrichs IV., war indessen nicht bereit, der vom König seit 1593 angestrebten Annullierung ihrer noch bestehenden Ehe zuzustimmen, weil dieser Gabrielle d'Estrées heiraten und damit zur Königin Frankreichs machen wollte. Durch immer neue Forderungen zögerte die Königin Margot ihre Einwilligung zu dem in Rom betriebenen Annullierungsverfahren hinaus. Es lag aber sicher nicht allein an der Weigerung von Margerete von Valois, dass die bei der Kurie veranlassten entsprechenden Bemühungen längere Zeit erfolglos verliefen. In Rom war man dem mehrfachen Konvertiten aus verständlichen Gründen nicht gerade gewogen. Erst als Gabrielle d'Estrée, die der König zur Herzogin erhoben hatte, am 10. April 1599 unerwartet starb, wurde der Weg frei für eine offizielle Trennung Heinrichs IV. von der „reine Margot". Wenig später – am 12. Mai – signalisierte diese ihre Zustimmung zu dem beim Papst eingeleiteten Prozess, ihre Ehe mit Heinrich IV. als von vornherein ungültig zu befinden, sodass der König nach kanonischem Recht berechtigt war, eine neue, legitime, Ehe einzugehen. Am 22. Dezember 1599 ließ der Papst die Annullierung verkünden.

Um den geltenden kanonischen Bestimmungen Genüge zu tun, bedienten sich die am Annullierungsprozess beteiligten Parteien „eines Vorwandes, der zwar seit den Trientiner Konzilsbeschlüssen [1545–1565 Konzil von Trient] nicht mehr galt, aber für diesen Fall noch einmal aktiviert wurde und der die Ehe zwischen dem Béarner und der Valois als von vornherein ungültig hinstellen ließ: Pate Heinrichs [des bereits im Jahr 1553 verstorbenen älteren Bruders Heinrich von Bourbon, Herzog von Beaumont] war kein geringerer als der damals herrschende französische König Heinrich II., der Vater Margots gewesen. Heinrich [IV.] und seine Frau verband demnach eine ‚spirituelle Verwandtschaft', die als Ehehindernis gelten musste" (Hinrichs).

In interessierten Kreisen hatte man sich bereits vor der Annullierungsentscheidung der Kurie Gedanken über mögliche Kandidatinnen für den König gemacht. Schon im Oktober 1599 hatte ein Angehöriger des Pariser Parlaments während einer Audienz Heinrich IV. nahe gelegt, er möge eine Prinzessin ehelichen, die „der Hälfte seines Bettes würdig sei". In diesem Kontext nannte der Vertreter des Parlaments die Schwester des Königs von Dänemark sowie Töchter des kurfürstlichen Hauses Brandenburg und des Herzogs von Württemberg. Nach einem glaubwürdigen Bericht soll sich Heinrich IV. später zu den beiden letztgenannten Kandidatinnen ungalant geäußert haben: „Die Frauen dieser Region sind ganz und gar nichts für mich [...]. Hätte ich eine von ihnen geheiratet, so hätte ich stets das Gefühl gehabt, ein Faß Wein neben mir liegen haben zu müssen" (Französisches Originalzitat bei Babelon).

Heinrich IV. entschied sich schließlich für eine toskanische Prinzessin, für Maria von Medici (1575–1642). Sie war die Nichte des regierenden Großherzogs Ferdinand I. (1587–1609) der Toskana. Für dieses Heiratsprojekt dürften folgende Argumente eine wesentliche Rolle gespielt haben. In Florenz hatte man schon allein aus dynastischen Gründen ein großes Interesse am Zustandekommen dieser Verbindung. Heinrich IV. hatte dann auch ein gewisses Gefallen an dieser Kandidatin gefunden, nachdem er sich anhand mehrerer ihm überbrachter Miniaturen ein Bild von ihr hatte machen können. Ein nicht zu unterschätzendes Argument für seine Wahl stellte aber auch die hohe Verschuldung beim Großherzog dar, die er bei diesem während seines langen Kampfes um den Thron Frankreichs eingegangen war. Von der nach schwierigen Verhandlungen durchgesetzten Mitgift der Braut in Höhe von 600 000 Talern sollten denn auch nur 350 000 in bar gezahlt werden. Mit dem verbleibenden Rest wurde ein Teil der aufgelaufenen Schulden des Königs getilgt. Der Ehevertrag wurde am 25. April 1600 in Florenz unterzeichnet. Die feierliche prokuratorische Hochzeit, bei der Heinrich IV. durch den Großherzog vertreten wurde, fand am 5. Oktober in Florenz statt.

Als Maria von Medici und ihr zahlreiches Gefolge am 9. November 1600 im Hafen von Marseille eintrafen, war Heinrich IV. nicht zu ihrer Begrüßung angereist. Einmal abgesehen davon, dass der König es vorgezogen hatte, sich seiner damaligen Mätresse zu widmen, bot sein Fernbleiben in Marseille auch zu der Vermutung Anlass, dass er mit seinem Verhalten eine gewisse dynastische Distanz gegenüber den rangniederen Medici demonstrieren wollte. Aber wie dem auch sein mag, jedenfalls musste seine ihm prokuratorisch angetraute Gemahlin die Weiterreise nach Lyon in Abwesenheit Heinrichs IV. fortsetzen.

Er ließ einen Monat verstreichen, bis es am 9. Dezember zur ersten persönlichen Begegnung mit Maria in Lyon kam. Der König ließ sie dort zu sich kommen. Seinem nicht gerade galanten Auftreten ihr gegenüber entsprechend, verbrachte er am selben Tag die Nacht mit Maria von Medici und vollzog damit die Ehe. Erst acht Tage später, am Sonntag dem 17. Dezember, segnete der Kardinal Pietro Aldobrandini, der bereits die prokuratorische Vermählung in der Kathedrale von Florenz zelebriert hatte, das neue Königspaar in einer feierlichen Messe, die in der Kathedrale Saint-Jean von Lyon stattfand. Nachdem die prachtvollen Hochzeitsfeierlichkeiten und die zahlreichen Empfänge beendet waren, die von den Städten zu Ehren der neuen Königin auf deren Reise durch Frankreich nach Paris organisiert worden waren, wurde Maria von Medici mit den alltäglichen Realitäten des damaligen französischen Hofes konfrontiert, der ihr bis dahin weitestgehend fremd war. Geradezu zwangsläufig resultierten daraus für sie eine Reihe von Problemen, die zu überwinden sie sich von Anbeginn bemühte.

Maria von Medici sah sich nach ihrer Ankunft in Frankreich und insbesondere am Königshof mit der nicht zu unterschätzenden Herausforderung konfrontiert, vor die sich alle ihre ausländischen Vorgängerinnen auf dem französischen Thron gestellt sahen und mit der sich auch ihre Nachfolgerinnen auseinanderzusetzen hatten. Man erwartete von ihr, dass sie so schnell wie möglich und vorbehaltlos die Metamorphose von einer ausländischen Prinzessin in eine Königin Frankreichs vollzog. In Anbetracht der um 1600 in der Monarchie seit den Tagen von Katharina von Medici noch verbreiteten anti-italienischen Affekte stellte dies für Maria keine leichte Aufgabe dar.

Heinrich IV. sah die zahlreichen Italiener, die seine Gemahlin nach Frankreich begleitet hatten, sehr kritisch. So stellte er 1601 bei der Konstituierung des Hofstaates Marias von Medici gegenüber dem französischen Ersten Kammerjunker der Königin fest: „Je mehr ich mich damit befasse, desto mehr finde ich mich in meiner ersten Meinung bestärkt, dass der genannten Prinzessin Damen und Herren unserer Nation assistieren und dienen sollen – dies zu meiner Erleichterung sowie Zufriedenheit und damit ich sicher bin, dass sie von ihren Bediensteten besser umsorgt wird“ (Französischer Originaltext bei Bellaud-Dessailles).

In ihrem anfänglichen Auftreten und in ihren Reaktionen auf ihre neue Umgebung, auf die in Frankreich praktizierten Traditionen und Gewohnheiten und insbesondere auf die bei Hofe üblichen Gepflogenheiten sowie auf die in der Monarchie verbreiteten xenophoben Vorurteile manifestierte sich eine typische Grundhaltung Marias von Medici: sie reagierte auf die Ereignisse und Vorgänge, ohne diese zu antizipieren. In den folgenden Monaten und Jahren sollte sie indessen in zunehmendem Maße verstehen, was man von ihr erwartete.

Für viele Franzosen war das aber zu spät. Bei ihnen hatte sich das negative Bild von der Königin bereits verfestigt.

Auch in Frankreich galt, dass eine Königin ihre Position insbesondere dadurch festigte, dass sie so schnell wie möglich das tat, was man von ihr erwartete – nämlich für die Sicherung der Thronfolge und damit der herrschenden Dynastie zu sorgen. In einer Monarchie, in der gemäß der geltenden Thronfolgeordnung nur der jeweils älteste legitime Sohn des Königs – nicht kraft Erbrechtes, sondern kraft Gesetzes – nach dem Tode des regierenden Herrschers auf dem Thron folgte, war die Gewährleistung der Nachfolge durch einen Thronfolger, einen Dauphin, von zentraler Bedeutung. Maria von Medici kam dieser „Pflicht" alsbald nach. Am 27. September 1601 brachte sie im Schloss Fontainebleau ihren ersten Sohn Ludwig von Frankreich, den lange ersehnten Dauphin, den späteren Ludwig XIII. (1610–1643), zur Welt. Nicht nur der König und die Königin, sondern auch ganz Frankreich waren über die glückliche Geburt des Dauphins hocherfreut und erleichtert. Ein zweiter Sohn, Nicolas, Herzog von Orléans, kurz „Monsieur" genannt, wurde am 16. April 1607 ebenfalls im Schloss Fontainebleau geboren. Er verstarb aber schon am 17. November dieses Jahres. Der dritte Sohn Gaston Jean Baptiste, Herzog von Anjou (1608–1660), erblickte am 25.April 1608 das Licht der Welt. Im Jahre 1626 wurden ihm die Herzogtümer Orléans und Chartres von Ludwig III. übertragen. Seit dieser Zeit führte er den Titel eines Herzogs von Orléans. Sowohl Heinrich IV. als auch Maria von Medici waren über die Geburt ihrer Söhne sehr glücklich, war doch nach menschlichem Ermessen damit die Thronfolge der Bourbonen in Frankreich gesichert.

Außer den beiden überlebenden Söhnen schenkte die Königin ihrem Gemahl noch drei Töchter. Die älteste, Elisabeth von Frankreich („Madame" genannt, 1602–1644), wurde am 22. November 1602 geboren. Sie heiratete im Jahre 1615 den Prinzen Philipp von Asturien, den späteren König Philipp IV. von Spanien (1621–1665). Ihre jüngere Schwester Christina von Frankreich (1606–1663) wurde am 10. Februar 1606 in Paris, im Louvre, geboren. Sie ehelichte im Februar 1619 den Prinzen Viktor Amadeus von Piemont, den späteren Herzog Viktor Amadeus I. von Savoyen (1630–1637). Die am 26. November 1609 ebenfalls im Louvre geborene Henrietta Maria von Frankreich (1609–1669) war die dritte Tochter des Königspaares. Sie wurde am 22. Juni 1625 in Canterbury die Gemahlin des Königs Karl I. von England, Schottland und Irland (1625–1649), der am 30. Januar 1649 sein Leben auf dem Schafott beenden sollte.

In jenen Jahren gelang es Maria von Medici, durch geduldiges und ausdauerndes Agieren im Rahmen der ihr gegebenen Möglichkeiten ihre Position als Königin in wachsendem Maße zu festigen und sich allmählich Respekt und Anerkennung zu verschaffen. Abgesehen von den Geburten haben dazu die in den Jahren 1603/1604 von der Königin mitbewirkten personellen Veränderungen innerhalb ihres Hofstaates und ihre Bemühungen beigetragen, sich eine eigene Klientel aufzubauen. Ihr zunehmendes politisches Gewicht manifestierte sich auch in der Entscheidung Heinrichs IV., seine Gemahlin mit den politischen Entscheidungsprozessen, die in den verschiedenen Ratsgremien abliefen, vertraut zu machen. Anlass dazu war eine ernstzunehmende Erkrankung des Königs im Frühjahr 1603, sodass dieser mit der Möglichkeit rechnen musste, dass Maria von Medici die Regentschaft für den noch minderjährigen Dauphin Ludwig übernehmen müsse. Als dieser Fall dann doch nicht eintrat, weil Heinrich IV. die Erkrankung ohne bleibende Folgen überstand, hielt dieser nicht nur an seiner Entscheidung fest, sondern intensivierte seine Bemühungen, die Königin für alle Eventualitäten in die verschiedenen Bereiche des Regierungshandelns einzuführen und sie dort eigene Erfahrungen sammeln zu lassen. In jeder Woche nahm Maria von Medici an zwei Sitzungen des Staatsrates teil.

Wie der venezianische Botschafter Angelo Badoer im Jahre 1605 an den Dogen in Venedig berichtete, soll die Königin während der Sitzungen des Staatsrates sehr schüchtern und zurückhaltend aufgetreten sein. Sie habe es nicht gewagt, in die jeweiligen Beratungen einzugreifen, um nicht den Eindruck zu erwecken, sie wolle sich mehr Autorität anmaßen als ihr, einer in politischen Dingen noch unerfahrenen Akteurin, gebühre. Heinrich IV. fiel dieses Verhalten seiner Gemahlin sofort auf. Deshalb beauftragte er seinen Vertrauten, den Minister Sully, sich um die politische Ausbildung der Königin zu kümmern und diese so weit wie möglich zu komplettieren. Sully, dessen Werdegang später skizziert wird, tat dies offenbar mit einigem Erfolg, denn in den Monaten vom Frühjahr 1609 bis zum Frühjahr 1610 zeigte sich ganz deutlich, dass sich Maria von Medici im Laufe der Zeit zu einer französischen Königin entwickelt hatte, mit der man sowohl am Hof als auch in der Monarchie generell rechnen musste. Sie hatte sozusagen ihren Lern- und Anpassungsprozess, ihre Entwicklung von einer toskanischen Prinzessin zur Königin Frankreichs erfolgreich abgeschlossen.

Heinrich IV. hat in der praktischen Regierungsarbeit und im Hinblick auf die politischen Strukturen sowie in der politisch-institutionellen Organisation der französischen Monarchie keine grundlegenden Neuerungen vorgenommen. Er knüpfte vielmehr an Bewährtem seiner Vorgänger an. Seine Originalität manifestierte sich darin, dass er sich persönlich in einem Maße sowie mit einer Intensität um die Staatsgeschäfte, um sämtliche Belange der Monarchie kümmerte, wie man es unter seinen unmittelbaren Vorgängern nicht gekannt hat. Er reklamierte für sich nicht nur die höchste Entscheidungskompetenz, die Kontrolle und Autorität im Staate, er setzte sich auch entschlossen gegen Widerstände durch. Insofern kann man durchaus vom „persönlichen Regiment“ Heinrichs IV. sprechen, wenn dieses auch noch nicht die später unter König Ludwig XIV. (1643–1715) durchgesetzte Erscheinungsform der absoluten Monarchie erreicht hat.

Als das Pariser Parlament Schwierigkeiten machte, das Edikt von Nantes einzuregistrieren und damit dessen Implementierung in seinem großen Zuständigkeitsbereich hinauszögerte, reagierte Heinrich IV. entschlossen und zeigte dieser Körperschaft ihre Grenzen auf. Gegenüber deren Mitgliedern, die am 7. Februar 1599 in Paris vor ihm erscheinen mussten, nahm er mit klaren Worten zu deren Hinhaltetaktik Stellung. Aufschlussreich ist, dass der König zunächst einen erstaunlich konzilianten Ton anschlug, um ihnen dann unmissverständlich klar zu machen, dass er von ihnen Gehorsam erwarte: „Sie sehen mich in meinem Arbeitskabinett, wo ich nicht in königlichem Ornat oder in einer Rittermontur mit umgegürteten Schwert zu Ihnen spreche, wie es meine Vorgänger taten; ich spreche auch nicht wie ein Fürst zu Ihnen, der mit ausländischen Botschaftern redet, sondern wie ein nur mit einem Wams bekleideter Familienvater, der sich ganz familiär an seine Kinder wendet. Was ich sagen will, ist, dass ich Sie bitte, das Edikt zu verifizieren, das ich jenen der Religion [d.h. den Calvinisten] gewährt habe. Das, was ich getan habe, dient dem Frieden; ich habe den äußeren Frieden wiederhergestellt, ich will ihn auch im Innern machen. Sie haben mir zu gehorchen, sei es auch nur in Anbetracht meiner Position als König und aufgrund der Tatsache, dass Sie mir wie meine Untertanen Gehorsam schulden. [...] Wenn schon meine Vorgänger auf dem Thron Anspruch auf Gehorsam hatten, dann ich ebenso oder sogar um so mehr, weil ich den Staat wiederhergestellt habe; Gott hat mich auserwählt, um mich an die Spitze des Königreiches zu stellen, das mir als Erbe und aufgrund meines erfolgreichen Kampfes um den mir streitig gemachten Thron zusteht" (Französischer Originaltext bei Babelon). Das Pariser Parlament gehorchte.

Für fundamentale Neuerungen in der Regierung und in der Administration hatten der lange Bürgerkrieg und die gravierenden inneren Krisen Heinrich IV. weder die Zeit noch die dafür erforderlichen Handlungsspielräume gelassen. Vielmehr war der König noch lange nach Beendigung der inneren Konflikte und des äußeren Krieges mit der Bewältigung der daraus resultierenden vielfältigen Probleme und Tagesgeschäfte befasst. Erst nach der inneren und äußeren Befriedung Frankreichs konnte er der Wiederaufrichtung des geschundenen Landes größere Aufmerksamkeit widmen.

Wenn auch die alleinige Entscheidungskompetenz in allen Angelegenheiten der Monarchie dem König zustand, so gehörte es doch zu den Fundamenten königlicher Herrschaft, sich beim Regierungshandeln beraten zu lassen. Traditionsgemäß traf der König seine Entscheidungen in der Regel in und mit seinem Staatsrat. Heinrich IV. hat die Grundstrukturen des „Conseil du Roi" im Prinzip nicht verändert. Er bevorzugte indessen bei allen wichtigen äußeren und inneren Agenden die Beratung durch einen kleinen Kreis kompetenter Vertrauter.

Das in jeder Hinsicht wichtigste und informelle politische Beratungsgremium war der „Rat für Regierungsangelegenheiten", gelegentlich auch „Enger Rat" genannt, weil die Zahl der zu den Beratungen hinzugezogenen Personen sehr klein war. In der Regel berief Heinrich IV. dieses wichtigste Ratsgremium, für dessen Ablauf es weder eine festgelegte Ordnung geschweige denn ein schriftliches Regelwerk gab, jeden Vormittag zu einer Sitzung ein. Die stets sehr kleine Zahl der Teilnehmer variierte. Der König forderte zur Teilnahme jeweils den- oder diejenigen auf, deren Anwesenheit er wünschte und die im allgemeinen zu seinen Vertrauten zählten bzw. in seiner Gunst standen. Der „Enge Rat", dessen Zusammensetzung dem jeweils zu erörternden Fragenkomplex entsprechend wechselte, war ein rein informelles Beratungsorgan. Ohne die persönliche Anwesenheit des Monarchen existierte es nicht.

Herausragende Angehörige des „Rates für Regierungsangelegenheiten" waren der Kanzler (seit 1599) Pomponne de Bellièvre (1529–1607), der – vereinfachend formuliert – Chef des Justizwesens war, der Konnetabel Herzog Heinrich I. von Montmorency (1534–1614), der nach dem König Chef der Armee war, und Sully, der als engster Vertrauter und Berater eine kaum zu überschätzende Rolle spielte. Diesem erlauchten Kreis von Beratern gehörte aber auch Nikolaus von Neufville, Herr von Villeroy (1542–1617) an, einer der vier amtierenden Staatssekretäre. Vom König 1594 mit dieser Charge betraut, vereinigte er in seinem Zuständigkeitsbereich die auswärtigen Angelegenheiten und die Kriegssachen.

Von 1605 bis zur Ermordung Heinrichs IV. im Jahre 1610 spielte jedoch Sully eine kaum zu überschätzende Rolle unter den Vertrauten und politischen Beratern des Königs. Maximilian von Béthune, Baron von Rosny, seit 1606 Herzog von Sully (1559–1641), war im Alter von nur zwölf Jahren zum Gefolge Heinrichs von Navarra gestoßen. Während des Bürgerkrieges und in der langen Phase, als Heinrich IV. um seine Anerkennung und Durchsetzung als legitimer König kämpfte, befand sich Sully in unverbrüchlicher Treue an dessen Seite. Aber erst verhältnismäßig spät gelang ihm der Aufstieg ins Zentrum der Macht.

Zu den Beratungen im „Engen Rat“ und im Finanzrat wurde Sully vom König seit 1596 hinzugezogen. In dem faktisch von 1599 bis 1605 – als Pomponne-Bellelièvre beim König in Ungnade fiel – existierenden „Ministertriumvirat“ spielte Sully neben dem letztgenannten und Villeroy zunächst nur eine verhältnismäßig bescheidene Rolle – die eines Novizen. Er erreichte erst 1605 eine geradezu dominierende Position unter den amtierenden „Ministern“. Diese Entwicklung zu Gunsten Sullys ist im Zusammenhang damit zu sehen, dass Heinrich IV. im Jahre 1605 Pomponne-Bellelièvre die Staatssiegel entzog.

Seine „Minister“ rekrutierte Heinrich IV. zumeist aus ursprünglich nicht-adligen Familien, deren Angehörige aber über den Erwerb und die Ausübung spezifischer königlicher Ämter (offices) den Aufstieg in den „Robenadel“ und schließlich sogar in hohe Staatsstellungen hatten realisieren können. Dafür waren wohl zwei wesentliche Gründe ausschlaggebend. Angehörige dieser Familien waren in hohem Maße von der Gnade des Königs abhängig, was bei den hochadligen Granden der Monarchie nicht in gleicher Weise der Fall war. Außerdem verfügten die vom König berufenen Angehörigen des „Robenadels“ über die gewünschten Kompetenzen und Fähigkeiten, die sie einer gediegenen Ausbildung und ihrem bisherigen beruflichen Curriculum verdankten.

Ein flüchtiger Blick auf die steile Karriere Sullys sowie auf die verschiedenen Ämter und Chargen, die ihm vom König in den Jahren von Juli 1599 bis Dezember 1603 übertragen wurden, lässt den zwar recht spät begonnenen, dann aber um so rasanter verlaufenen Aufstieg in höchste Chargen erkennen. Am 16. Juli 1599 berief ihn der König zum „Oberintendanten der Festungen“, am 5. September zum „Großmeister der Wege und Straßen Frankreichs“ und am 13. November dieses Jahres zum „Großmeister der Artillerie“. Im Januar 1600 machte ihn der König zum „Kapitän der Hundert Bewaffneten“, zum Kommandeur einer militärischen Spezialabteilung, die wohl Teil des militärischen Hofstaates des Königs war. Schon ein Jahr später erhob ihn Heinrich IV. zum „Großoffizier der Krone“ und zum Grafen von Rosny. „Großoffiziere der Krone“, deren Zahl durch Heinrich III. fixiert worden war, waren der Konnetabel, der Chef der

Armee nach dem König, der Kanzler, der Siegelbewahrer, der Oberkammerherr des Königs, der Admiral, der Königliche Oberststallmeister, die Marschälle Frankreichs und seit 1601 der „Großmeister der Artillerie“. Diese Chargen waren im Prinzip nicht käuflich und deren Inhaber unabsetzbar.

Am 26. Januar 1602 übertrug ihm Heinrich IV. die Charge des Gouverneurs der Bastille, wo er im Laufe der Jahre als „Oberintendant der Finanzen“ Reserven in Höhe von fünf Millionen „livres“ in bar einlagern ließ. Am 12. November desselben Jahres erfolgte seine Berufung zum „Oberintendanten der Gebäude“, womit er für den Unterhalt der Residenzen des Königs in Paris und Umgebung zuständig wurde. Im März 1603 schloß sich die Ernennung zum „Wegebaumeister von Paris“ an, dem der Bau und die Pflege des dortigen Straßennetzes oblagen. Im Dezember dieses Jahres wurde er auch noch Gouverneur des Poitou. Schließlich übte Sully die Funktionen des „Oberintendanten der Finanzen“ aus; er bekleidete also jene für die Finanzen der Krone generell sowie für die Finanzadministration im besonderen so zentrale Charge.

Die gouvernementalen Funktionen Sullys waren ganz bewusst so auf ihn zugeschnitten, dass er in die Lage versetzt wurde, einerseits erfolgreich Maßnahmen zur Wiederherstellung geordneter finanzieller und administrativer Verhältnisse im Lande zu ergreifen und durchzusetzen sowie andererseits die innere und äußere Sicherheit der Monarchie zu gewährleisten. Generell ist zu konstatieren, dass Sully seit 1598/99 für Heinrich IV. zu einem äußerst loyalen, zupackenden und durchaus erfolgreichen Mitarbeiter auf allen Ebenen der Regierung, zu einem „Mann für alle Belange“ geworden war, dessen Rat, Unterstützung und unermüdliches Engagement der König in hohem Maße schätzte. Auf diesen in jeder Hinsicht kompetenten und ihm in Treue ergebenen Mann konnte sich Heinrich IV. jederzeit verlassen. Gleichwohl erlangte Sully nicht die Position eines „Prinzipalministers“, wie sie der Kardinal Armand Jean du Plessis de Richelieu (1585–1642) in den Jahren seines „Ministeriats“ von 1624 bis zu seinem Tod (1642) unter Ludwig XIII. erreichen sollte. Sully agierte zu keinem Zeitpunkt gegen den Willen des Königs. „Insofern dürfen wir vermuten, dass der Aufbau der Finanzverwaltung und mit ihr der gesamten Staatsverwaltung in Richtung auf ein zentralisiertes bürokratisches System, der unter Sullys Einfluss stattfand, unmittelbar dem Willen des Königs entsprach und Ausfluß und Erfüllung seines persönlichen Regiments war" (Hinrichs).

Dem Wiederaufbau des Landes und der Effektivierung der Administration insbesondere in den Provinzen dienten auch einige Maßnahmen, die Heinrich IV. in enger Abstimmung mit Sully, der sie dem König wohl vorgeschlagen hatte, realisiert hat und die von einem Großteil der damaligen Franzosen als Neuerung wahrgenommen worden sind. In diesem Zusammenhang ist in erster Linie auf die Entsendung von außerordentlichen Beauftragten der Krone in die Provinzen zu verweisen, die mit genau fixierten und zeitlich befristeten Kompetenzen ausgestattet waren und jederzeit vom König abberufen werden konnten. Ihre Hauptaufgabe war, über die jeweiligen Gegebenheiten und Probleme in ihrem Zuständigkeitsbereich detaillierte Informationen zu sammeln sowie dafür zu sorgen, dass die Entscheidungen der Krone realisiert wurden. Diese königlichen „Kommissare" hoben zumindest zeitweilig die Zuständigkeiten der lokalen Amtsträger auf bzw. schränkten sie in der Wahrnehmung ihrer Funktionen ein. Das hatte negative Reaktionen der betroffenen „officiers" zur Folge, die ja ihr „office" gekauft hatten, das durch das Auftreten der Kommissare an Wert verlor.

Unter Heinrich IV. nahm die Zahl der Kommissare in signifikanter Weise zu. Immer öfter wurden sie mit detaillierten Anweisungen in ihrer Instruktion ausgestattet in die Provinzen entsandt, um die Arbeit der örtlichen „Steuer- und Finanzbeamten" zu kontrollieren, Mißbräuche abzustellen und um die Eintreibung der fiskalischen Abgaben an die Krone zu beschleunigen. Die Kommissare wurden aber auch eingesetzt, um die Durchsetzung und Einhaltung der Regelungen des Edikts von Nantes zu gewährleisten, denn immer wieder kam es sowohl auf seiten der Katholiken als auch der Calvinisten zu Verstößen gegen dieses Edikt.

Als Sully, der ebenso wie der König keine hohe Meinung von den „officiers" hatte, für den zivilen Bereich der Administration zuständig wurde, erhielt die Verwaltung – und damit auch die Institution der königlichen Kommissare – einen gewissen militärischen Zug. Vergegenwärtigt man sich die Herkunft und die militärische Karriere Sullys, so ist diese Entwicklung nachvollziehbar.

Bis in die Gegenwart hinein ist wiederholt die Ansicht vertreten worden, Heinrich IV. und Sully hätten die Funktionen und Zuständigkeiten der obersten Gerichtshöfe, also der Parlamente, der Oberrechnungskammern, der obersten Steuergerichte sowie der Provinzialstände einschränken bzw. diese Organe sogar ausschalten bzw. völlig beseitigen wollen. Mit derartigen Pauschalurteilen wird man aber der komplexen Realität in keiner Weise gerecht. Es ist zwar nicht zu bestreiten, dass beide die gesamte Administration der Monarchie effektivierten und die dafür erforderlichen Maßnahmen ergriffen. Es ist auch zutreffend, dass sie offenem Widerstand gegen Entscheidungen des Königs und Angriffen auf dessen Autorität mit Entschlossenheit begegneten. Das gilt in besonderem Maße für die Provinzialstände. Dort, wie beispielsweise in der Guyenne, wo die Versammlung der Provinzialstände die Durchführung von Reformmaßnahmen verweigerte und damit gegen die Krone opponierte, wurden die überkommenen Rechte und Privilegien der Provinzialstände beschnitten. Aber in jenen Provinzen, in denen die Stände bereit waren, auf einer sachbezogenen Basis mit der Krone zu kooperieren, bewahrten sie nicht nur ihre bisherigen Rechte, Privilegien und ihre Autonomie, sondern sie erlebten sogar eine Phase neuer Blüte.

Trotz dieser hier nur exemplarisch skizzierten Maßnahmen zur Effektivierung der Administration der Monarchie, die auch durchaus signifikante Erfolge aufwiesen, blieb die Krone auch unter Heinrich IV. darauf angewiesen, sich zur schnelleren Durchsetzung ihrer Entscheidungen in den Provinzen weiterhin eines weitgespannten Netzes von Klientel- und Fidelitätsbeziehungen zu bedienen. In Anbetracht der Tatsache, dass sich der Bürokratisierungsprozess des frühmodernen Staates aufgrund der vielfältigen Widerstände und der retardierend wirkenden Tradition nur sehr langsam vollzog, war dieses Klientel- und Fidelitätsnetz für die Krone unverzichtbar.

Dass der von Heinrich IV. mit tatkräftiger Unterstützung durch Sully vorangetriebene innere Befriedungs- und Konsolidierungsprozess, in dessen Rahmen auch die skizzierten Maßnahmen zur Effektivierung des Staatsrates und der Administration der Monarchie einzuordnen sind, nicht spannungs- und widerspruchslos verlaufen ist, war in Anbetracht der geschilderten Ereignisse und Entwicklungen der vorausgegangenen Jahrzehnte zu erwarten. Auch der König hatte sich darüber wohl keinen Illusionen hingegeben. Um auf die daraus resultierenden vielfältigen inneren, aber auch äußeren Probleme zu reagieren, praktizierte der König einen Regierungsstil, der von Fall zu Fall pragmatisch, dann aber auch autoritär sein konnte. Pragmatisch hatte er zumeist während der Phase seines jahrelangen Kampfes agiert, um sich in Frankreich als legitimer König gegen seine Gegner und gegen vielfältige Widerstände durchzusetzen.

Nachdem aber der innere und äußere Friede – wenn auch mit manchen mehr oder weniger kaschierten latenten Bruchstellen – erreicht war, galt es, die Autorität des Königs zu stabilisieren und gegen Widerstände durchzusetzen. Dabei erwies sich jedoch in manchen Fällen eine pragmatische Politik, die auf Gnade vor Recht setzte, als ineffektiv, sodass sich der König zu härteren Maßnahmen gezwungen sah, die von den davon Betroffenen als autoritär, ja geradezu als absolutistisch kritisiert wurden. Gegen diese von Teilen der französischen Granden als autoritär empfundene Politik des Königs und Sullys – weil diese Politik in deren Augen nicht mehr auf Konsens, sondern auf die Durchsetzung der Autorität der Krone setzte – formierte sich mehr oder minder latente Opposition. Die Granden fühlten sich vernachlässigt und gegenüber den aufstrebenden und zumeist gut ausgebildeten Angehörigen des „Robenadels" zurückgesetzt.

Heinrich IV., der sich stets dem Adel verbunden fühlte, hat dessen traditionelle Privilegien und verbriefte Rechte sowie dessen militärische Bedeutung für die Monarchie nicht in Frage gestellt – im Gegenteil, er hat dessen militärische Funktion immer wieder als unverzichtbar für die Monarchie hervorgehoben. Auf diese Grundeinstellung des Königs ist auch zurückzuführen, dass er es vorzog, sich mit den hochadligen Anführern der Liga mit diplomatischen und finanziellen Mitteln zu arrangieren, wenn auch nicht zu leugnen ist, dass es in den meisten Fällen die jeweiligen politisch-militärischen Gegebenheiten nicht zuließen, diese Ligisten kurzfristig mit Waffengewalt zur Räson zu bringen. Den von Angehörigen des Hochadels traditionell erhobenen Forderungen, bei der Regierung des Landes ein gewichtiges Wort mitzureden, zumindest aber konsultiert zu werden, ist Heinrich IV. jedoch entschlossen entgegengetreten. Dafür ließe sich eine Reihe von Beispielen anführen. Hier soll jedoch nur der Fall des Herzogs Karl von Biron (1562–1602) etwas ausführlicher thematisiert werden, weil sich darin sehr persönliche Motive, politische Ambitionen, verschwörerische Aktivitäten im Innern und Verbindungen zu äußeren Feinden des Königs manifestierten und sich die oben angesprochenen Probleme wie in einem Brennglas geradezu bündelten. Im Fall des Herzogs von Biron lassen sich die Brisanz derartiger bzw. analoger Aktivitäten unzufriedener Adliger und die daraus resultierenden potentiellen Gefahren nicht nur für den König, sondern auch für die innere Stabilität der Monarchie erkennen. Weil in diesen Fall der Herzog von Savoyen und der spanische König ebenfalls involviert waren, manifestiert sich auch hier die Interdependenz von innen- und außenpolitischen Vorgängen.

Auslöser der Auseinandersetzung mit dem Herzog Karl Emanuel I. von Savoyen, die schließlich zu einer militärischen Intervention Heinrichs IV. in Savoyen eskalierte, war das seit dem Frieden von Vervins (1598) strittige Problem Saluzzo. Wie bereits im Zusammenhang mit den Ausführungen zu den wichtigsten territorialen Bestimmungen dieses Friedensvertrages erwähnt, war das Marquisat Saluzzo, das der Herzog von Savoyen 1588 besetzt hatte, in dessen Händen verblieben. Im Vertrag war aber fixiert worden, dass der Papst als Schiedsrichter innerhalb eines Jahres eine Entscheidung über dessen endgültigen Verbleib fällen sollte. Dazu war es aber nicht gekommen, sodass dieses Problem zwischen Frankreich und Savoyen weiterhin einer endgültigen Lösung harrte.

Auch nach dem Friedensschluss von Vervins hielt Karl Emanuel an seinem Ziel fest, Saluzzo dauerhaft zu erwerben. Seinen Ambitionen kam das Scheitern der päpstlichen Vermittlung durchaus gelegen, und in der Folgezeit setzte er seine Bemühungen im Hinblick auf den endgültigen Erwerb Saluzzos fort. In diesen Zusammenhang ist seine Reise an den Hof Heinrichs IV. im Jahre 1599 einzuordnen. Die Diskussionen zwischen den Repräsentanten des Herzogs und jenen des französischen Königs, die schließlich am 24. Januar 1600 in Paris begannen, führten indessen nicht zu dem von Karl Emanuel angestrebten Ergebnis. In dem am 27. Februar 1600 unterzeichneten Vertrag wurde dem Herzog eine Frist bis zum 1. Juni dieses Jahres konzediert, innerhalb derer er sich zu entscheiden hatte, ob er Saluzzo an Frankreich restituieren oder als Gegenleistung für dessen Verbleib bei Savoyen die Grafschaft Bresse, einige andere kleinere Territorien und die Festung Pinerolo abtreten werde.

Für den Fall einer Zuspitzung der spannungsgeladenen Beziehungen zwischen dem Herzog und Heinrich IV. hatte Karl Emanuel seinen längeren Aufenthalt in Paris auch genutzt, um Kontakte zu französischen Granden zu knüpfen, von denen er zu Recht vermutete, dass ihre Beziehungen zum König nicht ungetrübter Natur seien und dass sie sich für verschwörerische Aktionen gegen den Monarchen gewinnen ließen. Zu den Granden, mit denen der Herzog engere Kontakte anbahnte, gehörten neben dem bereits genannten Herzog von Biron auch der Graf von Auvergne, ein natürlicher Sohn König Karls IX., und der Herzog Heinrich von Bouillon.

Der Herzog von Bouillon zählte zu den mächtigen Granden in Frankreich. Aufgrund des Länderkomplexes, über den er verfügen konnte, und wegen seiner politisch-militärischen Karriere war Bouillon eine Persönlichkeit, die in Frankreich beträchtlichen Einfluss hatte. Seine Ländereien im zentralfranzösischen Limousin genossen aufgrund von Privilegien und Exemtionen eine gewisse Autonomie. „1591 kam er durch seine Heirat mit Charlotte de La Marck als Herzog von Bouillon in den Besitz des souveränen Fürstentums von Sedan, zwischen der Champagne und den Territorien des Bistums Lüttich gelegen. Seine Ländereien eigneten sich gut als Schutzbezirke für die Entfaltung protestantischen Lebens, aber auch zur Vorbereitung ständischer Umtriebe“ (Beiderbeck). Aufgrund seiner zweiten Ehe mit Elisabeth von Nassau (1595), der Tochter Wilhelms von

Nassau-Oranien (1545–1584), Statthalter der Niederlande, wurde er ein Schwager von Moritz von Nassau-Dillenburg (1567–1625, ab 1584 Statthalter von Holland und Seeland), sowie des Kurfürsten Friedrich IV. von der Pfalz (1592–1610). Dank seiner verwandtschaftlichen Verbindungen und seiner Heinrich IV. geleisteten militärischen und diplomatischen Dienste, die er vor allem bei Verhandlungen mit deutschen Reichsfürsten geleistet hatte, spielte Bouillon auch in internationaler Hinsicht eine beachtliche Rolle.

Heinrich IV. war die umtriebige und zwielichtige Geschäftigkeit, die der Herzog Karl Emanuel von Savoyen während seines monatelangen Aufenthaltes in Frankreich neben seinen offiziellen Verhandlungen entfaltet hatte, nicht verborgen geblieben. Das dilatorische Agieren, das der Herzog auch trotz des Vertrages vom 27. Februar 1600, dessen Frist er verstreichen ließ, weiterhin an den Tag legte, trug außerdem wesentlich dazu bei, dass Heinrich IV. sich schließlich zu energischem Vorgehen gezwungen sah. Es ging dem König dabei nicht nur um das ungelöste Problem Saluzzo, sondern auch – wie er mehrfach gegenüber seinen engen Beratern betonte – um seine Ehre und Reputation.

Am 26. Juni 1600 erhielt Sully von Heinrich IV. den Auftrag, möglichst schnell Vorbereitungen für eine militärische Intervention in Savoyen zu treffen. In gewohnter Zuverlässigkeit entledigte sich Sully der ihm gestellten Aufgabe. Heinrich IV. verließ bereits am 27. dieses Monats in Begleitung mehrerer Granden Paris in Richtung Lyon, wo er am 9. Juli eintraf. Als alle militärischen Vorbereitungen abgeschlossen waren, wurde am 11. August 1600 in Lyon die Kriegserklärung gegen Karl Emanuel von Savoyen veröffentlicht. Die Gefahr einer möglichen spanischen Intervention in Frankreich bestand zu diesem Zeitpunkt nicht, weil die Spanier damals damit beschäftigt waren, eine großangelegte Offensive des Statthalters von Holland und Seeland, Moritz von Nassau-Dillenburg, abzuwehren. Der im wesentlichen von Sully geplanten und insgesamt sehr erfolgreichen Kampagne, die in der Nacht vom 11. auf den 12. August begann, konnte der Herzog von Savoyen schließlich nicht standhalten, sodass er sich zur Aufnahme von Friedensverhandlungen gezwungen sah.

Die in Lyon geführten Verhandlungen endeten am 17. Januar 1601 mit der Unterzeichnung eines Friedensvertrages. Karl Emanuel hatte zwar erreicht, dass die Markgrafschaft Saluzzo endgültig in seinem Besitz verblieb, als Gegenleistung für diese französische Konzession musste er aber nicht nur – wie es seinerzeit im Pariser Vertrag vorgesehen war – die Grafschaft Bresse, sondern auch die Lande Bugey, Valromey und Gex an die französische Krone abtreten. Mit dem Gewinn dieser Territorien konnte die Monarchie im Südosten zwischen Saône und Rhône, an der Grenze zu Savoyen, arrondiert werden.

Die militärische Kampagne gegen Savoyen stellte insofern einen wichtigen Wendepunkt in der Politik Heinrichs IV. dar, weil damals – im Unterschied zu den vergangenen Jahrzehnten und in den Augen einiger Granden des Landes – die Kriegführung vollständig in den Händen des Königs und Sullys zu liegen schien. Diese Granden fühlten sich marginalisiert und verfolgten den rasanten Aufstieg Sullys mit zunehmendem Argwohn. Das ist der Hintergrund, vor dem man die auch während des Krieges entfalteten zwielichtigen, ja konspirativen Aktivitäten des Herzogs von Biron, des Herzogs von Bouillon, des Grafen von Auvergne und anderer Adliger zu sehen hat. Heinrich IV. gelangte aufgrund des Verrats eines Mitbeteiligten in den Besitz von Informationen, die ihn schließlich zu entschlossenem Vorgehen gegen Biron und seine Komplizen veranlasste. In der Nacht vom 13. auf den 14. Juni 1602 ließ er den Marschall Biron verhaften. Dieser wurde beschuldigt, geheime Verhandlungen mit dem spanischen König und dem Herzog von Savoyen geführt und eine Verschwörung gegen den König vorbereitet zu haben. Karl von Valois, Graf von Auvergne (1573–1650), wurde ebenfalls in der Bastille inhaftiert. Gegen Biron wurde am 17. Juni vor dem Pariser Parlament der Prozess eröffnet. Im am 29. Juli ergangenen Urteil erklärten ihn die Richter für schuldig, „einen Anschlag auf die Person des Königs und auf seinen Staat geplant zu haben“. Er wurde zum Tode verurteilt und das Urteil bereits am 31. Juli 1602 vollstreckt. Entgegen früherer Praxis hatte Heinrich IV. den zahlreichen Gnadengesuchen, die ihm von höchsten Würdenträgern und Angehörigen des Hochadels unterbreitet worden waren, wider Erwarten nicht stattgegeben.

Um die möglichen Gründe für das Vorgehen des Königs in diesem Fall zu beleuchten, ist es erforderlich, etwas detaillierter auf die Karriere Birons und dessen verschwörerische – zumindest sehr zwielichtige – Aktivitäten einzugehen. Charles de Gontaut, duc de Biron, entstammte einer Familie des mittleren Adels im Südwesten der Monarchie. Der Vater Armand de Gontaut, Baron von Biron, war von den Valois-Königen zum Marschall von Frankreich und zum Stellvertreter des Gouverneurs der Guyenne ernannt worden mit dem Auftrag, dort die Hugenotten in Schach zu halten. Im Juni 1589 hatte er sich dann gegen entsprechende materielle „Aufmerksamkeiten" dem neuen König Heinrich IV. angeschlossen. Danach diente er Navarra, der von dessen langen militärischen Erfahrungen profitierte. Er fand im Jahre 1592 bei der Belagerung von Épernay den Tod. Sein Sohn Charles, 1562 geboren, war rund acht Jahre jünger als Heinrich IV. Da seine Mutter Calvinistin war, wurde er von seiner ebenfalls calvinistischen Tante im reformierten Glauben erzogen. Er konvertierte dann aber zum katholischen Glauben.

Seit 1589 hatte er wie sein Vater an der Seite des Königs gekämpft. An dessen letzten großen militärischen Erfolgen über seine innerfranzösischen Gegner hatte er einen maßgeblichen Anteil. Heinrich IV. honorierte seine Dienste viel großzügiger als er es in manchen anderen vergleichbaren Fällen getan hat. Er erhob ihn zum Marschall Frankreichs, machte ihn zum „Generalleutnant der Armeen", womit er faktisch deren Oberkommando nach dem alt gewordenen Konnetabel Montmorency führte. Im Jahre 1598 erhob der König die Baronie des Vaters zum Herzogtum und zur Pairie Frankreichs. Es folgten Birons Ernennung zum Gouverneur Burgunds und 1601 seine Verwendung als Botschafter am Hof der englischen Königin Elisabeth I.

Nach der erfolgreichen Kampagne gegen den Herzog von Savoyen, an der auch Biron teilgenommen hatte, hatte letzterer gehofft, dass Heinrich IV. ihm die Charge des Gouverneurs der Zitadelle von Bourg-en-Bresse übertragen werde. Dieses Gouvernement ging dann aber an einen Hugenotten, was Biron als Undankbarkeit und unverdiente Zurücksetzung empfand. Bereits seit 1598 hatte der Marschall

Kontakte zum spanischen König unterhalten. Die zunehmende Enttäuschung über das Verhalten ihm gegenüber und möglicherweise verärgert über die eine oder andere spöttische Bemerkung des Königs, die ihm hinterbracht worden war, hatten ihn dann wohl veranlaßt, sich auf ein Komplott gegen Heinrich IV. einzulassen. Schon Anfang 1601 hatte er eine Verschwörung ins Auge gefasst, für die er die Mitwirkung einiger Hochadliger gewinnen konnte. Außerdem hatte er eine Verbindung zum spanischen Gouverneur des spanischen Herzogtums Mailand hergestellt, der ihm finanzielle und militärische Unterstützung für die Organisation einer Rebellion unzufriedener Adliger in Aussicht gestellt hatte. Einzelheiten wurden bei einem Treffen am 27. Januar 1601 in Somma im Tessin besprochen. Diese Unterredung wurde von einem Beauftragten Birons, seinem Agenten Jacques bzw. Jean de La Nocle, sieur de La Fin, mit dem Herzog Karl Emanuel von Savoyen und mit dem spanischen Gouverneur von Mailand geführt. Teilnehmer war aber auch der spanische Botschafter in Savoyen. Wenn es damals noch nicht zu konkreten Abmachungen gekommen war, so wurden die Beziehungen Birons zu auswärtigen Mächten jedoch noch enger. Der Abschluss des Friedensvertrages von Lyon vom 17. Januar 1601 durchkreuzte aber das geplante Vorhaben einstweilen.

Anfang 1602 intensivierte Biron seine verschwörerischen Aktivitäten, sodass ein englischer Diplomat im Februar dieses Jahres nach London berichten konnte, dass rund 950 Adlige der Auvergne und der Gascogne in eine verschwörerische Aktion involviert seien und die Unterstützung des Herzogs von Savoyen und des spanischen Königs hätten. Angeführt werde diese Verschwörung von Biron, dem Konnetabel Montmorency, dem Herzog von Montpensier, dem Grafen von Auvergne, dem Herzog von Épernon und dem Herzog von Bouillon.

Heinrich IV. und Sully dürften über diese Aktivitäten informiert gewesen sein. Genauere Details erfuhren sie aber von dem Agenten Birons, von de La Fin. Nachdem dieser sich mit Biron überworfen hatte, begab er sich im März 1602 nach Fontainebleau, wo er Heinrich IV. über die im Gange befindliche Konspiration im Detail informierte und auch belastende Dokumente aushändigte. Der König entschied sich, zunächst nicht gegen Biron vorzugehen, sondern diesem die Gelegenheit zu geben, sich ihm selbst anzuvertrauen und damit zu einer friedlichen Beilegung der Affäre beizutragen. Nach außen hin ließ sich der König nicht anmerken, über welch' brisante Informationen er bereits verfügte. Er beschränkte sich darauf, Biron am 14. Mai aufzufordern, bei Hofe zu erscheinen. Am folgenden Tag schrieb er jedoch an den Schwager Birons, dass er, also der König, täglich so große Übeltaten, Undankbarkeiten, Komplotte und Zeichen von Untreue entdecke, die auch der Empfänger seines Schreibens wohl nicht für möglich halten würde. Das war wohl eine verklausulierte Warnung nicht nur an die Adresse Birons, sondern auch an die anderen beteiligten Granden.

Biron, der vom Verrat seines Agenten nichts wusste, traf am 12. Juni 1602 in Fontainebleau ein. Bei einem Spaziergang in den Gärten des Schlosses informierte Heinrich IV. den Marschall über die kursierenden Gerüchte, die ihn und andere namhafte Adlige betrafen. Biron leugnete jegliche Schuld und betonte, dass er nichts Unrechtes getan habe. Am folgenden Tag führte Heinrich IV. ein weiteres Gespräch mit Biron und redete ihm dabei eindringlich ins Gewissen. Als auch diese Unterredung Biron nicht veranlasste, sich dem König zu offenbaren, wurde am Nachmittag desselben Tages in der Sitzung des Staatsrates seine Verhaftung und jene des Grafen von Auvergne beschlossen. Noch in der Nacht vom 13. auf den 14. Juni erfolgten die Verhaftungen.

In den nächsten Tagen erging ein Zirkularschreiben an die Städte und königlichen Funktionsträger in den Provinzen, in dem sie über die Verhaftungen und deren Gründe informiert wurden. Mehr oder minder persönlich gehaltene Schreiben ließ der König an einige Granden, wie an den Herzog von Epernon oder an den Marschall de La Force (1558–1652) richten, was wohl als Warnung verstanden werden sollte.

Aufgrund der dargelegten Fakten lässt sich wohl schlussfolgern, dass sich der Herzog von Biron bei seinem konspirativen Agieren von sehr persönlichen Motiven und von rückwärts gewandten politischen Überzeugungen hat leiten lassen, die damals auch bei anderen französischen Granden zu beobachten waren, die mit dem auf Wahrung und Durchsetzung seiner Autorität basierenden Vorgehen Heinrichs IV. und mit dessen personellen Umstrukturierungen im Staatsrat sowie mit seinen Maßnahmen in den Provinzen nicht einverstanden waren. Heinrich IV. war sicherlich seinerseits persönlich enttäuscht darüber, dass Biron hartnäckig jegliche Schuld leugnete und auf das ihm unmissverständlich unterbreitete Angebot nicht eingegangen ist, sich ihm, dem Souverän, zu offenbaren und damit sein Pardon zu erwirken. Andererseits ist das Vorgehen Heinrichs IV. in diesem Fall auch als ein Exempel zu werten, das an die Adresse potentieller oppositioneller Granden gerichtet war. Vor allem wollte er ein mögliches Wiederaufflammen innerer Unruhen, also die Gefahr eines neuen Bürgerkriegs, bereits im Keim ersticken.

Wohl weil der Graf von Auvergne ein illegitimer Sohn Karls X. war, entging er damals einem juristischen Verfahren. Im Falle des Herzogs von Bouillon, der bei Verhören, die im Zusammenhang mit der Affäre Birons durchgeführt worden waren, ebenfalls schwer belastet worden war, entschied Heinrich IV., ihn zu einer Aussprache an den Hof kommen zu lassen. In den Verhören anderer war er beschuldigt worden, von Spanien Geldzahlungen erhalten zu haben, um eine Erhebung gegen den König zu organisieren. „Bouillon sei überdies dafür vorgesehen [gewesen], zwischen den Generalstaaten [der Niederlande] und dem Erzherzog Albert [spanischer Statthalter bzw. Regent der Niederlande] einen Frieden zu vermitteln, damit Spanien seine Mittel auf den Sturz Heinrichs IV. konzentrieren könne. Diese niemals bewiesenen Verdachtsmomente lieferten nicht nur den Stoff für eine weitere innere Erschütterung der Herrschaft Heinrichs IV., sie waren durch Bouillons Konfession [er war Calvinist] und durch seine internationalen Verbindungen auch dazu geeignet, Frankreichs Außenpolitik in Unordnung zu bringen“ (Beiderbeck).

Bouillon kam der Aufforderung des Königs, bei Hofe zu erscheinen, nicht nach. Vielmehr versuchte er, seine Glaubensgenossen im Limousin und im Languedoc für sich zu mobilisieren und mit deren Unterstützung zu erreichen, dass sein Fall vor die gemischtkonfessionelle Kammer in Castres gebracht werde. Dann zog er es jedoch vor, aus Frankreich zu fliehen und sich über Genf nach Heidelberg in den Schutz seines Schwagers, des Kurfürsten von der Pfalz, zu begeben. Damit erhielt sein Fall eine weitere internationale Dimension, auf die Heinrich IV. wegen seiner engen Beziehungen zu den protestantischen Reichsfürsten reagieren musste, um Spannungen mit den letzteren, wenn möglich, erst gar nicht aufkommen zu lassen.

Dem König lag sehr daran, den protestantischen Reichsfürsten unverzüglich darlegen zu lassen, dass die innerfranzösische Affäre keineswegs ein konfessionelles Problem sei. Damit hatte er aber zunächst nicht den erhofften Erfolg. Die evangelischen europäischen Nachbarn vermuteten hinter dem Vorgehen gegen Bouillon konfessionelle Motive. Der Schwager Bouillons, der Kurfürst Friedrich IV. von der Pfalz, engagierte sich ganz besonders. Er entsandte 1603 eine Gesandtschaft zu Heinrich IV., die sich am 13. Mai in Fontainebleau mit Nachdruck für die Belange Bouillons einsetzte. Dieses Vorgehen des Kurfürsten provozierte wachsende Verärgerung auf französischer Seite, weil Heinrich IV. nicht zu Unrecht feststellen musste, dass die fraglichen deutschen Reichsfürsten einem konspirativer Aktivitäten beschuldigten Untertanen des französischen Königs mehr Glauben zu schenken schienen als dem Souverän Frankreichs und dem zuverlässigen Freund und Verbündeten der deutschen Protestanten. „Heinrich verbat sich mit deutlichen Worten die Einmischung des Kurfürsten. [Seine] scharfe Abwehrhaltung hatte auch etwas zu tun mit den Angriffen auf seine seit den Bürgerkriegen bisweilen immer noch umstrittene Legitimität. Denn Bouillon stand nicht nur im Verdacht, konspirative Kontakte zu Spanien zu unterhalten, sondern auch die legitime Nachfolge des Dauphins anzuzweifeln" (Beiderbeck).

Schließlich traf Heinrich die Entscheidung, gegen Bouillon militärisch vorzugehen und ihn in seiner Festung Sedan anzugreifen. Vor der Ausführung seiner militärischen Intervention in das unabhängige Herzogtum hatte der König aber auf diplomatischem Wege die Reichsstände darüber in Kenntnis gesetzt und sie eindringlich – und letztlich erfolgreich – davor warnen lassen, aktiv für Bouillon Partei zu ergreifen oder diesen gar militärisch zu unterstützen. Als Heinrich IV. mit seinen Truppen Ende März 1606 vor Sedan erschien, erkannte Bouillon die Aussichtslosigkeit, Widerstand zu leisten. Er unterwarf sich kampflos. Daraufhin ließ Heinrich IV. – anders als im Fall Birons – gegenüber Bouillon Gnade vor Recht ergehen. Der Herzog erhielt seine Ämter und Chargen sowie seine Güter und Besitzungen in Frankreich zurück. Nach vorübergehender Besetzung seines Herzogtums gelangte er 1608 auch wieder in dessen uneingeschränkten Besitz.

Eine Grundkonstante der Außenpolitik Heinrichs IV. war die Rivalität mit Spanien, einer Macht, gegen die er aus verständlichen Gründen geradezu eine Intimfeindschaft entwickelt hatte. Diese Intimfeindschaft und die politischen Gegebenheiten in Europa nach 1598 erklären auch, dass selbst nach dem Frieden von Vervins zwischen dem französischen und spanischen König „kalter Krieg" herrschte. Die unter Heinrich IV. „erneuerte Monarchie verfolgte eine Politik nationaler Selbstbehauptung, die den gegenreformatorischen Impulsen im europäischen System nur eine begrenzte Tragweite einräumte und stets im katholischen Habsburg den potentiellen Gegner sah. Von hier führt der Weg zu Richelieu" (Heinrich Lutz).

In den auf den Friedensschluss von Vervins (1598) und dem Edikt von Nantes (1598) unmittelbar folgenden Jahren war es zunächst das Hauptziel der Außenpolitik Heinrichs IV., keinen großen Krieg in Europa zu riskieren, um den mit äußerst schweren Belastungen für die Monarchie errungenen inneren Frieden nicht zu gefährden, die Festigung seiner Autorität nach innen zu erreichen und nunmehr den Wiederaufbau des geschundenen Landes in Angriff zu nehmen. Das schloß natürlich nicht aus, dass der König auch in dieser Friedensphase, die für den Historiker deutlicher erkennbar ist als für die damals lebenden Franzosen, die sich ihm bietenden Gelegenheiten nutzte, um seinen potentiellen Gegner Habsburg zu schwächen, sofern bei seinen entsprechenden Aktionen das Risiko, einen großen europäischen Konflikt auszulösen, kalkulierbar blieb und minimiert werden konnte. In den Kontext dieser in der Tendenz überkonfessionellen Außenpolitik sind die Aktivitäten Heinrichs IV. im Hinblick auf England, die Niederlande, auf die Reichsstände, Savoyen und das Osmanische Reich, seine Italienpolitik sowie die den Morisken (Mauren) in Spanien gewährte Unterstützung einzuordnen. Hauptziel der Außenpolitik Heinrichs IV. war es, das Gleichgewicht zwischen den katholischen und protestantischen Blöcken zu erhalten und eine spanische Universalmonarchie zu verhindern.

Mögen einige Indizien die Schlussfolgerung nahelegen, dass Heinrich seit *1608* mit seiner Außenpolitik auch hegemoniale Ambitionen zu verfolgen begann, so gibt es doch keine überzeugenden Belege dafür, dass er während seiner *gesamten* Herrschaft die Realisierung eines ganz Europa fundamental verändernden „Großen Plans", eines „Grand Dessein", anstrebte, wie es Sully in seinen Memoiren nach dem Tod des Königs (1610) behauptet hat. Sully verfasste die erste Niederschrift seiner Memoiren in den Jahren zwischen 1611 und 1617. Die verschiedenen Teile des darin enthaltenen „Grand Dessein" konzipierte er wahrscheinlich frühestens 1635 und in den folgenden Jahren, als er seine handschriftlichen Memoiren für die Veröffentlichung überarbeitete und ergänzte, deren erste im Jahre 1638 erschien. In der einschlägigen Forschung ist seit langem unstrittig, dass nicht Heinrich IV., wie Sully behauptet, sondern Sully selbst der Urheber des „Grand Dessein" war.

Generelles und eigentliches Ziel Sullys war die Schaffung eines europäischen Gleichgewichts föderierter Staaten, um die Gefahr der Etablierung einer Universalmonarchie einer einzelnen Macht für die Zukunft zu bannen. Jeglichem Versuch, eine europäische Vorherrschaft zu etablieren – sei es in Form einer Weltmonarchie oder der Hegemonie eines Staates über andere – erteilte er eine Absage. Die Neuordnung Europas und die Gewährleistung eines dauerhaften Friedens sollte durch die Errichtung einer „christlichen Republik" erreicht werden. Diese „République très chrétienne" sollte durch einen vertraglichen Zusammenschluss der einzelnen europäischen Staaten gebildet werden. Zur zentralen Frage, mit welchen Mitteln, mit friedlichen oder militärischen, die Schaffung der „christlichen Republik" erzielt werden sollte, formulierte Sully widersprüchliche Antworten.

Er schien wohl zunächst davon überzeugt gewesen zu sein, dass die territorialen Veränderungen, die er als Voraussetzung für die intendierte Neuordnung und dauerhafte Befriedung Europas erachtete, nicht ohne Krieg erreichbar seien. Zu einem späteren Zeitpunkt, wohl im Gefolge einer Überarbeitung seiner Memoiren für die erste Ausgabe, fasste Sully offenbar eher friedliche Mittel zur Errichtung der christlichen Republik auf der Basis eines europäischen Gleichgewichts ins Auge.

Außenpolitisches Hauptziel des Königs war, das Gleichgewicht zwischen den katholischen und protestantischen Blöcken in Europa zu erhalten sowie eine spanische Universalmonarchie, d. h. eine spanisch-habsburgische Hegemonie, zu verhindern. Zur Erreichung dieses Zieles hatte er aber *nicht* – wie von Sully suggeriert – einen „Grand Dessein" konzipiert, mit dem außerdem auch eine territoriale Neuordnung Europas und die auf dieser Basis zu erfolgende Schaffung einer dauerhaften Friedensordnung durchgesetzt werden sollte. Heinrich IV. war kein Politiker, der sich von einer großen außenpolitischen Idee oder Vision leiten ließ oder der eine auf lange Sicht angelegte und detailliert konzipierte außenpolitische Strategie entwickelt hat. Er war letztlich ein politischer Pragmatiker, kein „Mann einer einzigen Wahrheit, sondern ein Mann der Realitäten" (Babelon).

IX.
Finanzen und Wirtschaft seit 1598

Aus dem Jahre 1594 ist folgende Aussage Heinrichs IV. überliefert: „Als Gott mich zu dieser Krone rief, habe ich Frankreich, wie Sie wissen, nicht nur ruiniert, sondern für die Franzosen fast ganz verloren vorgefunden“ (Originalzitat bei Bayrou). Diese Feststellung war keineswegs übertrieben, sie entsprach der damaligen Realität. Der jahrzehntelange Bürgerkrieg sowie die hohen Zahlungen, die der König an die führenden Repräsentanten der Liga geleistet hatte, die schließlich in sein Lager wechselten, hatten nicht nur die Staatsfinanzen und die Wirtschaft ruiniert, sondern auch für die Masse der Franzosen schier unerträgliche Belastungen zur Folge gehabt. Belief sich die Staatsverschuldung schon im Jahre 1588 auf rund 133 Millionen „livres“ (Pfund), so war sie bis 1596 auf rund 296 Millionen angestiegen. Im Jahrzehnt von 1576 bis 1588 hatte sich der Gesamtbetrag der direkten Steuern, im wesentlichen also der „taille“, von 8 Millionen auf 18 Millionen mehr als verdoppelt. Vergegenwärtigt man sich, dass die „taille“ von der nicht-adligen Bevölkerung, also in der Hauptsache von der Masse der Bauern und sonstigen Nicht-Privilegierten zu zahlen war, kann man erahnen, welche Folgen diese Steigerung für sie hatte. Im Jahr 1596 belief sich das Defizit auf mehr als 10 Millionen „livres“. Die Verschuldung stieg auf mehr als 300 Millionen.

Unter Nutzung der dem Rat für Finanzen, den Sully spätestens seit 1598 völlig kontrollierte, gegebenen Möglichkeiten verschaffte sich der Oberintendant einen recht präzisen Überblick über die Lage der Staatsfinanzen sowie über die finanziellen und fiskalischen Ressourcen der Krone. Auf dieser Basis begann er mit Entschlossenheit sowie unter Rekurs auf drastische Maßnahmen eine rigorose Sanierungspolitik. So konnte er bis zum Jahr 1610 die Staatsverschuldung auf 196 Millionen „livres“ reduzieren. Damit gelang es ihm, den Staat wieder kreditwürdig zu machen. Der Oberintendant erreichte aber noch viel mehr, denn ab 1602 konnte er bei den jährlichen Einnahmen einen Überschuß erzielen. Bereits sechs Jahre später betrug der Überschuß 3,2 Millionen Pfund, um schließlich 1611 auf 4,6 Millionen anzusteigen. Schlussendlich konnte er für die Krone eine Reserve in Höhe von 11 Millionen Pfund ansammeln und in der Bastille einen Staatsschatz von 5 Millionen „livres“ für alle Fälle einlagern.

In Anbetracht dieser verhältnismäßig schnell erzielten Erfolge stellt sich die Frage, auf welche Weise und mit welchen Mitteln Sully und Heinrich IV. sie erreichen konnten. Diese Erfolge waren nicht möglich, indem man die ohnehin schon immens gesteigerten fiskalischen Belastungen der Masse der Steuerpflichtigen, der „Kleinen Leute“, noch stärker anhob. Einmal abgesehen von diesen fiskalischen Belastungen litten die „Kleinen Leute“ zusätzlich unter einer Hausse der Getreidepreise, unter einer generellen Subsistenzkrise sowie unter den Folgen des Bürgerkriegs.

Um die Lage dieser Menschen einigermaßen verstehen zu können, muss man sich deren damalige Lebenshaltungskosten vergegenwärtigen. Die folgenden Fakten vermögen aber nur annäherungsweise einen Eindruck von ihrer Lage zu vermitteln. Eine „livre“, ein Pfund, entsprach dem Wert von 20 „sols“, Sous, und ein „sol“ dem Wert von 12 „deniers“. Um die Mitte des 16. Jahrhunderts kostete in normalen Zeiten ein Kilo Brot ungefähr fünf bis sechs „deniers“, ein Liter Wein vier bis fünf „deniers“ und ein Kilo Fleisch 17 bis 20 „deniers“. Für ein Paar Schuhe musste man 6 bis 8 „sols“ und für Stiefel 50 „sols“ bezahlen. Zum selben Zeitpunkt verdiente ein Geselle, der sozusagen zur „Aristokratie“ der Arbeiter zu zählen ist, ungefähr 70 „livres“ im Jahr, ein Handlanger um die 40 und ein Tagelöhner ungefähr 20 „livres“ im Jahr.

Ein Vater, der eine vierköpfige Familie zu ernähren hatte, benötigte allein für den Kauf von Grundnahrungsmitteln mindestens 25

„livres“ pro Jahr. Die variierenden Kosten für Miete und Kleidung kamen dann noch hinzu. Das bedeutete, dass allein schon eine Missernte, die damals einen starken Anstieg der Getreidepreise und damit der Brotpreise zur Folge hatte, Tagelöhner in eine Existenzkrise stürzte. Durch den in der zweiten Hälfte des 16. Jahrhunderts fast permanenten Bürgerkrieg wurde die Lage für die Masse der Franzosen noch weiter verschärft. Heinrich IV. und Sully war klar, dass eine weitere Erhöhung der direkten Steuern, also in erster Linie der „taille“, ausgeschlossen war.

Um die immense Staatsverschuldung abzubauen, kam für Sully infolgedessen eine weitere Erhöhung der direkten Steuern nicht in Frage. Ein erster und letztlich recht erfolgreicher Schritt bestand für ihn darin, die langfristigen Belastungen durch Zinszahlungen an die Gläubiger und durch Tilgungsverpflichtungen zu reduzieren. Zunächst ließ Sully die entsprechenden bestehenden Verträge überprüfen und eine Zusammenstellung der aufgelaufenen Zahlungsrückstände vornehmen. Auf dieser Basis nahm er dann Verhandlungen mit den jeweiligen Gläubigern der Krone auf. Diesen wurde eine sofortige Tilgung eines Teils der aufgelaufenen Rückstände vorgeschlagen. Dafür mussten sie aber in einen Verzicht auf einen Teil der Schulden sowie in eine neue Staffelung der Tilgungsraten und in eine Reduzierung des Zinssatzes einwilligen. Vor die Wahl gestellt, einen völligen Zahlungsausfall zu riskieren oder wenigstens einen Teil ihrer der Krone geliehenen Beträge zurückzuerhalten, entschieden sich die meisten sog. „financiers“, also jene in etwa mit modernen Großbanken vergleichbaren kapitalkräftigen Finanzkonsortien, für die Annahme des „Angebots“.

Außerdem ließen der König und Sully gerichtliche Untersuchungsverfahren gegen jene „financiers“ vor einem „Sondergericht“ einleiten, die betrügerischer Aktivitäten bei der Realisierung ihrer diversen Finanzgeschäfte und -transaktionen verdächtig waren. Um langwierige und für den einzelnen nicht ungefährliche Prozesse zu vermeiden, waren die meisten Betroffenen bereit, sich durch Bußgeldzahlungen freizukaufen, was letztlich das Ziel der Krone war.

Eine weitere Möglichkeit, die Einnahmen der Krone zu verbessern, bestand darin, entfremdete, verkaufte, verpachtete oder sonstwie vergebene Krondomänen und Kronrechte progressiv wieder der Krone zuzuführen. Rein rechtlich betrachtet, konnte das nur durch Rückkauf geschehen. Aber auch bei diesem Verfahren ließen sich in vielen Fällen durch die Ausübung mehr oder minder verschleierten Drucks durchaus Erfolge erzielen.

Eine andere für die Krone lukrative Möglichkeit, Einnahmen zu generieren, bot der faktisch schon seit längerer Zeit praktizierte Verkauf königlicher Ämter (offices). Aber auch der Schaffung und dem Verkauf neuer königlicher Ämter waren insofern Grenzen gesetzt, als man diese Möglichkeit nicht überstrapazieren durfte, weil dann die Zahl potentieller Interessenten drastisch zurückging, denn die Ausübung der allzu stark vermehrten „offices“ war wegen der daraus resultierenden Minderung der Bezüge nicht mehr lukrativ für die Käufer. Deshalb griff Sully einen Vorschlag auf, der ihm wohl vom Finanzier Paul Paulet unterbreitet worden war. Mit dem dann von Sully dem Staatsrat unterbreiteten Projekt sollte die schon unter den Valois-Königin sehr weitgehend praktizierte Ämterkäuflichkeit reglementiert werden.

Um dieses Projekt zu verstehen, ist kurz auf das komplexe Phänomen der Ämterkäuflichkeit einzugehen. Bis zur Realisierung dieses Projekts konnten die faktisch unabsetzbaren Eigentümer des von ihnen gekauften „office“ dieses wieder an einen anderen Interessenten verkaufen, oder sie durften unter bestimmten Bedingungen von ihrem Amt zu dessen Gunsten resignieren. Dieser Vorgang blieb aber nur unter der Voraussetzung wirksam, dass der Verkäufer/Erwerber diesen Akt mindestens vierzig Tage überlebte und dass die erforderlichen Bestallungsbriefe für den Käufer innerhalb dieser Frist erteilt wurden. Wenn das nicht der Fall war, fiel das jeweilige Amt entschädigungslos wieder an die Krone zurück. Das bedeutete aber einen herben finanziellen Verlust für die Hinterbliebenen des vor Ablauf dieser Frist verstorbenen „officier“. Sullys Projekt sah nunmehr vor, den „officiers“ einen Dispens von dieser Klausel anzubieten. Sie mussten dafür aber eine jährliche Abgabe entrichten, die einen bestimmten

Prozentsatz des Wertes des jeweiligen Amtes ausmachte. Paulet erklärte sich bereit, die Erhebung dieser Taxe zu pachten und dafür der Krone entsprechende Pachtzahlungen zu leisten. Deshalb bezeichnete man alsbald diese Taxe umgangssprachlich als „paulette".

Am 28. November 1602 konnte Sully dank der Unterstützung Heinrichs IV. im Staatsrat die Annahme dieses Projekts durchsetzen. Mit der königlichen Deklaration vom 12. Dezember 1604 wurde die „Paulette" gesetzlich eingeführt und die Verpachtung für den Zeitraum von sechs Jahren an Paulet verfügt. In der Folgezeit stiegen nicht zuletzt dank der Paulette die Einnahmen der entsprechenden königlichen Kasse, der „parties casuelles", auf 1,7 Millionen „livres" im Jahr 1607; 1608 erreichten sie mehr als 3 Millionen.

Außerdem entschieden sich Heinrich IV. und Sully, die bisherige Fiskalpolitik zu ändern. Die fiskalischen Belastungen der Steuerzahler durch die direkte Steuer – hauptsächlich durch die „taille"– wurden signifikant reduziert und zum Ausgleich die indirekten Steuern erhöht. Das war insofern für die Krone von Vorteil, weil die indirekten Steuern und Abgaben auch die von der „taille" befreiten Schichten, also in erster Linie den Klerus, den Adel und die „officiers", zu leisten hatten. Die „taille" wurde erstmals um 12 % gesenkt, was auch einen nicht zu unterschätzenden psychologischen Effekt hatte und wohl ebenfalls zur Entstehung der Legende vom „guten König Heinrich" beigetragen hat. Eine Erhöhung der indirekten Steuern und Abgaben erfolgte zum Beispiel bei der Taxe, die an den Stadttoren bei der Einfuhr von Waren zu entrichten war. Hinzu kamen Erhöhungen von Konsumsteuern sowie der Zölle. Und schließlich wurde die Salzsteuer, die „gabelle", erhöht, die im wesentlichen darin bestand, dass die Verbraucher je nach Region variierende Mengen an Salz kaufen mussten, das nicht nur als Gewürz, sondern auch für die Konservierung von bestimmten Lebensmitteln gebraucht wurde.

Diese fiskalischen Maßnahmen erwiesen sich für die Krone als erfolgreich. So machten im Jahre 1607 die Einnahmen, die die Krone aus den direkten Steuern erzielte, nicht wie vorher 75 %, sondern nur 56 % der Gesamteinnahmen aus. Der Ausgleich erfolgte im wesentlichen durch die Erhöhung der indirekten Steuern, die auch die Angehörigen der bessergestellten, wohlhabenden oder reichen Bevölkerungsgruppen trafen.

Die wirtschaftliche Lage Frankreichs unter Heinrich IV. war zunächst im wesentlichen von langfristigen konjunkturellen Entwicklungen und den Auswirkungen des jahrzehntelangen Bürgerkriegs geprägt. Darauf vermochten der König und Sully mit den von ihnen ergriffenen Maßnahmen zur Wiederherstellung der Wirtschaft und des Handels allenfalls nur partiell reagieren. Sie konnten jedoch den Folgen der langfristigen und sich international vollziehenden konjunkturellen Entwicklungen nicht mit nationalen Mitteln allein begegnen. Sie waren allenfalls fähig, sie abzumildern.

Frankreichs wirtschaftliche Entwicklung profitierte von ungefähr 1470 bis etwa 1570 von einer säkularen Prosperitätsphase, wobei allerdings kurzfristige und regionale Abweichungen zu konstatieren sind. Der beschleunigte Aufschwung der Konjunktur setzte um 1460/70 ein und dauerte bis in die Jahre 1510/20 an. Diesem Anstieg folgte eine längere Phase auf relativ hohem Niveau. Im Jahrzehnt von 1550 bis 1559, also bereits vor dem Ausbruch des Bürgerkriegs, manifestierten sich bereits die ersten Anzeichen einer konjunkturellen Wende zum Schlechteren, einer Wende, die dann für die Jahre zwischen 1567 und 1575 deutlich greifbar ist. Nach 1575 waren die krisenhaften Auswirkungen in Lyon, dem großen Handelszentrum, in Paris, in Rouen und in Bordeaux unverkennbar. Die Wende zu einer positiveren Entwicklung vollzog sich nicht zufällig im Jahrzehnt von 1600 bis 1610, die von dem bekannten französischen Frühneuzeithistoriker Emmanuel Le Roy Ladurie in Anlehnung an eine Heinrich IV. von späteren Biographen in den Mund gelegte Aussage als die „Huhn-im-Topf-Konjunktur" bezeichnet wurde. Aber diese positivere Entwicklung war zunächst noch fragil, denn im Jahr 1607 kam es nochmals zu einer Teuerung und einer Pestepidemie wie 1596/97.

Zur Verbesserung der ökonomischen Lage hatten die von Heinrich IV. und Sully ergriffenen Maßnahmen zur Ankurbelung der agrarischen Produktivität, des Handels, der gewerblichen Produktion einen wesentlichen Beitrag geleistet. Eine fundamentale Voraussetzung für die Wiederbelebung von Handel, der Landwirtschaft und der Gewerbetätigkeit war nicht nur die geschilderte Sanierung der öffentlichen Finanzen und der fiskalischen Reformen, sondern auch die Beseitigung der im Zahlungsverkehr eingerissenen Mißstände, die im Jahre 1602 mit der Ordonnanz von Montceaux in Angriff genommen wurde. Ziel dieser Ordonnanz war es, die Herstellung minderwertiger Münzen und deren Umlauf zu unterbinden.

Den zuvor eingetretenen Mißständen im Zahlungsverkehr und im Geldumlauf lagen folgende Faktoren zugrunde. Es existierten in Frankreich nebeneinander das Rechnungsgeld/die Rechenwährung, also die reinen Rechnungseinheiten der „livre", des „sol" und des „denier", und die geprägten Münzen – der „Goldécu" (écu d'or), der „Silberécu" (écu d'argent) und die Kupfermünzen. Der Wert dieser Umlaufmünzen war nicht – wie man es heute gewöhnt ist – auf den Münzen aufgeprägt, sondern er wurde per Gesetz in den Recheneinheiten „livre", „sol" und „denier" festgelegt. Gleiches gilt für die Umrechnungen der „livre" in „sols" usw. Unter Heinrich III. war aber im Jahr 1577 das Rechnungsgeld/die Rechenwährung abgeschafft worden. Das hatte aber eine grassierende Spekulation im Hinblick auf die umlaufenden Münzen zur Folge, weil es seit 1577 keine festen Bezugsgrößen zur Feststellung des Wertes der jeweiligen Münzen mehr gab. Außerdem wurden während des Bürgerkriegs die Anteile des reinen Goldes beim „Goldécu" und des reinen Silbers beim „Silberécu" manipuliert. Die Folge war, dass das „gute Geld", also die höherwertigen Münzen, vom „schlechten Geld", also von den minderwertigen Münzen, verdrängt wurde. Das hatte bereits Jean Bodin erkannt und festgestellt: „Das schlechte Geld vertreibt das gute Geld".

Diese hier nur skizzierte Entwicklung hatte sich negativ auf Handel und Gewerbe ausgewirkt. Deshalb wurde 1602 mit dem Edikt von Montceaux die Rechenwährung wieder eingeführt. Damit wurde der Wert der umlaufenden Münzen erneut gesetzlich fixiert. Das galt auch und insbesondere für das Verhältnis von Gold- zu Silbermünzen. Heinrich IV. garantierte auf diese Weise nicht nur den Wert der umlaufenden Münzen, sondern er sorgte ebenfalls dafür, dass der gesetzlich festgelegte Anteil an Gold und Silber eingehalten und kontrolliert wurde.

Im Jahre 1609 erfolgte eine neue gesetzliche Festlegung der Parität von Gold zu Silber. Entsprach zuvor der Wert eines „Goldécu“ dem Wert von 11,75 „Silberécu“, so wurde jetzt die Parität von 1 zu 12 fixiert. Diese Relation entsprach den entsprechenden Gegebenheiten der meisten Nachbarländer. Mit der Maßnahme von 1609 sollte den Spekulanten das Handwerk gelegt und der Abfluß von Goldmünzen ins Ausland verhindert werden. Insgesamt gesehen, wirkten sich diese Maßnahmen nicht nur positiv für die Wiederherstellung der Kreditwürdigkeit der Krone, sondern auch für den Zahlungs- und Geldverkehr und somit für die Wirtschaft aus.

Der agrarische Sektor war für die französische Wirtschaft der wichtigste, denn in ihm arbeiteten mehr als 80 % der Franzosen. Deshalb hatte eine Agrarkrise unmittelbar Folgen für die anderen Wirtschaftsbereiche. Im Ancien Régime wurden ökonomische Krisen – anders als in der Moderne – stets durch schlechte Ernten ausgelöst. Diese verursachten immer eine brutale Hausse bei den Getreidepreisen und durch Ernteausfälle bedingt eine signifikante Verringerung der Einkünfte der breiten Masse der kleinen Bauern. Dann griff die Krise auf die Städte über. Sie wirkte sich auch bei jenen Adligen und Nichtadligen aus, die von ihren Einnahmen aus ihren Grundherrschaften und sonstigen Ländereien lebten. Schließlich wurde auch die Welt der Handwerker und Gewerbetreibenden erfasst, bei denen sich die allgemeine Baisse der Kaufkraft auswirkte. Aber auch die Krone bekam die Folgen zu spüren, denn das Steueraufkommen sank ebenfalls. In blinder administrativer Logik hatte sie in der Vergangenheit darauf in der Weise reagiert, dass sie die fiskalischen Belastungen weiter erhöhte. Dies war aber eine falsche Reaktion, denn sie wirkte sich krisenverschärfend aus.

Heinrich IV. und Sully hatten dies erkannt und deshalb Reduzierungen der Staatsquote und der direkten Steuern realisiert, von denen die Masse der Bauern profitierte. Außerdem ergriffen sie Maßnahmen, die anregend im agrarischen Sektor wirken und damit letztlich die Produktivität steigern sollten. Dabei kamen Heinrich IV. die intimen Kenntnisse der Lebensverhältnisse der breiten Masse der Franzosen zugute, die er schon während seiner Kindheit im Béarn hatte erwerben und die er danach bei seinen Feldzügen quer durch Frankreich hatte vertiefen können.

Die Erfahrungen und Kenntnisse des Königs und Sullys hatten offenbar in folgenden Sätzen ihren Niederschlag gefunden, die man in der Präambel des Edikts von Fontainebleau vom 8. April 1599 findet: „Die Hauptgrundlage des Reichtums der Könige besteht im Reichtum ihrer Untertanen. Und der größte und legitime Gewinn sowie die meisten Einkünfte der Völker, selbst unserer Untertanen, resultieren hauptsächlich aus der Feldbestellung und der Bewirtschaftung von Grund und Boden, was ihnen nach Gottes Willen in reichlicher Weise die Früchte ihrer Arbeit verschafft, indem sie große Mengen an Getreide, Wein, Feldfrüchten und Tierfutter produzieren" (Französisches Originalzitat bei Bayrou).

Heinrich IV. und Sully ließen es aber bei den der Masse der bäuerlichen Bevölkerung gewährten fiskalischen Erleichterungen nicht bewenden. Sie bemühten sich, die Bauern durch die Verbreitung entsprechender Schriften und Flugblätter davon zu überzeugen, die bei der Bewirtschaftung der Felder praktizierte Brache, wodurch der Boden sich erholen sollte, aufzugeben zugunsten einer Fruchtwechselwirtschaft. Dabei war ihnen wohl durchaus klar, dass sich eine derartige Neuerung nicht im Handumdrehen werde realisieren lassen, denn alte überkommene Praktiken und Gewohnheiten wurden erfahrungsgemäß nicht kurzfristig aufgegeben. Sie setzten auf Zeit und darauf, dass sich die Erfolge herumsprechen und dann Nachahmer finden werden. Gleiches gilt für ihr Bestreben, feuchte Böden zu entwässern und der Bewirtschaftung zuzuführen. Dafür ließen sie holländische Spezialisten ins Land holen, die ihre Kenntnisse auf diesem Sektor an Bauern und adlige Grundherren weitergeben sollten.

Gewerbe, Manufakturen und Handel erfreuten sich ebenfalls intensiver Förderung Heinrichs IV., der damit zum ersten Merkantilisten wurde. Hatte sich Sully insbesondere bei der Sanierung der Staatsfinanzen, beim Umbau des Steuerwesens und bei der Verbesserung der Landwirtschaft sowie der Lage der Masse der bäuerlichen Bevölkerung große Verdienste erworben, so spielte Barthélemy de Laffemas (1558–1628) eine analoge Rolle bei der Förderung von Handwerk, Gewerbe, protoindustrieller Unternehmen und des Handels. Sein Vater Isaac de Lafftémas war ein Hugenotte, der aus der Dauphiné stammte. Aus kleinen Verhältnissen stammend, hatte er als Schneider im Haus Navarra eine erste Anstellung gefunden. Sein Sohn Barthélemy diente dem König zunächst als Lieferant von Seiden- und Silberwaren. Danach wurde er dessen Kammerdiener. Am 15. November 1602 ernannte Heinrich IV. Barthélemy de Laffemas zum „Generalkontrolleur des Handels". Offenbar hatte der König dessen Fähigkeiten auf diesem Sektor erkannt und wollte sich diese zunutze machen. Schließlich nobilitierte Heinrich IV. Laffemas in Anerkennung seiner geleisteten Dienste.

Für die Versammlung der Notabeln, die auf Veranlassung des Königs 1596 in Rouen getagt hatte, hatte Laffemas einen Bericht vorbereitet, in dem er den Nachweis führte, dass aus Frankreich jährlich sechs Millionen „écus" abflossen, weil für diese Summe Seidenwaren importiert wurden. Deshalb schlug er vor, im Königreich die Seidenproduktion und -verarbeitung zu fördern, um auf diese Weise derartige Geldabflüsse ins Ausland für die Zukunft zu verhindern. Die Notabeln erwiesen sich aber gegenüber diesem Vorschlag als unsensibel und befürworteten hingegen ein Edikt, mit dem das Tragen von Seidenkleidung untersagt werden sollte. Laffemas ließ sich davon aber nicht abhalten und setzte sich weiterhin für die Realisierung einer merkantilistischen Wirtschaftsförderung ein. Insgesamt gesehen, konnten auf dem Sektor der Textilherstellung, vor allem im Luxussegment, bemerkenswerte Erfolge erzielt werden.

Während sich Heinrich IV. für Literatur, Malerei und Bildhauerei kaum interessierte, hat er sich als Förderer der Bautätigkeit in und um Paris einen Namen gemacht. In der Metropole, wo er sich seit 1594 zumeist aufhielt, wenn ihn nicht dringende Verpflichtungen von dort fernhielten, ließen er und – in seinem Auftrag – Sully den Louvre, der sich in einem beklagenswerten Zustand befand, wieder zu einer würdigen königlichen Residenz gestalten. Es wurden nicht nur der Südflügel des „Lescothofes" vollendet, sondern auch

Reiterstatue Heinrichs IV. auf dem Pont-Neuf in Paris – Foto: Colette Born (2018)

zwei Gartenanlagen realisiert. Entlang dem Seineufer wurde die „Große Galerie" (450 m lang) errichtet.

Das unweit von Paris gelegene Schloss Fontainebleau, das Heinrich IV. besonders schätzte, ließ er nach seinem Geschmack umgestalten und vergrößern, damit sich dort der gesamte Hof längere Zeit aufhalten konnte. Unter der Ägide des Königs erhielt auch der dortige noch mittelalterlich geprägte „Ovale Hof" eine zeitgemäße Umgestaltung. Wesentliche bauliche Verschönerungen ließ er auch an der Schlossanlage von Saint-Germain-en-Laye vornehmen. Dort verbrachte der König recht häufig die Wochenenden und dort ließ er auch seine Kinder, die unehelich geborenen und legitimierten sowie jene ehelicher und damit legitimer Abstammung unterbringen und erziehen. Da Heinrich IV. seine Kinder sehr liebte, besuchte er sie regelmäßig und zumeist in kurzen Abständen, wenn ihn nicht wichtige politische Geschäfte daran hinderten.

Betätigte sich der König bei der Verschönerung der genannten Schlossanlagen hauptsächlich als Vollender, so agierte er an anderen Stellen als eigenständiger Initiator und Begleiter von repräsentativen Bauvorhaben. Der „Pont-Neuf", die „Place Royale" im Marais, in den frühen Revolutionstagen von 1789 in „Place des Vosges" umbenannt, die „Place Dauphine", auf der „Ile de la Cité" und in unmittelbarer Nähe des „Pont-Neuf" gelegen, und das „Hospital des Heiligen Ludwig" zeugen im Paris der Gegenwart von seinen Leistungen, vom „Stil Heinrichs IV."

X.
Krisensymptome in Europa um 1610, Verschärfung der Bedrohungslage für den König und dessen Ermordung

Nach dem Friedensschluss von Vervins 1598 herrschte „kalter Krieg“ zwischen Frankreich und Spanien. Für Heinrich IV. stellte Spanien nach wie vor eine Bedrohung dar, denn er war überzeugt, dass nach dem Tod Philipps II. am 13. September 1598 auch sein Nachfolger Philipp III. (1598–1621) dessen außenpolitische Ambitionen weiterverfolge, für Spanien eine hegemoniale Stellung in Europa zu erreichen – in der Terminologie der Zeit, eine spanische Universalmonarchie zu etablieren. Das Agieren des spanischen Königs gegenüber den um ihre Unabhängigkeit kämpfenden nordniederländischen Provinzen, dessen Versuche, auf die Vorgänge im Reich im spanischen Interesse Einfluss zu nehmen, und dessen geheime Kontakte zu innerfranzösischen Oppositionellen und Konspirateuren waren für Heinrich IV. Indizien, die seine Befürchtungen bestätigten. Die spanischen Invasionen auf Reichsgebiet (1590, 1598, 1605) hatten dazu geführt, dass Heinrich IV. den sich davon bedroht sehenden protestantischen Reichsständen Hilfe und Unterstützung angeboten und diese in der Folgezeit immer wieder aufgefordert hatte, der von Spanien und dem Kaiser drohenden gegenreformatorischen Politik dadurch zu begegnen, dass sie sich zu einem Bündnis, zu einer Union, zusammenschlossen.

Mit Aufmerksamkeit verfolgte Heinrich IV. auch den Kampf zwischen Spanien und den Niederlanden, die nach verbreiteter Rechtsauffassung formal noch immer Teil des Heiligen Römischen Reiches deutscher Nation waren. Faktisch war aber schon während des 16. Jahrhunderts der schleichende Prozess der Loslösung vom Reichsverband weit fortgeschritten. Hatte es sich bei dem 1566 ausgebrochenen Konflikt zunächst um einen Aufstand mehrerer niederländischer Provinzen gegen ihren spanischen Landesherrn gehandelt, mit dem die Aufständischen ihre traditionellen politischen und insbesondere konfessionellen Freiheiten verteidigen wollten, so hatte dieser Konflikt in den folgenden Jahrzehnten seinen Charakter grundlegend geändert. „Im Verlauf der langandauernden kriegerischen Auseinandersetzungen [hatte] sich ein (nord-)niederländisches Zusammengehörigkeitsgefühl [entwickelt], sodass die anfangs nur lose verbundenen aufständischen Provinzen um 1600 ein geschlossenes, calvinistisch geprägtes Gemeinwesen bildeten, das sich scharf gegen die katholisch gebliebenen Provinzen abgrenzte. Überdies stiegen die von der Provinz Holland ökonomisch und politisch dominierten Niederlande bis zum Beginn des 17. Jahrhunderts dank ihrer militärischen Stärke zu Lande und zu Wasser sowie dank ihrer Wirtschaftskraft zu einer europäischen Großmacht auf, die mit Spanien um Einflusszonen in Europa und Übersee kämpfte“ (Christoph Kampmann). In ihrem Kampf gegen Spanien unterstützten sich die nordniederländischen Provinzen und Heinrich IV. gegenseitig, wobei die niederländische Republik dank ihrer finanziellen und wirtschaftlichen Potenz für den französischen König zweifellos der gewichtigere Partner war.

Am 9. April 1609 wurde im niederländisch-spanischen Konflikt nach fast ein halbes Jahrhundert andauernden Kriegen ein Waffenstillstand geschlossen, in dem die spanische Krone die Unabhängigkeit der Vereinigten Niederlanden faktisch – aber noch nicht rechtlich verbindlich und endgültig – hinnahm sowie ihnen politische und religiöse Freiheit konzedierte. Gleichwohl stellte Spanien in Westeuropa weiterhin einen politisch-militärisch sehr ernstzunehmenden Machtfaktor dar, den Heinrich IV. bei seinem politischen Agieren vor dem Hintergrund des anhaltenden französisch-habsburgischen Antagonismus zu berücksichtigen hatte. Dies war um so mehr der

Fall, weil sich dem spanischen König dank des Waffenstillstandes größere Handlungsspielräume eröffneten.

Den aufmerksamen politischen Beobachtern war nicht entgangen, dass sich im Reich um die Wende vom 16. zum 17. Jahrhundert die Krisensymptome mehrten. Die politischen Institutionen gerieten in eine schwere Krise, weil sie zu einer Schlichtung oder Einhegung der sich im Reich manifestierenden Konflikte nicht mehr oder in nicht hinreichender Weise in der Lage waren. Der Hauptgrund dafür war, dass es unter der gegebenen politisch-verfassungsrechtlichen Ordnung nicht mehr gelang, einen friedlichen Ausgleich der wachsenden Gegensätze und Konflikte zwischen den Konfessionsparteien zu erreichen. „Die Hoffnung, den entstandenen konfessionellen Zwiespalt in die bestehende Ordnung des Reichs integrieren und dadurch rechtlich wie politisch überbrücken zu können, erwies sich seit dem Ende des 16. Jahrhunderts in zunehmendem Maße als trügerisch. Der sich verschärfende Konfessionskonflikt führte im Gegenteil zur Lähmung der Reichsinstitutionen und zog damit alle übrigen Konflikte im Reich in seinen Bann. Damit ist in wenigen Worten die Kernursache für die schwere Krise des Reiches vor Ausbruch des Dreißigjährigen Kriegs benannt“ (Kampmann). Als der Regensburger Reichstag 1608, also das wichtigste Verfassungsorgan, gesprengt worden war, ging der Rest der noch vorhandenen Fähigkeit verloren, Konflikte im Reich auf dem Wege von Verhandlungen und des friedlichen Ausgleichs zu lösen.

Vor diesem Hintergrund betrachtet, ist zu verstehen, dass Heinrich IV. sich lange darum bemühte, die protestantischen Reichsstände für eine antihabsburgische Koalition unter Führung Frankreichs zu gewinnen. Dazu waren diese schließlich nicht zu bewegen. Sie formulierten reichsverfassungsrechtliche Reserven, denn sie wollten nicht ein Bündnis eingehen, dessen Stoß mehr oder minder offen gegen den Kaiser und die katholischen Reichsstände gerichtet war. Zum anderen wollten sie in jedem Fall das Risiko vermeiden, in einen großen europäischen Krieg gegen Spanien und das Haus Habsburg verwickelt zu werden. In Reaktion auf diese Haltung der von ihm angesprochenen Reichsstände konzentrierte Heinrich IV. seine weiteren Bemühungen darauf, die protestantischen Reichsfürsten zu animieren, sich zu einem innerdeutschen Sonderbund zusammenzuschließen.

Schlussendlich kam es am 14. Mai 1608 zur Gründung der protestantischen Union zwischen der reformierten Kurpfalz und den mehrheitlich lutherischen Gründungsmitgliedern Württemberg, Pfalz-Neuburg, Baden-Durlach, Brandenburg-Ansbach und -Kulmbach. Diese betonten den defensiven Charakter ihres Zusammenschlusses. Sein Hauptziel war der Schutz der Libertät der Reichsstände und des evangelischen Bekenntnisses im Rahmen der bestehenden verfassungsrechtlichen Reichsordnung. Nur für den Notfall war ein gegenseitiger bewaffneter Beistand vorgesehen. „Es war im Prinzip nicht geplant, die im Verlauf des 16. Jahrhunderts bereits erprobte politische Kombination aufzugeben, nämlich reichsständische Libertät und Glaubensfreiheit durch die Verbindung mit äußeren Mächten zu sichern und zugleich Kaiser und Reichsverfassung zu bejahen“ (Beiderbeck). Die Frage war, wie lange die Union diesen Spagat bei einer Verschärfung der Krise im Reich und der internationalen Lage würde durchhalten können, wenn also der zwischen Frankreich und Spanien seit 1598 herrschende „kalte Krieg“ in einen offenen Konflikt umschlagen sollte, der dann auch den Kaiser und das Reich betreffen würde.

Als am Niederrhein eine Krise ausbrach, die alsbald europäische Dimensionen annahm und zu einem großen Krieg zu eskalieren drohte, hatte dies auch für Frankreich und das Reich Konsequenzen. Dieser Krise lagen folgende Ursachen zugrunde: Seit 1592 regierte in den zum Reich gehörenden Vereinigten Herzogtümern Jülich-Kleve-Berg samt den Grafschaften Mark und Ravensberg der kinderlose und geisteskranke Herzog Johann Wilhelm (1592–1609). Aufgrund unklarer Sukzessionsregelungen war die Nachfolge offen, sodass rund ein Dutzend Prätendenten mehr oder minder berechtigte Erb- und Nachfolgeansprüche stellen konnten. Was sich auf den ersten Blick als eine unbedeutende, rein regionale Angelegenheit darstellt, die nur den Kaiser und das Reich interessierte, erhält eine weitaus größere, ja europäische Dimension, wenn man diese Erbfolgeproblematik im Kontext der damaligen geostrategischen und geopolitischen Gegebenheiten und Zusammenhänge betrachtet.

„Die Herzogtümer zählten nicht nur zu den wohlhabendsten Territorien des Reiches, sondern sie lagen auch in einer Wetterecke der europäischen Politik“ (Volker Press). Ihre Nähe zu den Vereinigten Niederlanden, deren Kampf um die endgültige Anerkennung ihrer Unabhängigkeit von der spanischen Krone und deren völkerrechtliche Absicherung ihrer Staatswerdung noch nicht abgeschlossen waren, machte sie zu einem Glacis der politischen und militärischen Aktivitäten nicht nur von Spaniern und Niederländern, sondern auch von Franzosen, vom Kaiser und von den benachbarten Reichsständen. Für Heinrich IV. implizierte diese Erbfolgeproblematik die Gefahr, dass das Haus Habsburg sie als Gelegenheit zu einer Machtexpansion in unmittelbarer Nähe der französischen Grenzen im Nordosten nutzen werde. Um dieser Gefahr rechtzeitig zu begegnen, versuchte der König nach 1598 eine große antihabsburgische Koalition zu organisieren, an der England, die Vereinigten Niederlande und protestantische Reichsfürsten beteiligt werden sollten. In dieser Form kam das angestrebte Bündnis jedoch nicht zustande. „Der jülich-klevische Erbfolgefall und die daran anschließenden Ereignisse sind in mehrfacher Hinsicht ein Paradebeispiel für das vielschichtige Geflecht alteuropäischer Mächte- und Staatenbeziehungen: Sie dokumentieren eindringlich die […] Bedeutung des dynastischen Erbrechts. Klar tritt aber auch der Einfluss der Konfession zutage, und zwar sowohl für die innerterritorialen Verhältnisse als auch für diejenigen zwischen den deutschen Territorien und im internationalen System. Damit ist die Entwicklung am Niederrhein zugleich ein weiteres Beispiel für die um 1600 besonders enge Verschränkung zwischen Innen- und Außenpolitik, wie sie zeitlich parallel auch in der niederländischen Republik, in Frankreich oder England zu beobachten ist“ (Heinz Schilling).

Mit dem Tod des Herzogs Johann Wilhelm von Jülich-Kleve-Berg am 25. März 1609, 15 Tage bevor der Krieg zwischen Spanien und den Vereinigten Niederlanden mit dem bereits genannten Waffenstillstand ein vorläufiges Ende finden sollte, konzentrierten sich die

Blicke der europäischen politischen Akteure auf jene niederrheinische Region. Mit dem Ableben des Herzogs war dessen Dynastie im Mannesstamme erloschen. Damit wurde aus der latenten Erb- und Nachfolgekrise am Niederrhein eine akute, denn die Erbrechte und Erbansprüche waren verworren und widerspruchsvoll. Die „politisch entscheidende Frage (trat) in den Vordergrund, ob der niederrheinische Territorialstaat, der durch seine Lage für das Machtverhältnis nicht nur im Reich, sondern auch in Europa sehr wichtig war, an eine katholische oder evangelische Dynastie kommen sollte“ (Otto Brunner). Für Heinrich IV., für Frankreich und die Vereinigten Niederlande generell, war von entscheidender Relevanz, ob das Haus Habsburg eine Lösung in seinem Sinne durchsetzen und seine Machtposition in dieser Region ausbauen könne. Sollte das der Fall sein, würde daraus nicht nur eine unmittelbare Gefahr für die dortigen französischen und niederländischen Grenzen, sondern auch für die europäischen Mächtebeziehungen resultieren. Aus französischer und holländischer sowie aus spanisch-flandrischer Perspektive betrachtet, musste das Schicksal der nach alten kaiserlichen Privilegien unteilbaren Herzogtümer für die zukünftige Entwicklung der gerade nur mühsam beruhigten Region und darüber hinaus in Europa mitentscheidend sein.

Die ernsthaftesten Nachfolgeprätendenten waren zwei protestantische Reichsfürsten: der zum reformierten Glauben konvertierte Kurfürst Johann Sigismund von Brandenburg (1569–1619) und der Pfalzgraf Philipp Ludwig von Neuburg (1569–1614). Als oberstem Lehnsherrn des Reiches kam die entscheidende Rolle bei der Regelung der Erbfolgeproblematik dem Kaiser zu. Rudolf II. (1576–1612), dessen Politik sich mit den Interessen des spanischen Königs Philipp III. weitgehend deckte, war entschlossen, die Erbfolge so lange in der Schwebe zu halten, bis der kaiserliche Reichshofrat, eine ausschließlich kaiserliche und im wesentlichen mit der Gerichtsbarkeit in Lehens- und Privilegiensachen befasste Behörde, den Streit entschieden hatte. Der Brandenburger und der Pfalz-Neuburger widersetzten sich indessen den kaiserlichen Mandaten und waren bemüht, die Herzogtümer in ihren Besitz zu bringen. Schließlich einigten sich die beiden Prätendenten im Dortmunder Rezeß vom 10. Juni 1609 auf eine provisorische gemeinsame Regierungsübernahme, bis ein gütlicher Ausgleich gefunden werde.

Rudolf II. konnte diesen Akt der Gehorsamsverweigerung nicht hinnehmen. Deshalb erklärte er den Dortmunder Rezeß für ungültig und erteilte seinem Vetter Erzherzog Leopold (1586–1632) den Auftrag, der Witwe des verstorbenen Herzogs von Jülich-Kleve-Berg zur Hilfe zu eilen und – sollte es erforderlich sein – zur Durchsetzung seiner Mission militärische Unterstützung aus den spanischen (südlichen) Niederlanden anzufordern. Zwar zögerte jede Seite, offene Feindseligkeiten zu beginnen, aber die Aktivitäten Leopolds, der zusätzliche Truppen in seinem Bistum Passau mobilisieren ließ und sich zum spanischen Staathalter in Brüssel begab, wurden nicht nur von den protestantischen Prätendenten, sondern auch von den Vereinigten Niederlanden, von Frankreich und von jenen in der Union (1608) verbündeten protestantischen Reichsständen mit zunehmender Sorge verfolgt.

Heinrich IV. hatte früh die Brisanz der offenen Jülicher Erbfolgefrage erkannt. Sie war für seine Reichspolitik von nicht zu unterschätzender Bedeutung. Schon in den frühen 1590er Jahren war er entschlossen, zu intervenieren, sobald die latente Problematik in ihre akute Phase eintrat. Jedenfalls erachtete er einen reibungslosen Übergang der Herzogtümer an einen der protestantischen Prätendenten für höchst unwahrscheinlich. Der König hatte sich früh entschieden, diese Problematik, die nach seiner durchaus fundierten Überzeugung die latenten Spannungen im Reich weiter verschärfen würde, als Instrument zu nutzen, um möglichst viele deutsche Reichsfürsten für eine Unterstützung seiner gegen Habsburg gerichteten Politik zu gewinnen. Dabei ging es ihm allerdings weniger um die konfessionelle Zukunft der Herzogtümer. „Im Zentrum [seiner] Erwägungen einer möglichen Protektion der protestantischen Fürstenhäuser stand von Anfang an das Staatsinteresse Frankreichs, das verlangte, einer Ausdehnung des Hauses Habsburg in dieser politisch empfindlichen Region mit allen Mitteln entgegenzuwirken. Dass in der Wahrung dieses macht- und gleichgewichtspolitischen Grundsatzes unverrückbar der Primat der französischen Interessenpolitik liegen würde, wurde spätestens mit der Besetzung Jülichs durch Erzherzog Leopold deutlich“ (Beiderbeck).

Obwohl Heinrich IV. von Anbeginn entschlossen war, den protestantischen Prätendenten aktiv beizustehen, falls sie vom kaiserlich-habsburgischen Lager bedroht würden, manifestierte sich bei den französischen Akteuren gleichwohl eine augenblickliche Ratlosigkeit, als sich die Ereignisse nach dem Tod des Herzogs Johann Wilhelm überstürzten. Zu dieser Ratlosigkeit trug wesentlich bei, dass die Vereinigten Provinzen offenbar nicht bereit waren, den soeben abgeschlossenen Waffenstillstand mit Philipp III. wegen der Jülich-Kleve-Problematik wieder aufs Spiel zu setzen. Dem französischen König waren aus leidvoller langer Erfahrung die Unentschlossenheit und Konfliktscheu der Reichsfürsten bekannt. Er entschied deshalb, zunächst auf diplomatischem Wege und in Absprache mit den protestantischen Prätendenten aktiv an dem Entscheidungsprozess in der Erb- und Nachfolgeproblematik mitzuwirken, wobei für ihn nicht die Entspannung der Lage, sondern die Verbesserung der Schlagkraft des protestantischen Lagers das Ziel war. „Die französische Diplomatie sollte den betroffenen Fürstenhäusern Hilfestellung dabei leisten, sich schnellstmöglich zu vergleichen und sich auf eine möglichst gewaltsame Durchsetzung der Erbansprüche einzustellen. Nicht die Entschärfung einer drohenden militärischen Konfrontation stand im Vordergrund, sondern im Gegenteil die Integration des protestantischen Lagers und die Herstellung von Konfliktbereitschaft und -fähigkeit unter den an der Erbschaft interessierten Häusern [...] In Anbetracht dieser Vorgänge ist nicht zu bestreiten, dass Heinrich IV. seine interventionsfreudige-konfrontative Jülichpolitik nicht erst aufnahm, als der Kaiser sich seinerseits dazu entschied, einen herausragenden Vertreter seines Hauses [Erzherzog Leopold] zum Zeichen seiner oberrichterlichen Gewalt gegen den Ungehorsam der beiden Reichsstände zu entsenden“ (Beiderbeck). Heinrich IV. rechnete fest damit, dass es langfristig zu einem Waffengang kommen werde, den er dann aber für eine „Generalabrechnung“ mit Spanien zu nutzen gedachte.

Aufgrund neuester Forschungsergebnisse ist wohl kaum noch daran zu zweifeln, dass der König im Herbst bzw. Ende 1609 den Zeitpunkt für gekommen erachtete, den Krieg gegen Spanien zu führen, den er ohnehin längerfristig für unausweichlich hielt. „Alles in allem kann davon ausgegangen werden, dass Heinrich IV. die Konfrontation mit Spanien-Habsburg vorbereitete, dabei aber keine Erweiterung des französischen Staatsgebietes oder gar eine systematische Neuordnung Europas zielstrebig verfolgt hätte. Die Vorstellungen Heinrichs konzentrierten sich nach den vorliegenden Dokumenten auf den französisch-spanischen Antagonismus und die pragmatische Notwendigkeit, die unentschiedene Rivalität zu einem günstigen Zeitpunkt zum Austrag zu bringen. Sully resümierte diese Zielvorgabe treffend mit der Formulierung, der Krieg in den Niederlanden und in Norditalien *peut emporter la balance* [kann das Gleichgewicht zum Ergebnis haben]“ (Beiderbeck).

Diesem Ziel Heinrichs IV. dienten die von ihm spätestens seit Dezember 1609 intensivierten diplomatischen Bemühungen, die Mitglieder der protestantischen Union zu einem Offensivbündnis mit Frankreich zu bewegen. Die Bemühungen führten anläßlich des vom pfälzischen Kurfürsten Friedrich IV. zum 10. Januar 1610 nach Schwäbisch Hall einberufenen Unionstag zum erstrebten Erfolg. Dort kam es am 12. Februar 1610 zum Abschluss eines Bündnisvertrages mit der protestantischen Union. Der Inhalt dieses Vertrages lässt seinen offensiven Charakter deutlich erkennen. In den bisherigen deutsch-französischen Beziehungen war das ein Novum. Mit diesem Vertrag begann die letzte Eskalationsphase im Jülich-Klevischen Erb- und Nachfolgekonflikt.

Ende April 1610 waren alle Verträge und Abmachungen für das von Heinrich IV. gewollte Gesamtunternehmen abgeschlossen. Der Jülich-Klevische Erb- und Nachfolgekonflikt sollte mit der vom König gewollten „Generalabrechnung“ mit Spanien-Habsburg verknüpft werden. Die Allianz zwischen Frankreich und Savoyen wurde in einem die Dynastie der Bourbonen mit jener der Herzöge von Savoyen verbindenden Eheprojekt fixiert. In diesem Bündnis war auch ein gemeinsames militärisches Vorgehen gegen das spanische Herzogtum Mailand vorgesehen. Die Vereinigten Niederlande standen zwar den französischen Offensivplänen gegen Spanien mehr als reserviert gegenüber, zur Unterstützung der possedierenden protestantischen Reichsfürsten im Hinblick auf die Herzogtümer Jülich-Kleve-Berg waren sie aber bereit.

„Wie auch immer man über die letzten Ziele Heinrichs IV. im Jülich-Konflikt urteilen mag, fest steht, dass Heinrich IV. einen Offensivkrieg an mehreren europäischen Fronten vorbereitet hatte. Die Hauptstreitmacht unter seiner Führung mit ca. 35 000 Mann sammelte sich bei Châlons-sur-Marne in der Champagne und sollte spätestens Ende Mai das Land in Richtung spanische Niederlande verlassen haben“ (Beiderbeck). Zu der geplanten Großoffensive kam es dann aber nicht, denn die Ermordung des Königs am 14. Mai 1610 setzte der Realisierung seines Gesamtunternehmens ein jähes Ende. Damit haben wir dem Ablauf der Ereignisse jedoch vorgegriffen, sodass darauf im folgenden zurückzukommen ist.

In der modernen französischen Forschung wird nach wie vor die Flucht des Prinzen Heinrich II. von Condé (1588–1646) nach Brüssel in die Residenz des spanischen Statthalters in den Niederlanden als ausschlaggebendes Motiv für die Pläne Heinrichs IV. angesehen, gegen Spanien Krieg zu führen. Allgemein wird dort die These vertreten, der Landesverrat des Vetters zweiten Grades des Königs und die damit verbundenen Begleitumstände seien als Ursache für das Vorgehen des Königs zu werten. Diese These hat sich als unhaltbar erwiesen. Um diesen Vorgang in seiner Relevanz für die Kriegsvorbereitungen Heinrichs IV. zu prüfen, ist es erforderlich, auf die Flucht Condés näher einzugehen und diese in den damaligen Gesamtzusammenhang einzuordnen.

Am 16. Januar 1609 hatte der 55jährige König beim Besuch einer Probe für ein großes Ballett unter den jungen adligen Mädchen, die als Nymphen verkleidet an der Aufführung mitwirken sollten, die erst fünfzehnjährige Charlotte von Montmorency (1594–1650), die zweite Tochter des Herzogs und Konnetabels von Montmorency, entdeckt. Augenblicklich war der alternde Monarch den jugendlichen Reizen des Mädchens in leidenschaftlicher Liebe verfallen. Indessen war Charlotte schon einem Adligen aus dem Gefolge des Königs als zukünftige Gemahlin versprochen. Von Eifersucht getrieben arrangierte Heinrich IV. eine Heirat der jungen Adligen mit dem Prinzen von Condé. Der Prinz galt als einfältig und schüchtern, sodass der König glaubte, damit rechnen zu können, dass dieser die Rolle eines Scheinehemannes annehmen und seine Gemahlin mit ihm „teilen" werde. Tatsächlich wurden die beiden am 2. März 1609 in der Großen Galerie des Louvre verlobt. Die Hochzeit fand am 17. Mai im Schloss der Montmoreny in Chantilly statt. Der Prinz von Condé erhielt eine königliche Pension in Höhe von 100 000 „livres".

Der junge Condé erwies sich dann doch nicht als willfähriger Erfüllungsgehilfe des Königs. Er war nicht bereit, die Avancen, die der alternde Monarch seiner Angetrauten in eindeutiger Weise machte, hinzunehmen. Deshalb verließ er am 29. November 1609 den Hof des Königs, ohne zuvor dessen Erlaubnis eingeholt zu haben. War dieser brüskierende Aufbruch vom Königshof schon an sich ein Affront gegenüber Heinrich IV., so war die Flucht des jungen Ehepaares nach Brüssel zum dortigen spanischen Statthalter geradezu ein feindseliger Akt. Weil Condé als Erster Prinz von Geblüt (seit 1595) den Hof nicht ohne Genehmigung des Königs verlassen durfte und sich zudem noch in den Schutz des Feindes begab, eskalierte dieser Vorgang zu einer Staatsaffäre. Heinrich IV. war darüber aufs höchste aufgebracht, weil er sich nicht nur als alternder Liebhaber, sondern auch als König in aller Öffentlichkeit der Lächerlichkeit preisgegeben fühlte. Ein Prinz von Geblüt machte offensichtlich mit dem Intimfeind Frankreichs gemeinsame Sache. Vor diesem Hintergrund betrachtet, wird verständlich, dass Heinrich IV. im Zusammenhang mit den Verhandlungen mit der Union, die zum Abschluss des bereits genannten Vertrages vom 12. Februar 1610 führten, die protestantischen Reichsfürsten bat, zu seinen und des Dauphins Lebzeiten keiner innerfranzösischen Opposition Unterstützung zu gewähren.

Für Heinrich IV. war die Flucht Condés zwar ein weiterer Grund, seinen offensiven Plänen gegen Spanien entsprechende Taten folgen zu lassen; sie ist aber keineswegs als ursächliches Motiv für seine Kriegsvorbereitungen zu sehen. Diese Kriegsvorbereitungen hatte der König bereits begonnen, *bevor* es zu dieser spektakulären Flucht im November 1609 kam. Heinrich IV. hatte sich schon zu einem früheren Zeitpunkt für einen konfrontativ-aggressiven Kurs gegenüber Spanien-Habsburg entschieden. Diese Affäre hat den König allenfalls in seinem Entschluss bestärkt, gegen Spanien offensiv vorzugehen.

Ende April waren alle Vorbereitungen für einen Krieg abgeschlossen. In militärischer Hinsicht hatte Frankreich dank des entschlossenen Agierens Sullys inzwischen beachtliche Fortschritte gemacht. Heinrich IV. konnte zu jenem Zeitpunkt über eine kleine, sehr gut ausgerüstete Armee verfügen, die durchaus schon die wesentlichen Charakteristika eines stehenden Heeres aufwies. Für den Krieg gegen Spanien wurde diese rund 10 000 Mann umfassende Truppe zu einem Heer von 55 000 Soldaten vergrößert.

In den Zusammenhang der Kriegsvorbereitungen und der von Heinrich IV. getroffenen innenpolitischen Maßnahmen sind auch die Etablierung einer „Abwesenheitsregentschaft" und die Krönung seiner Gemahlin Maria von Medici einzuordnen. Weil der König beim absehbaren Beginn des Krieges seine Präsenz bei den Truppen für erforderlich erachtete, musste er zuvor sicherstellen, dass die laufenden Regierungsgeschäfte während seiner Abwesenheit von Personen seines Vertrauens wahrgenommen wurden. Deshalb entschloß er sich, eine „Abwesenheitsregentschaft" unter seiner Gemahlin zu installieren.

Im Unterschied zu einer Regentschaft für einen minderjährigen König, in der der Regent oder die Regentin vorübergehend – also bis zur Volljährigkeit des Königs – im Vollbesitz aller Machtbefugnisse handelt, wurde Maria von Medici bei der „Abwesenheitsregentschaft" allerdings nur die Präsidentschaft im Staatsrat übertragen, damit sie die laufenden Agenden expedieren konnte. Bei Angelegenheiten von zentraler und weitreichender Bedeutung hatte der König als Inhaber der Souveränität das letzte Wort. Unter der nominellen Autorität Marias von Medici sollte Sully fortfahren, die Regierungsgeschäfte zu führen. Der Königin wurde außerdem ein Regentschaftsrat zur Seite gestellt.

In diesen Zusammenhang ist auch die feierliche Krönung Marias von Medici einzuordnen. Diese fand am 13. Mai 1610 statt. Mit diesem Akt war normalerweise keine konkrete Machtübertragung an die Königin verbunden. Aber im spezifischen Kontext der politischen Gegebenheiten jener Wochen kam der Krönungszeremonie in der Kathedrale von Saint-Denis dennoch politische Relevanz zu. Mit diesem Akt und den übrigen protokollarischen Maßnahmen in jener Phase der Kriegsvorbereitungen sollten die Autorität und das Ansehen der Königin weiter gestärkt werden. Die Initiative dazu kam vom König selbst, der mit Ungeduld die bei der Vorbereitung der Zeremonie eingetretenen Verzögerungen zur Kenntnis nahm.

Bei der großen Mehrheit der französischen Bevölkerung waren die in aller Offenheit getroffenen militärischen Vorbereitungen auf einen Krieg gegen das katholische Spanien und noch dazu im Bündnis mit deutschen protestantischen Fürsten, die in den Augen zahlreicher Franzosen nach wie vor Ketzer waren, alles andere als populär. Heinrich IV. war sich dessen bewusst, weshalb seine brieflichen Äußerungen jener Wochen und Tage von Unsicherheit und Nervosität geprägt waren. Nicht zu Unrecht fürchtete er um sein Leben. Die Gefahr neuer Attentate bestand nach wie vor, und es war keineswegs sicher, dass diese wie in der Vergangenheit rechtzeitig aufgedeckt und damit verhindert werden konnten.

Seit Ende 1609 herrschte eine heftige Agitation in Paris. Die Predigten und Reden einiger Geistlicher ließen schlechte Erinnerungen an die Debatten aufkommen, die in den schlimmsten Zeiten der Liga in der Kapitale geführt worden waren. Aufgrund der zu beobachtenden Kriegsvorbereitungen nahm die Kritik an der Außenpolitik Heinrichs IV. zu. In manchen Kanzelpredigten wurde verklausuliert einem Widerstandsrecht gegen den eidbrüchigen König das Wort geredet, einem Widerstandsrecht, das sogar dessen gewaltsam herbeizuführenden Tod impliziere. Nachdem beispielsweise der Pater Gonthier in seiner Predigt vor dem König sehr heftig den schädlichen Einfluss kritisiert hatte, den dessen protestantische Berater und Minister auf diesen ausübten, hatte er folgende Worte an ihn gerichtet, die die darin enthaltene – wenn auch versteckte – Kritik an dessen Politik erkennen ließen: „Deshalb veranlaßt uns unsere Furcht, Sire, uns zitternd Ihnen zu Füßen zu werfen und um Sie um Gerechtigkeit anzuflehen, damit dieser so glückliche Frieden [...], den Sie bis jetzt in so glücklicher Weise bewahrt haben, auch weiterhin mehr und mehr gedeihe [...]. Ich weiß ebenso wie ganz Frankreich, dass Ihr guter Rat, Ihre Umsicht und Ihre Tugend uns gesund und wohlbehalten bewahren werden, solange es der göttlichen Güte gefallen wird, Sie bei guter Gesundheit und in einem glücklichen Leben zu erhalten [...]" (Französisches Originalzitat bei Bayrou).

Zu den religiös motivierten Gegnern Heinrichs IV. zählte auch François Ravaillac (1578–1610). Er war in sehr ärmlichen Verhältnissen aufgewachsen und hatte sich im Alter von achtzehn Jahren vergeblich bemüht, Mönch zu werden. Danach hatte er sich als Kammerdiener eines Juristen durchgeschlagen. Wegen seiner hohen Verschuldung hatte er eine Zeitlang im Gefängnis zugebracht. Schließlich lebte er bei seiner Mutter, die ihn strenggläubig katholisch erzogen hatte, in Angoulême, wo er Schüler unterrichtete. Als er von den Kriegsvorbereitungen Heinrichs IV. im Jahre 1609 erfuhr, reifte in ihm der Entschluss, den König, den Feind des katholischen Glaubens, zu töten.

Anfang 1610 kam er nach Paris, um den König persönlich aufzufordern, von seinem militärischen Vorhaben abzulassen. Von seinem Attentatsplan hatte er zu diesem Zeitpunkt wieder Abstand genommen. Seine Bemühungen, zum König vorgelassen zu werden, scheiterten aber. Anlässlich der Krönung Marias von Medici am 13. Mai 1610 befand er sich erneut in der Kapitale, wo er – soweit ihm das möglich war – die täglichen Ausfahrten des Königs verfolgte, um sein Attentat, zu dem er sich nunmehr nach einer Vision verpflichtet fühlte, auszuführen.

Am Nachmittag des 14. Mai. machte sich Heinrich IV. mit kleiner Begleitung in seiner Karosse vom Louvre auf den Weg zum Arsenal, wo er mit Sully letzte Vorbereitungen der unmittelbar bevorstehenden Kampagne gegen Spanien besprechen wollte. Unterwegs musste das Gespann an einer sehr engen Stelle der „rue de La Ferronnerie" – im heutigen ersten Arrondissement in der Nähe des

Heinrichs IV. Ermordung/Merian – © akg-images

„Die Ermordung Heinrichs IV.“ Paris, 14. Mai 1610: Francois Ravaillac erdolcht den König im offenen Wagen.

Châtelet gelegen – wegen einer Behinderung durch zwei Transportkarren kurz anhalten. Die Begleitmannschaft Heinrichs IV. war zum größten Teil damit beschäftigt, die enge Straße für die Karosse des Königs freizumachen. Sie war also für einige Augenblicke abgelenkt. Diese günstige Gelegenheit nutzte Ravaillac für die Ausführung seiner Tat. Die in der Karosse mitanwesenden Herzöge von Epernon und von Montbazon reagierten nicht schnell genug, um Ravaillac daran zu hindern, mit einem Dolch auf den König einzustechen. Er traf ihn dreimal in der Brust. Aus dem Munde blutend verlor Heinrich IV. das Bewusstsein und erlag seinen schweren Verletzungen, noch bevor die königliche Karosse wieder in den Louvre zurückgekehrt war. Die diesen Vorgang schockiert beobachtende Menge wollte Ravaillac auf der Stelle lynchen, woran man sie aber hinderte. Dem Königsmörder wurde der Prozess gemacht. Am 27. Mai 1610 erging gegen ihn das Urteil. Er wurde des Majestätsverbrechens und des „Vatermordes“ – der König galt also als Vater des Volkes – für schuldig befunden und am selben Tag nach schrecklicher Folterung durch Vierteilung öffentlich hingerichtet. Drei Tage später wurde Heinrich IV. mit einem königlichen Begräbnis in der Kathedrale von Saint-Denis, der traditionellen Grablege der französischen Könige, beigesetzt.

Als der Leichnam Heinrichs IV. im Louvre eintraf, befanden sich dort der Kanzler Brûlart de Sillery, der Staatssekretär für das Kriegswesen Villeroy, der Finanzintendant Pierre Jeannin, der Herzog Karl I. von Guise (1571–1640), zu dem Maria von Medici engere Beziehungen geknüpft hatte, dessen Onkel der Herzog von Mayenne und der Herzog von Epernon. Es waren also politisch und militärisch erfahrene Männer, die sich in jenen dramatischen Stunden in unmittelbarer Nähe der Königin aufhielten. In Anbetracht der nicht ungefährlichen Lage ergriffen sie sofort die Initiative, um die Proklamation Marias von Medici zur Regentin noch am selben Tage zu bewerkstelligen. Alle Genannten waren der Königin in der einen oder anderen Weise verpflichtet.

Guise und einige andere Adlige wurden gebeten, dafür Sorge zu tragen, dass es in Paris ruhig blieb und zu keinen Gewalttätigkeiten kam. Epernon begab sich zum Pariser Parlament, um diese Körperschaft zu einer schnellen Vornahme der Proklamation Marias von Medici zur Regentin zu veranlassen. Bei seiner Argumentation hob Epernon insbesondere darauf ab, Heinrich IV. habe Maria von Medici bereits mit der Regentschaft für den Zeitraum seiner Anwesenheit bei den Truppen betraut. Es sei deshalb nur folgerichtig, sie nach dem Tod des Königs unverzüglich zur Regentin für den minderjährigen Ludwig XIII. zu proklamieren, was dann auch so und noch am selben Tag geschah. Am 14. Mai 1610 fand also mit der Proklamation der Königin zur Regentin im Pariser Parlament kein „institutioneller Staatsstreich“ statt, sondern man begnügte sich damit, in der gegebenen Notsituation das zu realisieren, was Heinrich IV. mit der Installierung der „Abwesenheitsregentschaft“ in gewisser Weise schon anvisiert und worauf er seine Gemahlin durch deren zunehmende Einbeziehung in politische und administrative Entscheidungen längere Zeit vorbereitet hatte mit dem Ziel, die Existenz der Dynastie der Bourbonen für die Zukunft zu sichern.

Die Hauptakteure des 14. Mai merkten aber sehr bald, dass sie einen taktischen Fehler gemacht hatten, indem sie dem Pariser Parlament mit der Proklamation der Regentschaft eine exzessive politische Eigenständigkeit, ja Autonomie, konzediert hatten. Sie befürchteten, dass aufgrund des Agierens des Parlaments in dieser Angelegenheit von grundsätzlicher Relevanz der Eindruck entstanden sein könne, diesem obersten Gericht käme die höchste politische Autorität in der gegebenen Lage zu. Um diesen potentiell sehr gravierenden Fehler zu korrigieren und zu verhindern, dass dieser zukünftig als Präzedenzfall herangezogen werde, wurde deshalb im Staatsrat der Beschluss gefasst, dass der Akt des Pariser Parlaments und die diesem Akt vorausgehenden Beratungen nur als „vorläufig“ zu betrachten seien. Es wurde des weiteren beschlossen, dass der die Regentschaft konstituierende Akt erst am folgenden Tag, also am 15. Mai 1610, in Anwesenheit und auf Befehl des minderjährigen Königs im Parlament erfolgen werde, was dann auch so geschah. An diesem Tag wurde Ludwig XIII. zum ersten Mal als neuer – wenn auch noch minderjähriger – Souverän tätig. In seiner Anwesenheit und auf seine ausdrückliche Anordnung erfolgte damit die recht- und gesetzmäßig einwandfreie Proklamation Marias von Medici zur Regentin.

Die Ermordung des Königs warf sofort die Frage auf, ob dieser einem groß angelegten und lange vorbereiteten Komplott, an dem weitere Personen beteiligt waren, zum Opfer gefallen oder ob die Tat das Werk eines fanatisierten Einzeltäters war. Sowohl von den damaligen Zeitgenossen als auch von späteren Historikern ist mit viel Akribie und Spürsinn immer wieder untersucht worden, ob Ravaillac Komplizen gehabt und im Auftrag anderer Akteure gehandelt hat. Viel ist auch über seine Motive und mögliche – ausländische (?) – Hintermänner spekuliert worden. Trotz aller bis in die Gegenwart andauernder Untersuchungen über die möglichen Hintergründe des Mordes konnten aber keine stichhaltigen Erkenntnisse gewonnen werden, dass hinter dieser Tat mehr steckte als das Werk eines einzelnen fanatisierten und wohl psychisch labilen Täters.

Für Ravaillac war Heinrich IV. zu einem Tyrannen, zu einem Feind Gottes und Christi geworden, der sich anschickte, im Bündnis mit Häretikern gegen das katholische Spanien-Habsburg und gegen den Papst zu Felde zu ziehen. Die Kriegsvorbereitungen des Königs und dessen Allianz mit protestantischen Mächten waren für ihn unwiderlegbare Beweise. In weiten Teilen der französischen Bevölkerung war es vor dem Hintergrund der offensiv-agressiven Politik des Königs zudem zu einem Wiederaufleben der Theorie vom gerechtfertigten Tyrannenmord gekommen. Heftig kritisiert wurden zudem die hohen Kosten der königlichen Hofhaltung, die als dominierend empfundene Machtposition Sullys, das Edikt von Nantes (1598) und das Faktum, dass in Charenton, also in unmittelbarer Nähe von Paris, reformierte Gottesdienste abgehalten werden durften. Es herrschte also vor der Mordtat in der Monarchie eine gewaltfördernde Atmosphäre, die potentielle Täter als Ermunterung und Rechtfertigung für ihr Agieren auffassen konnten.

Der renommierte französische Historiker Roland Mousnier hat bereits in seinem 1964 erschienenen Werk „L'assassinat d'Henri IV" (deutsch: Ein Königsmord in Frankreich, Berlin 1970) auf diese Zusammenhänge und Rahmenbedingungen hingewiesen. Insofern sei Ravaillac sozusagen das Werkzeug vieler Franzosen gewesen, die sich auch zwölf Jahre nach der Befriedung der Monarchie mit den Ergebnissen der Ausgleichspolitik zwischen den „Konfessionsparteien“, die der König ganz entschieden verfolgt hatte, nicht abfinden konnten und in seiner Konversion zum katholischen Glauben nur Heuchelei zu erkennen glaubten. Sie waren „noch nicht in der Lage, jene politische Konstellation als einzige Ratio französischer Politik zu akzeptieren, zu der sich das Handeln des Königs in seinen letzten Jahren zwangsläufig gefügt hatte: Katholische Reform, Rekatholisierung und behutsam-friedliche Zurückdrängung des Protestantismus im Innern, Stützung des protestantischen Europas gegen Habsburg draußen“ (Hinrichs). Auf besonders breite Ablehnung stießen aber auch seine offenkundigen Kriegsvorbereitungen gegen Spanien.

XI.
Epilog

Heinrich IV. war der erste Bourbone auf dem Königsthron Frankreichs. Es war ihm deshalb ein zentrales Anliegen, im Rahmen der ihm gegebenen Möglichkeiten sicherzustellen, dass die Dynastie der Bourbonen auch zukünftig die Könige Frankreichs stellten. Um dieses Ziel zu erreichen, beschränkte er sich nicht nur auf in engerem Sinne politisch-administrative Maßnahmen, sondern er war von Anbeginn seiner Herrschaft auch bemüht, die dynastische Legitimität der Bourbonen für jedermann erkennbar durch Rekurs auf symbolische Akte, auf traditionelle Leitbilder und auf religiös-sakrale sowie kultische Zeichensetzungen zu untermauern. Deshalb ließ er den feierlichen Akt seines Abschwörens vom reformiert-calvinistischen Glauben und der Rückkehr in den Schoß der katholischen Kirche am 25. Juli 1593 in der Basilika von Saint-Denis stattfinden. Dieser Ort hatte für das französische Königtum von Anbeginn eine zentrale Bedeutung. Mit den Heiligen Martin und Remigius zählte der Heilige Dionysius (Saint-Denis) zu den besonderen Patronen der französischen Monarchie. Die auf dem Gelände des von König Dagobert 626 gegründeten Klosters errichtete Abteikirche (11.–13. Jahrhundert) war die Nekropole der französischen Könige. Mit der Wahl dieser Basilika für den Akt seiner Konversion zum katholischen Glauben stellte sich Heinrich IV. also für alle Welt sicht- und erkennbar in diese altehrwürdige Tradition.

Während der Kult des Heiligen Ludwig für die französischen Könige bis zum beginnenden 17. Jahrhundert nur von zweitrangiger

Bedeutung gewesen war, erlangte er für die Bourbonen eine zentrale Relevanz, als diese ihre Legitimität auf der Tatsache gründeten, dass sie von König Ludwig IX., dem Heiligen (Saint-Louis, 1226–1270), abstammten. Deshalb wurde der am 27. September 1601 in Fontainebleau geborene erste Sohn Heinrichs IV. und seiner Gemahlin Maria von Medici, also der Dauphin, am 14. September 1606 auf den Namen Ludwig (Louis) getauft. Es war dann Ludwig XIII., der Nachfolger Heinrichs IV., der unter maßgeblicher Beteiligung seines jesuitischen Beichtvaters Pater Arnoux die feierliche Restauration des Kultes des Heiligen Ludwig vornahm und den Heiligen zum Patron und Schutzherrn Frankreichs proklamieren ließ. Beginnend mit dem 1601 geborenen Dauphin wurden alle französischen Thronfolger bis auf Karl X. (1824–1830) aus dem Hause Bourbon auf den Namen Ludwig getauft.

Alsbald nach der Ermordung Heinrichs IV. verbreitete sich in Frankreich das Bild vom „guten König Heinrich" (le bon roi Henri), vom „Vater der Franzosen" (le père des Français), der entgegenkommend, volksnah, offenherzig und aufgeschlossen stets ein Ohr für die Sorgen und Nöte seiner Untertanen gehabt habe. An der Entstehung und propagandistischen Verbreitung dieses Bildes von Heinrich IV. haben der König zu seinen Lebzeiten selbst, seine engsten Weggefährten und Anhänger sowie spätere Hagiographen tatkräftig mitgewirkt. Die innerfranzösischen Wirren, Unruhen und Aufstände, die alsbald während der Regentschaft Marias von Medici Frankreich heimsuchten, haben außerdem einen wesentlichen Teil dazu beigetragen, dass die zwar labilen Friedensjahre unter Heinrich IV. seit 1598 in der rückschauenden Betrachtung der nachlebenden Franzosen in jenem strahlenden Licht erschienen, das in der Realität vor 1610 durchaus noch nicht *so* hell geleuchtet hat. Betrachtet man diese Friedensphase realistisch, ist zu konstatieren, dass Heinrich IV. auch in dieser Phase durchaus nicht von allen Franzosen als ihr „guter König" akzeptiert und betrachtet worden ist. Das beweisen die sich in Kreisen der katholischen Devoten und der militanten Calvinisten nach wie vor manifestierenden Reserven, die nicht abreißenden Attentatsversuche und die wachsende Kritik an den Kriegsplänen des

Königs im ersten Jahrzehnt des 17. Jahrhunderts. Gegen Ende seiner Regierung wurde auch deutlich, dass der Katholik Heinrich IV. die Glaubenspaltung in Frankreich längerfristig keineswegs zu akzeptieren bereit war. Auch er war an der Wiederherstellung der Glaubenseinheit in der Monarchie interessiert. Auch für ihn galt der altehrwürdige Grundsatz „un roi, une foi, une loi" – „ein König, ein Glaube, ein Gesetz". Von religiöser Toleranz im modernen Sinne kann auch unter Heinrich IV. nicht die Rede sein. Die langfristige Rückführung der Calvinisten in den Schoß der katholischen Kirche sollte aber nur auf dem Wege der Überzeugung, mit friedlichen Mitteln, geschehen. Sein Verdienst war es aber, durchgesetzt zu haben, dass es die zentrale Aufgabe des Staates ist, über den Konfessionsparteien agierend nicht nur die Wiederherstellung von Ruhe und Ordnung in der Monarchie, sondern auch für deren Erhaltung und Bewahrung Sorge zu tragen. Außerdem hat er sich große Verdienste erworben, dem Gedanken der „Ziviltoleranz" zumindest für einige Jahrzehnte in Frankreich zum Durchbruch verholfen zu haben.

Die unbestrittene große Leistung Heinrichs IV. besteht darin, dass er dank seiner unermüdlichen persönlichen Einsatzbereitschaft, seiner militärischen Fähigkeiten auf den Schlachtfeldern, seines besonderen diplomatischen Geschicks und seiner insgesamt pragmatischen Politik die Monarchie aus dem Bürgerkrieg zu führen sowie den inneren und äußeren Frieden wiederherzustellen vermochte. Von ganz seltenen Ausnahmen abgesehen, ließ er sich bei seinen innenpolitischen Entscheidungen nicht von Emotionen oder persönlichen Gefühlen, sondern von sachorientierten Überlegungen und von politischem Realismus leiten. Selbst in den ersten Jahren als Anführer der „Hugenottenpartei" hat er sich nie für – aus seiner Sicht überzogene und unrealistische – religiöse oder politische Forderungen militanter Calvinisten vereinnahmen lassen, sondern auf die Realisierung einer Politik des Ausgleichs und des friedlichen Miteinanders der „Konfessionsparteien" hingearbeitet. Diese Politik darf man aber nicht als Toleranzpolitik im modernen Verständnis missverstehen.

Bei seinen Entscheidungen während des Bürgerkriegs spielten stets das Wohl der gesamten Monarchie und der Respekt vor den Interessen des Landes eine nicht zu unterschätzende Rolle. Das gilt auch dann noch, wenn man durchaus anerkennt, dass er seine dynastischen Interessen nicht aus den Augen verlor, als sich abzeichnete, dass die Dynastie der Valois auf ihr Ende zusteuerte.

Keiner seiner Vorgänger auf dem Thron Frankreichs kannte so gut wie er fast alle Regionen Frankreichs aus eigenem Augenschein, denn kein französischer König vor oder nach ihm hat die verschiedenen Lande der Monarchie so häufig durchquert, ja wegen der politisch-militärischen Notwendigkeiten während des Bürgerkriegs durchziehen müssen wie er. Bei seinen Bemühungen um die politisch-administrative Wiederherstellung des Landes erwies er sich aufs Ganze gesehen nicht als grundlegender Erneuerer, sondern vielmehr als Fortsetzer der von ihm als richtig und effektiv erkannten Politik seiner Vorgänger. Allerdings verstand er sich – wohl dank der Beratung Sullys – auf dem Sektor des Steuerwesens zu Reformen, die durchaus recht moderne Züge aufwiesen und von seinen Vorgängern auf dem Thron Frankreichs *so* noch nicht ins Auge gefasst worden waren.

Von seinen Vorgängern unterschied sich Heinrich IV. des weiteren darin, dass er seine politischen Entscheidungen auf den Sektoren der Finanzen, der Administration, der Wirtschaft, der Justiz und im Hinblick auf die beiden Konfessionsgemeinschaften mit großer Ernsthaftigkeit, Kontinuität und mit dem erforderlichen Nachdruck durchzusetzen verstand. Dass seine seit 1598 auf den genannten Feldern erzielten Erfolge gleichwohl nicht ungefährdet, sondern eher fragiler Natur waren, das beweisen die Rückschläge, die während der Regentschaft Marias von Medici nach 1610 eintraten. Heinrich IV. hat die Kräfte der Instabilität seit Mitte der 1590er Jahre zwar bändigen, aber nicht dauerhaft und über seinen Tod hinaus eliminieren können. Es mag makaber anmuten, wenn man feststellt, dass das überaus positive, ja teilweise legendenhafte Bild, das bereits zu seinen Lebzeiten entstand, dann von der Nachwelt noch weiter ausgeschmückt wurde und bis in unsere Gegenwart tradiert worden ist, wohl auch darauf zurückzuführen ist, dass dem Leben des Königs auf dem Höhepunkt seiner politischen Erfolge durch Mörderhand ein so dramatisches und jähes Ende gesetzt wurde. Ob ein längerer auswärtiger und europäische Dimensionen annehmender Krieg, den Heinrich IV. um 1610 ernsthaft vorbereitet hatte, mit all' seinen Belastungen und Folgewirkungen sich negativ auf sein Bild in der Nachwelt ausgewirkt hätte, ist zu vermuten. Darüber kann man aber nur spekulieren, was nicht Sache des Historikers ist.

Auswahlbibliografie

Adam, A. (Hrsg.), François de Malherbe.Œuvres, Paris 1971.

Antoine, Michel, Le cœur de l'État. Surintendance, contrôle général et intendances des finances 1552–1791, Paris 2003.

Avènement d'Henri IV – Quatrième centenaire: Henri IV. Le roi et la reconstruction du royaume. Actes du colloque de Pau-Nérac, 14–17 septembre 1989, Pau 1990.

Babel, Rainer, Zwischen Habsburg und Bourbon. Außenpolitik und europäische Stellung Herzog Karls IV. von Lothringen und Bar vom Regierungsantritt bis zum Exil (1624–1634), Sigmaringen 1989.

Babel, Rainer, Heinrich II. 1547–1559. In Peter C. Hartmann (Hrsg.), Französische Könige und Kaiser der Neuzeit. Von Ludwig XII. bis Napoleon III. 1498–1870, München 1994, S. 71–98; 457 f.

Babel, Rainer, Karl IX. 1560–1574. In Peter C. Hartmann (Hrsg.), Französische Könige und Kaiser der Neuzeit. Von Ludwig XII. bis Napoleon III. 1498–1870, München 1994, S. 99–119; 459.

Babelon, Jean-Pierre, Henri IV, Paris 1982.

Babelon, Jean-Pierre, Nouvelle Histoire de Paris: Paris au XVIe siècle, Paris 1986.

Babelon, Jean-Pierre (Hrsg.), Henri IV. Lettres d'amour et écrits politiques avec quelques lettres reçues par le Roi, Paris 1988.

Barbiche, Bernard, Buisseret, David (Hrsg.), Lettres inédites de Sully à Henri IV et à Villeroy. In Annuaires-bulletin de la Société de l'histoire de France, 1974–1975, S. 81–117.

Barbiche, Bernard, Buisseret, David, Maximilien de Béthune, duc de Sully, Œconomies royales, 2 Bde., Paris 1970–1988.

Barbiche, Bernard, L'exploitation politique d'un complot: Henri IV, le Saint-Siège et la conspiration de Biron (1602). In Yves-Marie Bercé, Elena Fasano Guarini (Hrsg.), Complots et conjurations dans l'Europe moderne, Rome 1996, S. 271–288.

Barbiche, Bernard, Dainville-Barbiche, Ségolène de, Sully. L'homme et ses fidèles, Paris 1997.

Barbiche, Bernard, Une journée des dupes en 1605. In Chantal Grell, Arnaud Ramière de Fortanier (Hrsg.), Le second ordre: l'idéal nobiliaire. Hommage à Ellery Schalk, Paris 1999, S. 183–188.

Baumgartner, F.J., The catholic opposition to the edict of Nantes. In Bibliothèque d'Humanisme et Renaissance 40 (1987), S. 525–536.

Bayrou, François, Henri IV. Le roi libre, Paris 1998.

Beiderbeck, Friedrich, Frankreich und das Reich um 1600: Kooperation und Abgrenzung in den Beziehungen zwischen Heinrich IV. und den protestantischen Reichsfürsten. In Friedrich Beiderbeck, Gregor Horstkemper, Winfried Schulze (Hrsg.), Dimensionen der europäischen Außenpolitik zur Zeit der Wende vom 16. zum 17. Jahrhundert, Berlin 2003, S. 35–59.

Beiderbeck, Friedrich, Zwischen Religionskrieg, Reichskrise und europäischem Hegemoniekampf. Heinrich IV. und die protestantischen Reichsstände, Berlin 2005.

Bellaud-Dessailles, Madame, Les évêques de l'ancien diocèse de Béziers, Toulouse 1901.

Bély, Lucien, La société des princes, XVIe-XVIIIe siècle, Paris 1999.

Bercé, Yves-Marie, Les coups de majesté des rois de France, 1588, 1617, 1661. In Yves-Marie Bercé, Elena Fasano Guarini (Hrsg.), Complots et conjurations dans l'Europe moderne, Rome 1996, S. 491–505.

Berger de Xivrey, J. Guadet, J. (Hrsg.), Recueil des Lettres missives de Henri IV, 7 Bde. u. 2 Suppl.-Bde., Paris 1843–1876.

Bertière, Simone, Les Reines de France au temps des Valois, 2 Bde., Paris 1994.

Bourgeon, Jean-Louis, L'Assassinat de Coligny, Genève 1992.

Bourgeon, Jean-Louis, Charles IX devant la Saint-Barthélemy, Genève 1995.

Bourquin, Laurent, La France au XVIe siècle (1483–1610), Paris 2007.

Boutier, Jean, Dewerpe, Alain, Nordmann, Daniel, Un tour de France royal. Le voyage de Charles IX (1564–1566), Paris 1984.

Buisseret, David, Sully and the growth of centralized government in France (1598–1610), London 1968.

Buisseret, David, Les budgets de Henri IV. In Annales E. S. C. 39 (1984), S. 30–34.

Buisseret, David, Henry IV, London u. a. 1984.

Cassan, Michel, La Grande Peur de 1610. Les Français et l'assassinat d'Henri IV, Seyssel 2010.

Cazaux, Yves, Jeanne d'Albret, Paris 1973.

Cazaux, Yves, Henri IV, 2 Bde., Paris 1977–1986.

Chevallier, Pierre, Henri III roi shakespearien, Paris 1985.

Cloulas, Ivan, Catherine de Médicis, Paris 1979.

Constant, Jean-Marie, Les Guise, Paris 1984.
Constant, Jean-Marie, La Ligue, Paris 1996.
Constant, Jean-Marie, Les Français pendant les guerres de Religion, Paris 2002.
Constant, Jean-Marie, Henri IV, roi d'aventure, Paris 2010.
Cottret, Bernard, 1598 – L'Édit de Nantes. Pour en finir avec les guerres de religion, Paris 1997.
Crawford, Katherine, Catherine de Médicis and the performance of political motherhood. In Sixteenth Century Journal 31 (2000), S. 643–673.
Crouzet, Denis, Les guerriers de Dieu. La violence au temps des troubles de religion (vers 1525-vers 1610), 2 Bde., Seyssel 1990.
Crouzet, Denis, La Nuit de la Saint-Barthélemy. Un rêve perdu de la Renaissance, Paris 1994.
Crouzet, Denis, La nuit de la Saint-Barthélemy: confirmations et compléments. In Chantal Grell, Arnauld Ramière de Fortanier (Hrsg.), Le second ordre: l'idéal nobiliaire. Hommage à Ellery Schalk, Paris 1999, S. 55–81.
Crouzet, Denis, Charles de Bourbon connétable de France, Paris 2003.
Crouzet, Denis, Dieu en ses royaumes. Une histoire des guerres de Religion, Seyssel 2008.
Daussy, Hugues, Les Huguenots et le roi. Le combat politique de Philippe Duplessis-Mornay (1572–1600), Genève 2002.
Descimon, Robert, Qui étaient les Seize? Mythes et réalités de la Ligue parisienne (1585–1594), Paris 1983.
Dufour, Alain, La paix de Lyon et la coniuration de Biron. In Journal des Savants 1965, S. 428–455.
Dumaître, P., La jeunesse d'Henri IV, Paris 1968.
Duplessis-Mornay, Philippe, Mémoires et Correspondance, 12 Bde., Paris 1824–1825.
Engel, Josef, Von der spätmittelalterlichen respublica christiana zum Mächte-Europa der Neuzeit. In Handbuch der Europäischen Geschichte, Bd. 3, Stuttgart 1971, S. 1–444.
Finley-Croswhite, Annette, Henri IV and the Towns: The Poursuit of Legitimicy in French Urban Society, 1589–1610, Cambridge 1999.
Ford, Philip, La Diabolisation de Catherine de Médicis. In Jennifer Britnell, Ann Moss (Hrsg.), Female Saints and Sinners. Saintes et mondaines (France 1450–1650), Durham 2002. S. 79–95.
Garrisson, Janine, Henry IV, Paris 1984.
Garrisson, Janine, L'Édit de Nantes et sa révocation, Paris 1985.
Garrisson, Janine, La Saint-Barthélemy, Bruxelles 1987.
Garrisson, Janine, Guerre civile et compromis 1559–1598, Paris 1991.
Garrisson, Janine, Les derniers Valois, Paris 2001.

Grangjean, Michel, Roussel, Bernard (Hrsg.), Coexister dans l'intolérance. L'édit de Nantes (1598), Genève 1998.

Greengrass, Mark, France in the Age of Henri IV: The Struggle for Stability, 2. Aufl., London 1995.

Haan, Bertrand, Une paix pour l'éternité. La négociation du traité de Cateau-Cambrésis, Madrid 2010.

Halphen, E. (Hrsg.), Lettres inédites du roi Henri IV à Monsieur de Bellièvre, 1581–1605, Paris 1872–1880.

Henri IV: le roi et la reconstruction du royaume. Actes du colloque de Pau-Nérac, 14–17 septembre 1989, Pau 1990.

Hinrichs, Ernst, Fürstenlehre und politisches Handeln im Frankreich Heinrichs IV. Untersuchungen über die politischen Denk- und Handlungsformen im Späthumanismus, Göttingen 1969.

Hinrichs, Ernst, Heinrich IV. (1589–1610). In Peter C. Hartmann (Hrsg.), Französische Könige und Kaiser der Neuzeit. Von Ludwig XII. bis Napoleon III. 1498–1870, München 1994, S. 143–170; 461–464.

Holt, Mack P., The Duke of Anjou and the Struggle during the Wars of Religion, Cambridge 1986.

Holt, Mack P., La paix de Vervins et l'Édit de Nantes: Une victoire des politiques. In Jean-Pierre Poussou, Marie-Catherine Vignal (Hrsg.), Le Traité de Vervins, Paris 2000, S. 297–310.

Holt, Mack P., The French Wars of Religion, 1562–1629, 2. Aufl., Cambridge 2005.

Jouanna, Arlettte, Le devoir de révolte. La noblesse française et la gestation de l'État moderne, 1559–1661, Paris 1989.

Jouanna, Arlette, La France du XVIe siècle 1483–1598, 2. Aufl., Paris 2012.

Jouanna, Arlette, La Saint-Barthélemy. Les mystères d'un crime d'État, Paris 2007.

Kaiser, Wolfgang, Rezension von Jean-Louis Bourgeon, L'Assassinat de Coligny, Genève 1992. In Francia. Forschungen zur westeuropäischen Geschichte, Bd. 22/2 (1995), 1996, S. 227 f.

Kampmann, Christoph, Arbiter und Friedensstiftung. Die Auseinandersetzung um den politischen Schiedsrichter im Europa der Frühen Neuzeit, Paderborn u. a. 2001.

Kampmann, Christoph, Europa und das Reich im Dreißigjährigen Krieg. Geschichte eines europäischen Konflikts, Stuttgart 2008.

Kettering, Sharon, Patronage in Sixteenth and Seventeenth Century France, Aldershot 2002.

Knecht, Robert Jean, Catherine de Médicis. Pouvoir royal. Amour maternel, Bruxelles 2003.

Kohler, Alfred, Franz I. (1515–1547). In Peter C. Hartmann (Hrsg.), Französische Könige und Kaiser der Neuzeit. Von Ludwig XII. bis Napoleon III. 1498–1870, München 1994, S. 52–70; 456 f.

Labourdettte, Jean-François, Poussou, Jean-Pierre, Vignal, Marie-Catherine, Le Traité de Vervins, Paris 2000.

Le Roux, Nicolas, La Faveur du roi. Mignons et courtisans au temps des derniers Valois (vers 1547-vers 1589), Seyssel 2000.

Le Roux, Nicolas, Un régicide au nom de Dieu: L'assassinat d'Henri III (1er août 1589), Paris 2006.

Le Roux, Nicolas, Les guerres de Religion (1559–1629), Paris 2009.

Le Roux, Nicolas, Le roi, la cour, l'État. De la Renaissance à l'absolutisme, Paris 2013.

L'Estoile, Pierre de, Mémoires-journaux, hrsg. von Brunet, Paris 1875–1896.

Love, Ronald S., Blood and Religion: The Conscience of Henry IV, 1553–1593, Montréal-Kingston 2001.

Mager, Wolfgang, Frankreich vom Ancien Régime zur Moderne. Wirtschafts-, Gesellschafts- und politische Institutionengeschichte 1630–1830, Stuttgart u. a. 1980.

Malettke, Klaus (Hrsg.), Ämterkäuflichkeit. Aspekte sozialer Mobilität im europäischen Vergleich. 17. und 18. Jahrhundert, Berlin 1980.

Malettke, Klaus, Die Hugenotten im Frankreich des Ancien Régime. In Der deutsche Hugenott 47 (1983),1985, S. 1–28.

Malettke, Klaus, Konzeptionen kollektiver Sicherheit in Europa bei Sully und Richelieu. In August Buck (Hrsg.), Der Europa-Gedanke, Tübingen 1992, S. 83–106.

Malettke, Klaus, Frankreich im 16. und 17. Jahrhundert. In Wolf D. Gruner, Klaus-Jürgen Müller (Hrsg.), Über Frankreich nach Europa, Hamburg 1996, S. 79–118.

Malettke, Klaus, Les relations entre la France et le Saint-Empire au XVIIe siècle, Paris 2001.

Malettke, Klaus, Die Entwicklung eines Systems der europäischen Außenpolitik im späten 16. und frühen 17. Jahrhundert aus französischer Perspektive. In Friedrich Beiderbeck, Gregor Horstkemper, Winfried Schulze (Hrsg.), Dimensionen der europäischen Außenpolitik zur Zeit der Wende vom 16. zum 17. Jahrhundert, Berlin 2003, S. 285–305.

Malettke, Klaus, Die Bourbonen, Bd. I: Von Heinrich IV. bis Ludwig XIV. 1589–1715, Stuttgart 2008.

Malettke, Klaus, Dynastischer Aufstieg und Geschichte. Charakterisierung der Dynastie durch bourbonische Könige und in der zeitgenössischen Historiographie. In Christoph Kampmann, Katharina Krause, Eva-Bettina Krems,

Anuschka Tischer (Hrsg.), Bourbon – Habsburg – Oranien. Konkurrierende Modelle im dynastischen Europa, Köln u.a. 2008, S. 13–26.

Malettke, Klaus, Institutionalisierung und Professionalisierung der Außenpolitik (16.–18. Jahrhundert). In Carlos Collado Seidel (Hrsg.), Geheimdienste, Diplomatie, Krieg. Das Räderwerk der internationalen Beziehungen. Zum 65. Geburtstag von Wolfgang Krieger, Berlin 2013, S. 155–162.

Malettke, Klaus, Richelieu. Ein Leben im Dienste des Königs und Frankreichs, Paderborn u. a. 2018.

Mengin, Ernst (Hrsg.), Das Edikt von Nantes. Das Edikt von Fontainebleau. Deutsche ungekürzte Ausgabe, Flensburg 1963.

Meyer, Jean, Mythes monarchiques: le cas Henri IV aux XVIIe et XVIIIe siècles. In La monarchie absolutiste et l'histoire en France, Paris 1987, S. 169–196.

Mieck, Ilja, Die Entstehung des modernen Frankreich 1450–1610. Strukturen, Institutionen, Entwicklungen, Stuttgart u. a. 1982.

Mieck, Ilja, Die Bartholomäusnacht als sozialer Konflikt. In Klaus Malettke (Hrsg.), Soziale und politische Konflikte im Frankreich des Ancien Régime, Berlin 1982, S. 1–23.

Mieck, Ilja, Heinrich III. (1574–1589). In Peter C. Hartmann (Hrsg.), Französische Könige und Kaiser der Neuzeit. Von Ludwig XII. bis Napoleon III. 1498–1870, München 1994, S. 120–142; 459 ff.

Mousnier, Roland, L'assassinat d'Henri IV – 14 mai 1610. Le problème du tyrannicide et l'affermissement de la monarchie absolue, Paris 1964.

Murat, I, Gabrielle d'Estrées, Paris 1992.

Orieux, Jean, Catherine de Médicis ou la reine noire, Paris 1986.

Pernot, Michel, Henri III. Le Roi Décrié, Paris 2013.

Pillorget, René, Le sacre d'Henri IV, roi de France et de Navarre à Chartres, le 27 février 1594. In Heinz Duchhardt (Hrsg.), Herrscherweihe und Königskrönung im frühneuzeitlichen Europa, 1983, S. 103–117.

Press, Volker, Krieg und Krisen. Deutschland 1600–1715, München 1991.

Reinbold, Markus, Jenseits der Konfession. Die frühe Frankreichpolitik Philipps II. von Spanien 1559–1571, Ostfildern 2005.

Reinbold, Markus, Philipp II. von Spanien. Machtpolitik und Glaubenskampf, Gleichen u. a. 2009.

Ritter, Raymond, La sœur d'Henri IV: Catherine de Bourbon (1559–1604), 2 Bde., Paris 1985.

Rœlker, Nancy Lyman, Jeanne d'Albret, reine de Navarre, 1528–1572, Paris 1979.

Sauzet, Robert (Hrsg.), Henri III et son temps, Paris 1992.

Schilling, Heinz, Konfessionalisierung und Staatsinteressen. Internationale Beziehungen 1559–1660, Paderborn u. a. 2007.

Schulze, Winfried, Dimensionen der europäischen Außenpolitik zur Zeit der Wende vom 16. zum 17. Jahrhundert. In Friedrich Beiderbeck, Gregor Horstkemper,

Winfried Schulze (Hrsg.), Dimensionen der europäischen Außenpolitik zur Zeit der Wende vom 16. zum 17. Jahrhundert, Berlin 2003, S. 23–33.
Simonin, Michel, Charles IX, Paris 1995.
Solnon, Jean-François, Catherine de Médicis, Paris 2003.
Soman, Alfred, Le traitre sur la sellette: réflexions sur le procès du duc de Biron. In Yves-Marie Bercé, Elena Fasano Guarini (Hrsg.), Complots et conjurations dans l'Europe moderne, Rome 1996, S. 231–250.
Stein, Wolfgang Hans, Protection Royale. Eine Untersuchung zu den Protektionsverhältnissen im Elsaß zur Zeit Richelieus 1622–1643, Münster 1978.
Sutherland, Nicola Mary, The Massacre of St Bartholomew and the European Conflict, 1559–1572, London 1973.
Sutherland, Nicola Mary, Henry IV of France and the Politics of Religion, 2 Bde., Bristol-Portland 2002.
Turchetti, Mario, Concorde ou tolérance? Les Moyenneurs à la veille des guerres de religion en France. In Revue de théologie et de philosophie 108 (1986), S. 255–267.
Valois, N. (Hrsg.), Inventaire des arrêts du Conseil d'Etat ; règne Henri IV, 2 Bde., Paris 1886–1893.
Viennot, E., Marguerite de Valois, histoire d'une femme, histoire d'un mythe, Paris 1993.
Wanegffelen, Thierry, Ni Rome ni Genève. Des fidèles entre deux chaires en France au XVIe siècle, Paris 1997.
Wanegffelen, Thierry, L'Édit de Nantes. Une histoire européenne de la tolérance (XVIe-XXe siècle), Paris 1997.
Wanegffelen, Thierry, Catherine de Médicis. Le pouvoir au feminin, Paris 2005.
Wolfe, Michael, The Conversion of Henri IV: Politics, Power and Religious Belief in Early Modern France, Cambridge, Mass., u. a. 1993.
Wood, James B., The King's Army: Warfare, Soldiers, and Society during the Wars of Religion in France, Cambridge 1996.
Yardeni, Myriam, La conscience nationale en France pendant les guerres de religion (1559–1598), Paris u. a. 1971.
Yardeni, Myriam, French Calvinist Political Thought (1553–1715). In M. Prestwich (Hrsg.), International Calvinisme 1541–1715, Oxford 1985, S. 315–337.

Die Ausbreitung des Protestantismus bis etwa 1560. Aus Ilja Mieck (1982). *Die Entstehung des modernen Frankreich 1450–1610: Strukturen, Institutionen, Entwicklungen.* Stuttgart u. a. 1982: Kohlhammer.

Die Häuser Frankreich und Navarra im 16. Jahrhundert

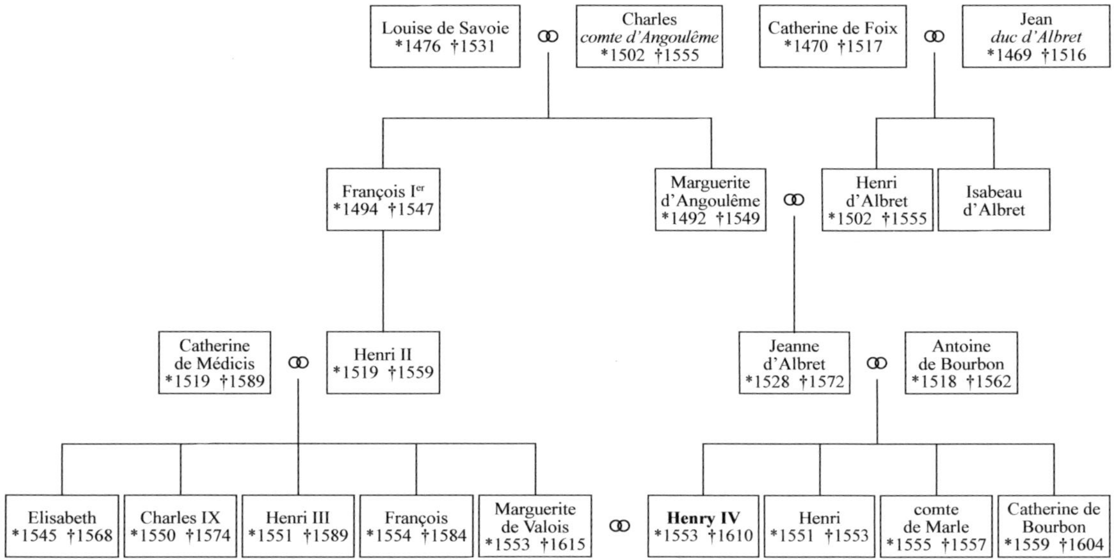

Die Vorfahren Heinrichs IV.

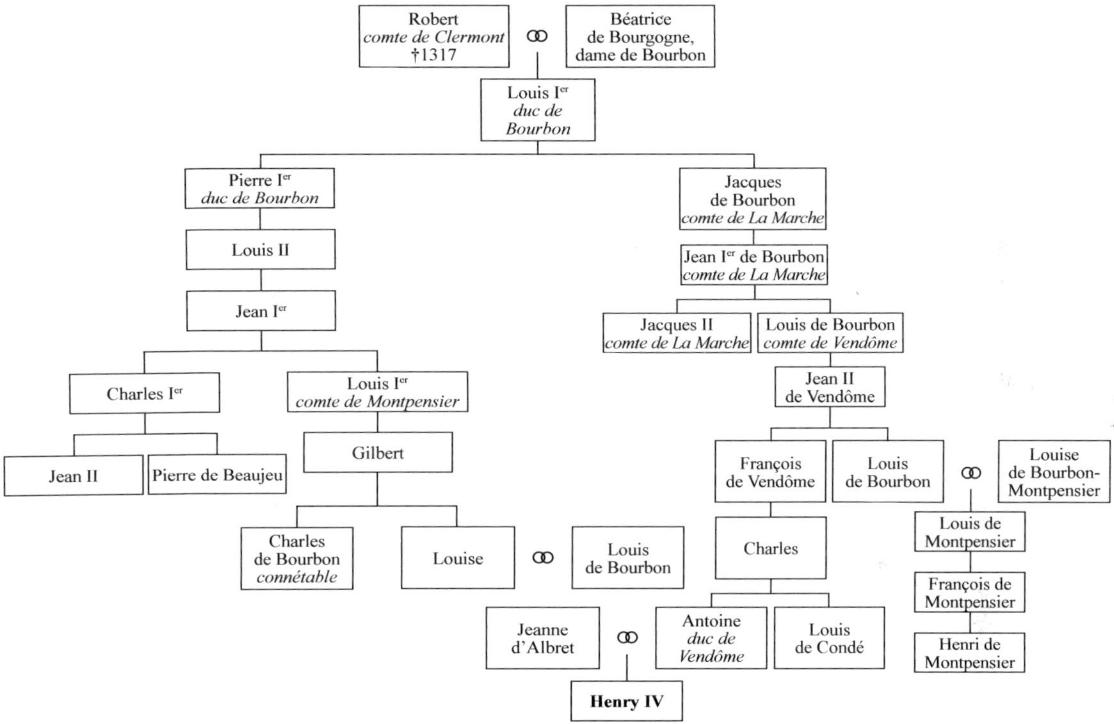